思想 REFLEXION 46

後全球化與俄烏戰爭

編輯委員會

總　編　輯：錢永祥

編輯委員：王智明、白永瑞、汪宏倫、林載爵
　　　　　周保松、陳正國、陳宜中、陳冠中

聯絡信箱：reflexion.linking@gmail.com

網址：www.linkingbooks.com.tw/reflexion/

目　次

風骨恆在：紀念林毓生先生

幽暗意識與超越意識：張灝先生的思想貢獻

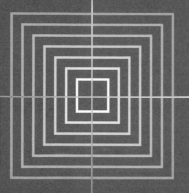

風骨恆在
紀念林毓生先生

林毓生先生在2022年11月下旬辭世。消息傳來，好幾代曾經從他的著作吸取思想資源與道德感召的讀者，都會想起自己當初接觸林先生文字時的震撼與興奮。本刊將另闢篇幅探討林先生在學術、思想，以及現實關懷等方面的豐富遺產。在此，我們先發表丘慧芬教授的追念文章，表達本刊的悼念哀思。

　　丘慧芬教授早年受業於林先生，之後與先生以及師母交往較多，對林先生的為人和著作有深刻的認識。她以林先生關於現代中國自由民主之建設，以及人文之重建為主題所撰寫的專書《自由的追尋：林毓生的思想與生命》，已由聯經出版公司出版。

編者

一位純正的思想史家與自由主義者：
敬悼林毓生先生（1934-2022）

丘慧芬

　　2022年11月22日一早起床看到了林師母宋祖錦女士給林先生的幾位友人和學生發的電郵，說老師林毓生先生在當天清晨7：49分平靜的離開了人世。我呆了一下，再看了一次電郵才告訴自己林先生走了。回過神後趕緊給林師母撥電話，但一直要到下午教完課後才和師母說上話。師母說林先生11月16日那天可能有中風，之後就沒有真正的清醒。到了21日師母就決定晚間要留在安養中心守著林先生，次日清晨老師就平靜的走了。師母說這些年老師生活得辛苦，如今「能遠離病痛的折磨，亦屬幸事。」又說她的難過在看到林先生「解脫」後，也就能「釋然」了。

　　林先生走前曾經跟師母說他知道自己要走，但心中卻最放不下師母。師母告訴林先生說自己的獨立自主是老師知道的。他們的二個孩子小敦和小如都非常貼心，孫兒也都十分孝順，要老師莫牽掛、安心的去。林先生的朋友和學生都知道師母與林先生近60年互相扶持的那份鶼鰈情深。同學對師母照顧林先生無微不至的愛心更是敬重有加。這顯然也是林先生生前為什麼總會跟我讚美師母，說林師母有一種「高貴的氣質」。

　　自己是1980年的秋天在威斯康辛大學麥迪遜分校開始跟林先生念書的。沒想1982年因外子的工作就到了加拿大的溫哥華定居。剛

到溫哥華的時候，因為還在撰寫威大要求的碩士論文，我總是會在每個星期或每兩個星期通過電話跟林先生討論自己論文中的一些看法。論文完成之後，也習慣性的會定期在每個月通過電話向林先生和師母候安，並且也和林先生討論他那本《中國意識的危機》專書中的研究發現以及相關的歷史意義。很多熟悉林先生著作的人都知道，這本《意識的危機》的專書早已經成為研究五四激進反傳統主義的一部經典。很多人也大概都知道，林先生這本經典作是他在探索自由主義在現代中國落實為什麼如此艱難之後，提出的一個回應和解釋。

除了討論這本經典作，林先生也總是會告訴我他對自由主義在現代中國走向的一些觀察和分析，結果也讓我很自然的會和老師討論他對中國大陸、香港與台灣現況以及前景的看法。這樣來回的交流溝通，前後一晃，40年就過去了。

自己和林先生最後一次見面是在2017年的6月。老師當時因為健康原因希望我去麥迪遜和他親自討論編訂一本他思想著作的文集。外子和我抵達麥迪遜城之後，林師母就開車來接我們去家中。快到大門口的時候，師母突然告訴我要有些心裡上的準備，因為林先生身體的轉變讓他和我們2014年在台北歡聚時看到的老師已經有很大的不同。看到林先生後，老師除了頭髮更白之外，主要就是站不住也站不直，聲音也沒有三年前那麼宏亮。不過，說話還是如昔的清晰，而且在叮囑我接手編訂論文集的事項時，也仍然有條有理、清楚分明。

林先生走後的幾天，我不斷想著老師生前的種種，看著手邊多年和林先生討論時記下的筆記，讀著自己已經寫好老師學思考索的書稿，心中持續湧現的卻不是林先生探究的《意識的危機》問題，也不是林先生提出應該對傳統進行「創造性轉化」的那個建議，而

是兩個一直存在我記憶底的影像：一個是十多年前有一次給林先生
打電話的時候，林先生要我拿出他老師海耶克先生（1899-1992）寫
的那本《自由的憲章》專書，並且讓我念「序」中的一段文字；另
一個是80年代初跟林先生念書時，我們幾個同學和老師及師母去看
一部電影時的記憶。

　　當年林先生在電話中要我念海耶克《自由的憲章》一段文字，
主要是因為他希望藉著海耶克的書寫來給我做一個範例。林先生認
為海耶克的文字簡潔典雅，必須逐字大聲念出，才能真正體會到那
種典雅用語的優美。因此特別提醒我在書寫時，文字要盡量精簡準
確，用語也必須中矩合節，才能使得文章產生力量。當時自己在電
話中念這段文字的時候，林先生也跟著我一起念了起來。剎那間我
就更加領會到林先生對他老師海耶克先生的尊敬是何等的真實、何
等的深切。海耶克對他來說，完全就是他筆下描述的那種讓人「心
悅誠服」的真權威。他由此對海耶克先生表達出的那種景仰和欽慕，
也就是完全的自然，也完全的誠摯。林先生當時跟著我念那段文字
的情景，和他給我的諄諄教誨，也因此在他那樣的自然身教中一直
留存在我底記憶裡。

　　至於80年代初我們幾個同學和老師及師母去看的那部電影，是
中國大陸當時允許在海外放映的一部「紅樓夢」。這部電影相當特
別，因為整場電影都是用紹興戲的演唱來呈現。除非會說紹興話，
觀眾基本上就只能靠著字幕和演員的唱作來理解劇情，而且也只能
如此才可以判定自己是否能接受、或者欣賞由這樣的戲曲來演出的
一部中國文學巨著。當時去看電影的觀眾絕大多數都是台灣和中國
大陸的留學生，還有就是像林先生那樣已經定居在麥迪遜城的華裔
教授和他們的家人。

　　我們幾個林先生的學生入座時是坐在老師和師母的前一排。電

影開始後，紹興戲的樂曲緩緩奏出，全場顯然都因樂曲的古雅而靜
了下來。我不記得飾演林黛玉和薛寶釵的演員扮相如何，但觀眾那
時確實都已經相當入戲。沒想到的是，當扮演賈寶玉的主角出現在
螢幕上時，全場卻不約而同的爆出了一陣笑聲。原來飾演寶玉的這
位演員，不但不像曹雪芹筆下那個秀逸靈通的美少年，反而是一個
感覺上像有200磅的胖子寶玉。大家還在笑的時候，這位寶玉就開始
了他的唱詞。更沒想到的是，他一唱，全場不但立刻變得鴉雀無聲，
也都被他那抑揚頓挫又充滿感情的聲音給深深的吸引住了。隨著寶
玉和黛玉的感情發展，觀眾發出了一些嘆息。等到黛玉往生，寶玉
哀傷的唱出一句「林妹妹」時，觀眾間的嘆息就更是此起彼落的在
戲院裡四處迴旋。我記得自己當時也忍不住濕了眼眶。但就在那時，
我們坐在前排的學生聽到無法抑制的啜泣聲連續不斷的從我們後排
林先生和師母那兒傳過來。我那時想這一定是林師母因為黛玉的淒
慘命運而發出的同情之聲。然而電影結束後，我看到的卻是林先生
的眼眶紅的不得了，師母倒完全沒什麼異樣。林先生看到我們就有
些不好意思的說自己以前在台北看電影的時候，開場都會要先放映
蔣介石和國歌的影片，但他一看到蔣介石和國歌一起出現就會流
淚。流淚不是為了蔣介石，而是想到現代中國的苦難就沒法抑制自
己的淚水。我們幾個學生當時都沒再追問流淚和電影有什麼相關，
但那時的情景卻一直跟著我。我無法釋懷的是，自己多年和林先生
在電話中有那麼多的討論，但為什麼卻從來沒有想到再去問老師，
那次看「紅樓夢」時何以如此哀傷。

　　我的疑問當然很可笑。因為偉大的文學原本就應該能藉著各種
藝術的語言和曲折的情節去讓讀者看到人生種種的無奈，以及那些
因為無奈而引發出生命中的各種悲劇，進而也讓讀者再去思考這些
悲劇的根本原因和其中涉及的多層意義。即便如此，我的疑問卻並

未因此就消失，而且是一直要到林先生告訴我他的母親是成長在一個極端貧困的家庭時，這個疑問才開始有了我自己覺得可以解惑的答案。

通過林先生對他母親的追憶，我開始了解林先生為什麼對在貧窮中掙扎存活的人會有深刻的同情。這個同情應該是和他母親本身艱困的家庭背景有些相關。當然，我深知林先生對他母親的敬重和感佩，是因為他母親的一生讓他看到，人是可以通過自身的努力去超越不堪的困境的。更重要的是，林先生母親的超越可能更是讓他看到人是可以通過不斷的堅持去走出一條有希望的道路的。也就是說，通過他母親面對困境時的堅忍和克服艱難的努力，林先生更能把握到儒家思想為什麼會肯定人有一種來自內裡的力量，認為人不論有什麼出身，只要不放棄主觀的努力和奮鬥，就可以有超越殘酷困境的可能，進而也就可以有成為一個道德自主個體的可能。

對照著來看，我開始理解到為什麼林先生當年看到電影中賈寶玉和林黛玉的命運會啜泣不已。他當然知道寶玉和黛玉在像賈府那樣的傳統家族中成長，本來就不太可能為道德自主的潛能找到發展的空間和條件。重點在林先生更可能是體悟到，寶玉和黛玉的個性恐怕也造成他們無法發展出像他母親那樣的堅韌性格，更談不上有再去奮力爭取掌握自身命運的可能了。從這個角度去看，無論林先生對寶玉和黛玉有多麼真切的同情，我覺得他的哀泣應該也是因為看到人的悲劇往往也是來自一己的性格。但林先生在意的應該還是希望人間的悲劇除了讓我們長嘆無奈，更可以從而引導我們在慨嘆中去進一步思考如何把握生命的意義吧！？

回想自己聆聽林先生講學以及和老師討論問題的40幾年當中，林先生總是不斷強調人主觀努力的重要性。他在他母親早年成長的辛苦中看到一個不放棄的堅強女性，後來他在大家都知道他的老師

殷海光先生（1919-1969）的奮鬥中，同樣看到了一個不放棄的堅毅
性格。他自己一生繼承殷先生為自由主義在現代中國落實的志業所
進行的研究和成果，更可以說是為我們樹立了一個不放棄在現代中
國尋找落實自由民主路徑的思想典範。

　　林先生雖然走了，但他走得不會有遺憾。林先生走後的第二天，
我在電話中跟師母說老師的一生應該是沒有遺憾的。師母說她也這
麼認為，並且告訴我林先生走前，她已經特別跟林先生說林先生的
一生「能說的、該說的都說了，能做的、該做的也都做了，而且也
從來沒有受過什麼委屈。」我知道師母的話一直都是老師的定心丸，
所以也相信到了11月22日的清晨，林先生應該就是在沒有牽掛下、
放心走的。

　　聯經出版公司的發行人林載爵先生曾經在一篇文章中寫道，
1975年台灣的一本期刊刊出林先生探究五四激進反傳統主義和中國
自由主義前途的論文後，就迅即為當時感到沈悶壓抑的青年學子「點
燃了重探狂飆年代的興趣」。與此同時，台灣的學術、文化界也因
為連續出現了林毓生、余英時（1930-2021）和張灝（1937-2022）
三位先生的精彩論文而進入了一個「思想史狂飆的時代」。而今，
林先生跟著余先生和張先生在2021到2022年間相繼離世之後又告別
了人世，怎麼能不讓我同意載爵慨嘆這三位先生的離世是「標示著
一個時代的結束：一個思想史狂飆時代的告終」？然而，想到熟悉
三位先生論著的人都知道他們各自都已經將自己的生命活出了不同
於一般的意義，那麼狂飆年代的告終或許也指向著思想史的研究應
該走向另一個開始：要將狂飆年代留下的思想遺產保存、扎根，同
時再去加以擴充深化的另一個開始吧？！畢竟，知識的追求與擴充
原本就是思想史的基本課題，也是思想史永不止息的活水來源。

　　想到林先生一生永不放棄追求知識的熱誠和他思考落實自由民

主的努力，我知道自己只能將內心的難過和不捨，化作去思考要如
何保存並深化已經落實在台灣的自由民主。也只有這麼做，才能為
自由民主在現代中國落實的可能願景保存一份華人世界中最為可貴
的參照資源。為這樣的目標去奮鬥，應該會是林先生願意接受的一
份祭禮，也應該會是林先生願意看到的一個有意義的思想追求。

　　丘慧芬，加拿大不列顛哥倫比亞大學亞洲學系教授，著作《自由
的追尋：林毓生的思想與生命》，聯經出版。

因為複雜所以慢：
林毓生先生論著的出版歷程

林載爵

　　1975年是台灣思想史發展非常關鍵的一年，此前是以傳統的思維架構來思考中國的文化問題，此後有了新的思辨與分析能力，主要的關鍵人物是余英時與林毓生兩位先生。1974年年底林毓生在花了14年困思、苦讀的歲月，「終於能夠整理出一些條理來並逐漸形成一些比較有系統的看法」後，重返闊別十年的台灣，準備在台灣大學歷史系講授一學期的「思想史方法論」。過了1975年的春節後，知道余英時正好也首次到了台北，他就去見了余先生。兩人的話題就是我們已經知道的，余先生談到旅美的人文學者應該撥出時間用中文撰文的重要性，林先生「內心頗為所動」。

　　開始授課之後，「1975年5月份《中外文學》上的一篇長文〈五四時代的激烈反傳統思想與中國自由主義的前途〉，點燃了沈悶氣氛下青年學生重探狂飆年代的興趣，對自由主義的期待也隨之升起，並且領會思想問題的不同思考方式。同年年底，余英時發表了〈清代思想史的一個新解釋〉，文章中深入而前所未聞的觀點，讓青年學生發現思想的新世界。」[1] 他們兩位「開啟了一批想要獲得

1　林載爵，〈燃燒的七十年代──《歷史與思想》二十年〉，《聯合報》1996.7.1。

更正確的思想取向、更精密的思想方式的青年學生的視野。」

　　然而，這一學期的授課最讓林先生感動的是，「遇到了一批極
為奮發有為的青年朋友，從他們的身上我重新看到了台灣的希望，
也重新燃起了對台灣的關懷，也可以說，在他們的導引之下我重新
發現了台灣。」因為這樣的感動，他也首次進入了台灣文學的世界，
閱讀了鍾理和、楊逵、黃春明、陳映真的小說。認為「理和先生的
文學創作和他與台妹女士之間的愛，具體地呈現了中國人文精神之
一面。」[2]。他也明白的說，在他重新發現台灣的過程中，黃春明的
小說發生了很大的功效，對黃春明小說中所描述的他原本陌生的台
灣底層人物的命運非常推崇，認為黃春明以「一種激情的強烈之感
（passionate intensity）」、「源自熱烈的愛、冷靜而細膩的觀察與
充沛的想像力三種不易揉合在一起的因素相互激盪而成之設身處
地、形同身受的同一之感（empathy）」寫出了令人感動的小說。文
學之外，他也關心台灣的政治。1982年因為林正杰以外省籍青年、
黨外人士的身分，獲得高票當選台北市議員，而特別寫了〈如何作
個政治家：為祝賀新生代台北市議員當選而作〉，文中申論政治家
必須具備的三個基本條件：熱情、責任感與冷靜的判斷力。

　　重新認識台灣之外，他感受到1970年代青年學生的徬徨與困
境，就因為這樣深刻的體驗，在結束課程回到美國後，他依舊和學
生保持聯繫，希望給予一些建議和指引。1975年8月10日在寫給一位
學生的信中，他陳述了返美後的心境：

　　　　我返美以來心情一直不太好，個人的寂寞當然是主因，但環顧
　　　　左右，快樂的人並不多。美國的文明是在衰落之中（文化的危

---

2 〈鍾理和、原鄉人與中國人文精神〉。

機尤其是不可救藥），處在這種文明衰落的過程中，大家的精
神都不容易振作。當然，我也常想到中國和中國文化的未來；
這些關懷是鞭策自己不被寂寞吞噬的最大力量。這半年在台
灣，我覺得大家雖然有許多悶氣，思想文化界又缺乏啟發性，
高水準的師資與著作，但很多人都有讀書的熱忱與工作的指
標。因此，不滿現實，玩世不恭的思想與行為都未蓋過對未來
的純潔的憧憬。從另一方面看，這當然也是因為我們文化的危
機已經經過了最低點，苦悶與失望已經經過了最高峰，所以我
們的不滿反而不太干擾我們了。另一重大原因是：我們的文化
危機導源於西方文明的入侵，因此，民族主義摻入了解決文化
危機的努力過程，這一方面很易使文化工作混雜，但另一方面
卻無形中使文化工作得到了 sense of purpose。美國文化危機已
到極嚴重的程度，但它是導源於內在系統之腐壞，而非外在其
他文化入侵之結果，所以激不起有思想的人同仇敵愾的意志。
許多人都意識到文化危機的嚴重，但因無外在的挑戰，所以對
過去歷史的傳統並不覺得有維護的必要，反而覺得過去的歷史
是現在文化危機的主因。談到這裡，我覺得五四運動雖然有許
多膚淺謬談之處（因此我們要加以批評），但其啟蒙之精神是
後來的中國知識分子所得到的寶貴遺產，再加上中國傳統文化
中的人際關係（如「念舊」的觀念）並未完全崩潰，所以我覺
得在中國，每個知識分子總可多多少少找到志同道合的朋友，
大家互相鼓勵，互助切磋，為未來的理想目標共同努力；所以
在這方面，精神上是比較不寂寞的。（當然，其他方面使中國
知識分子深感孤獨與無援的成份也很多。）

1975年12月10日回信給一位學生時再度表現了他的關懷與憂

慮：

謝謝你11月28日的信。你的感慨很深，也很真，有這種真感慨
總可使自己不隨俗浮沉。

你所提到的苦悶與憂鬱，我當然了解。我所說的「我們文化的
危機已經經過了最低點，苦悶與失望已經經過了最高峰」實際
上正是基於這種苦悶與憂鬱而發的，只是所採取的態度有些不
同而已。中國有良心的知識分子，自五四以來因在社會上、政
治上受到種種橫逆，有深切的感慨，這是很自然的。但，發了
感慨又怎樣？我們有靈性的作品多半是感慨的記錄；現在外邊
的花樣比以前更多了，然而我們的感慨如與前人相比，也不能
多到深到那裡去。現在應該是見怪不怪的時候了！最壞的我們
都看到了，將來再壞，也不過是從那些既有的卑劣衍發罷了。
感慨消解了許多有靈魂的人的精力與意志；當然，也不是一點
好處沒有，它至少可使人不易墮落。但，中國知識分子在這方
面所付的代價也太大了。那些御用的「學者」、「思想家」的
作品用不著我們在這裡多費筆墨；但是，有良心的知識分子正
面工作的成績，嚴格看來，也實在單薄的可憐，最基本的文化
工作都沒有做，在文化曠野與廢墟中如何重建中國的文化？今
天的問題當然很多，有許多問題我們無法解決，也無力解決，
但在我們能力範圍之內的許多基本工作，我們也沒能做好。所
以，我覺得我們應該有「苦悶與失望已經經過了最高峰」的心
情，如此，我們的不滿可以不再干擾我們的心情，我們可以重
新從頭做起，大家潛心致志努力做份內、重要的、能做應做之
事。（例如：如有人用五年的時間把Michael Polanyi, *Personal
Knowledge* 和 Thomas S. Kuhn, *The Structure of Scientific*

Revolutions 仔細譯成通達曉暢的中文，同時寫一些精密的介紹
文章，我相信自五四以來中國知識分子對科學的科學迷式的誤
解可以得到相當的釐清。假若有十個人每人均能根據自己的興
趣，用五年的時間譯一部像這種分量在文學、史學、哲學部門
的著作，五年以後國內人文學界的境界可能為之一變。）

在這兩封信中，他反覆談到兩個重點。一是苦悶與失望已經經
過了最高峰，我們不能再被苦悶與憂鬱消解我們的精力與意志。二
是我們應該開始進行基本的工作，特別是經典名著的翻譯，促使改
變台灣的思想境界。

於是，他回美後「覺得應該把自己歷年來的思索所得儘量明晰
地、周延地提出來與他們以及別的中文讀者一起來切磋，這樣也許
可能對中國文化未來的發展產生一點直接的影響。」在1975年12月，
他就決定把取名為《思想與人物》的文集在三、四個月內整理妥當，
準備出版。然而，為了周全，他又不斷要增加新稿。1982年2月15
日的信上這樣說：

「代序」無法近期完成。我只想寫一篇簡單的序。再加上近日
寫成的三篇較長的文字：「如何作個政治家？」、「中國人文
的重建」，及「甚麼是理性？」便可結集。頭一文已完稿，第
二文還有一兩天就可完成，第三文已有初稿，大概再有一個月
可以完稿。總之，全部新加的稿件，總會在兩個月左右全部寄
上。這本書實在拖得不像話，我內心也甚焦急，但速度慢是沒
法子的事，實在非不為也，是不能也。

一年後，整理修訂的工作繼續進行，到了準備付梓的最後階段，

1983年5月8日的長信，表達了修改的艱辛：

載爵：

接到你的電話後的第三天就收到了書的清樣，立刻把別的事放開，進行校正。原想一個禮拜完工，結果苦苦工作了三週，昨天才把事情辦完。有兩篇改的很多，其他各篇也有或多或少的改正。務請按我改正的各處補排或重排。補排或重排以後，務請按校正的清樣重校數遍，期能沒有錯誤。這下又給你添了不少麻煩，很是抱歉。幾年來你為此書多所支持，衷心感謝。原沒料到我校正清樣時，又需要做這麼多的修改，務請支持到底，至盼至感。

改的最多的是：〈五四式反傳統思想與中國意識的危機〉與〈五四時代的激烈反傳統思想與中國自由主義的前途〉。這兩篇原是從英文翻譯過來的。當初翻譯的時候，倍極艱辛。記得第二篇，黃進興他們把譯稿送給我以後，我整整花了兩個禮拜（最後四、五天喝了十幾瓶「克勞肝」口服液，支持著不睡覺）才能完成，然後送給《中外文學》在1975年5月份出版。第一篇的後半部原是用英文發表的「中國意識的危機」的摘要，譯成中文的過程也是非常艱苦。我本來以為經過這麼仔細努力的過程產生出來的東西，應該沒有多少需要再改的地方了。可是當我重看你寄來的清樣時，發現文筆有不少地方很不通暢，內心甚覺歉疚（尤其想到看過這兩篇東西的讀者，自覺汗顏）。從表面上看，自己翻譯自己的作品，應該比較容易才對。但問題是，我的那一套分析問題的方式用中文嚴謹地表達出來是很難的。當初翻譯的時候，曾力求能做到一個「信」字，但中文本不太

適合表達subtle與qualified thoughts，所以不得不硬加努力，結果造出不少不太通順的句子。當時在工作的時候因為與subject matter關係太近，幾經修改以後，覺得意思是表達出來了，句子也可以看得懂。但，現在事過境遷，比較更能客觀，再仔細看看，如不再細心改過，實在是不易看懂的。所以只得慢慢的斟酌，要快也快不來。現在總算全部校改完畢，盼貴公司仔細排印，大家總算都能為這本書盡了最大的努力。

另外尚有數點意見，分陳於後：

（一）我看校樣，發現已經校改過，重印的字，墨色比較淺。希望印書的時候，墨色深淺能夠一樣。

（二）貴公司的編輯對書中的別字、白字等的改正甚好，甚謝。不過，有時候對我用字或口氣的變動，失去了原意，在這些地方，我只得再改回來。寄回的清樣，請貴公司的編輯不要再加改動。（不過，如發現錯字、別字、白字，當然可逕自改過。）

（三）關於中文標點符號的頓點（、）的使用，貴公司編輯把我根據英文的用法全改為中文現有的用法。例如：我原來句子中如有：……自由、民主、與法治」（英文是：……freedom, democracy, and the rule of law）都改為：「……自由。民主與法治」。「與」字前的頓點（、）被刪掉了。所以唸起來變成：「自由～民主與法治」。（很不對勁。）其實，新式標點符號根本是從西方傳進中國的東西，英文 由。民主與前既然有，（comma），中文「與」字前也應該有、（頓點）。因為要改回來，會給你們添不少麻煩，我大部分都只好遵從了你們的辦法。不過，少數幾處我改回來的地方，請你們在排印之前也照著我的意思改回來，多謝。

（四）有些地方，需要加重語氣。英文是印斜體字（italicized）

中文一直沒有約定俗成的辦法。過去一般老先生們則是在字的旁邊加黑點或黑圈。香港明報月刊則是改印楷體字。我覺得改印另一形體的字比較更易醒目，也更近italicized的意思。所以清樣上需要改印楷體字的地方，我都註明了，請照辦是禱。（這種加重語氣，用得太頻，也沒有太多意義；不過，在分析問題時，有時是甚為需要的。）

（五）清樣上，黑筆的字都是說明事情或理由之用，只有紅筆才是改正的字或符號。

（六）我過去受殷先生的影響，為了怕在句子中用太多的「的」字，有時改用「底」。同時在possessive use中也多用「底」。現在看來，有時使句子唸起來反而不順暢。多已改過，請按我改正的排印。另外，我發現我有一個語病，常喜歡說：「很複雜，非常複雜」。這些說得太多，容易使人產生反感。已盡量刪去。務請照我刪的地方改排。多謝。

在這封信中我們可以很清楚的看到林先生字斟句酌的謹慎，甚至標點符號的使用也有他的堅持，特別是翻譯文字的準確與可讀都是他毫不妥協的地方。也因為這種堅持，以致出版時間一再延期。這封信還透露了他對自己一向喜歡強調思考與理解觀念、事物的複雜性的自我警惕。三個月後，《思想與人物》終於在1983年8月出版，從起意到問世一共花費了8年的時間。

之後，出版於1989年的《政治秩序與多元社會》則開始於1985年，四年後出版。最後一本文集《中國激進思潮的起源與後果》花費的時間最長。大約在1997年，全書已經編排妥當，然而林先生總覺得尚須修訂，以求完備、精確。書稿就在斷斷續續的修改當中，一直耽擱下來無法付印。最後，2019年在林師母的決定下終於付梓

問世。至於他十分重視的《中國意識的危機》，自1979年英文版出
版後，他企盼有中文譯本的出版。最早在1986年就開始尋找譯者著
手翻譯，可惜譯者半途作罷，此事就沒再繼續進行。倒是中國大陸
在1988年前後，先後出現過兩個中譯本，但是林先生以他追求精確
的精神，必然都不滿意。還好，最後由他的兩位學生，楊貞德教授
與丘慧芬教授出面主持，邀請了幾位譯者合力完成，經過他核可的
譯本終於在2020年9月出版。

　　林先生一向強調如果要建立成熟的民主與自由制度，就必須對
西方民主自由的發展要有完整的了解，並且深入、精細的閱讀西方
古代與現代思想名著。他說：「我們介紹西洋文化，往往因著一個
特別需要，或者一個淺薄口號，而非系統性或通盤性的，因此產生
了很多問題。」他甚至建議「我們應該有個基金會，好好翻譯基本
的現代經典，這樣一來，台灣的理論層次就可能提高。」（「民主
自由與中國的創造轉化」）。聯經從1980年開始出版「現代名著譯
叢」系列，並且一開始就推出Karl Popper的《歷史定論主義的窮困》
（*The Poverty of Historicism*）和 Michael Polanyi 的《意義》
（*Meaning*）、《博藍尼講演集》（*The Study of Man. Science, Faith and
Society. The Tacit Dimension*）就是受了他的影響。

　　為了幫助國人全盤了解西方政治思想的發展，他在1985年12月
向聯經提出了一個為期兩年的「西方政治思想史撰寫計畫」，由於
聯經無法籌湊龐大的資金，這個計畫於是無法實現。然而當年他提
出的構想至今仍然值得公開出來，讓對政治思想有興趣的人士明瞭
林先生的全盤架構與探討主題。

　　一、緣由

　　　在中國提倡自由、民主、與法治的言論，自嚴復、康有為、

梁啟超以降，已有近百年的歷史。近數十年來，中華民國在台
灣推展民主政治，也有相當可觀的成績。台灣未來的發展，端
賴繼續能夠保持進步，而繼續進步的關鍵，則在於確實建立法
治的秩序。這樣不但可以切實地解決因經濟快速發展而帶來
的，許多新的政治與社會問題，而且也可使目前經濟發展本身
所出現的瓶頸得以突破。所以，從種種跡象看來，中華民國當
前的歷史性任務是：邁向更實質的法治、自由、與民主。這是
全國上下一致的「共識」，這也是與中共隔海競爭的最大資源。
然而，談到更實質地發展法治、自由、與民主，我們卻不能不
承認，那實在並非易事。因為在我們肩負的傳統包袱之中，與
在目前社會因急遽變遷而產生的許多問題裡，有許多阻礙達成
這個歷史性任務的成份。僅單就思想與文化的層次而言，雖然
我們到處可以看到有關法治、自由、與民主的言論，但它們對
中心論題的理解，卻往往是很浮泛的，常會產生望文生義，牽
強附會的弊病。法治、自由、與民主在中國的發展，需要各方
面的努力與各方面的配合。從思想文化方面來看，目前急需完
成的工作之一是：在中文世界中出版一部根據中國人的需要，
而對西方法治、自由、與民主的複雜演變過程予以忠實而明確
論析的，大部頭的西方政治思想史。

　　這樣一部著作不可採用坊間習見的有關西方政治思想史的
著述形式。它不可只是平鋪直敘地介紹西方各個政治思想家的
生平與學說；它必須環繞著國人最易感到困惑的西方政治思想
中的重大論題，以各派政治思想家所處時代的政治、經濟、社
會與文化發展為經，以各派學說曲折的傳承與發展關係為緯，
加以綜合與分析。

　　只有當我們確切地了解了西方法治、自由、與民主的繁複

而曲折的演變過程以後，我們才能真正把西方的經驗做為參考
與借鏡，然後根據我們的理想，因應我們的環境，為達成我們
能力所及的目標而奮鬥。法治、自由、與民主的思想和制度本
身，自有其完整性，不因時空方不同而不同。易言之，在我們
了解了西方政治思想中法治、自由、與民主的演變過程以後，
我們才能更確切地明瞭它們經由歷史演變而產生的特性，只有
具有這些特性（或「堅硬中心」）的法治、自由、與民主，才
是真正的法治、自由、與民主。然而，我們知道，即使英美兩
國，由於環境的不同與歷史軌跡的不同，它們的政治思想與制
度，彼此之間也有許多不同。有了這些歷史的了解以後，一方
面我們可以確知法治、自由、與民主的實際內容是甚麼；另一
方面我們可以針對我們的現實環境，發展具有法治、自由、與
民主之完整性的，中國的法治、自由、民主。這樣一方面我們
可以超脫種種形式主義論辯的窠臼（如「全盤西化」、「中國
式的民主」等）；另一方面，我們卻又可以更活潑地、更自由
地因應歷史環境，逐步發展我們所需要的法治、自由、與民主。

　　筆者自1960年負笈來美，早年在芝加哥大學社會思想委員
會（The Committee on Social Thought, University of Chicago）從
學於當代西方政治思想家海耶克（F. A. Hayek）、博藍尼
（Michael Polanyi）兩先生與阿潤德（Hannah Arendt）女士以
來，一直是以西方政治思想做為主要的研究興趣之一，迄今25
年間未嘗對其主要原典與重要學術專著的閱讀與思考有所間
歇。筆者今年已51歲。仔細思量生平對中國當代文化與思想所
可能做出的貢獻，除了有關中國思想史的一些論著以外，便是
撰寫一部，分為上下兩冊，約一千頁左右〔西方政治思想史〕。

二、方法

　　本書所要探討的主要論題包括：

（a）西方猶太教與基督教傳統與政治思想的關係。

（b）希臘城邦政治所建立的「法治」的特性與產生的危機，柏拉圖與亞理斯多德對希臘民主政治的回應。

（c）自然法的起源、在中古的演變、以及與近世歐洲政治思想中的契約論的關係。

（d）中古時代如何從教會所主張的「教政合一」的理論演變成為「政教分離」的觀念。

（e）「政教分離」的觀念及制度與法治、自由、與民主的關係。

（f）文藝復興時代城市的興起與其歷史涵義。

（g）文藝復興時代人文主義與俗世精神對西方政治思想的影響。

（h）歐洲近世的「宗教改革」與近代國家（the State）的興起。

（i）近代國家觀念與近代主權（sovereignty）觀念。

（j）英國封建社會與近代民主憲政的起源。

（k）英國習慣法的演變與非來自理性建構的法治的建立。

（l）「判例」所構成的法理思考，法理思考與「建構性理性主義」（constructivist rationalism）的衝突。

（m）「建構性理性主義」與近代極權主義非明顯的關係。

（n）蘇格蘭哲學家們（休謨、亞當・斯密、佛格森）底「批判性理性主義」（critical rationalism）對於在法治下的自由產生秩序的理論的突破。

（o）康德對「人的尊嚴」與法治的理論貢獻。

（p）柏克對法國大革命的回應與近代保守主義的興起。

（q）美國對民主憲政的貢獻——以三權分立與制衡的方式限制政府權力而不削弱國家主義的貢獻。

（r）黑格爾的「歷史主義」與國家「迷思」（the myth of the state）的興起。

（s）英國功利主義的興起與民主代議制的進展。

（t）消極自由與積極自由的分野與整合。

（u）工業資本主義與官僚制度所造成的人的異化。

（v）帝國主義與種族歧視在西方文明的思想淵源與西方文明內部對其改正的資源。

（w）馬克思主義與列寧主義的興起與幻滅。

（x）「福利國家」的發展與在自由主義中的意義與問題。

（y）新自由主義在20世紀60年代以後的呈現與面對問題的能力。

他在這個計畫書裡也附上了一份詳細的參考書目：

Acton, Lord. *Essays on Freedom and Power*, ed., Gertrude Himmelfarb. Boston, 1949.

Aiken, H. D. *Hume's Moral and Political Philosophy*. New York, 1948.

Alford and Friedland, Robert R. and Roger. *Powers of Theory: Capitalism, the State, and Democracy*. Cambridge, 1985.

Arendt, Hannah. *Between Past and Future: Six Excercises in Political Thought*. Cleveland, 1954.

_____. *The Human Condition*. Chicago, 1958.

_____. *On Revolution*. New York, 1963.

_____. *On Violence*. New York, 1970.

_____. *The Origins of Totalitarianism*, 2nd ed. New York, 1973.

_____. *Lectures on Kant's Political Philosophy*, ed., R. Beiner.

Chicago, 1982.

Barker, Ernest. *Principles of Social and Political Theory*. Oxford, 1951.

Barry, Norman P. *Hayek's Social and Economic Philosophy*. London, 1979.

Bendix, Reinhard, ed. *State and Society*. Berkeley, 1968.

Berlin, Isaiah. *Four Essays on Liberty*. Oxford, 1969.

_____. *Against the Current*. New York, 1980.

Berman, Harold J. *Law and Revolution: The Foundation of Western Legal Tradition*. Cambridge, Mass., 1983.

Beyme, Klaus von. *Theory and Politics*. The Hague, 1971.

Britton, Karl, *John Stuart Mill: Life and Philosophy*. New York, 1969.

Brubaker, Rogers. *The Limits of Rationality: An Essay on the Social and Moral Thought of Max Weber*. London, ,1984.

Buchanan, James M. *The Limits of Liberty*. Chicago, 1975.

Carlyle, Robert, and Carlyle, A. J. *History of Medieval Political Theory in the West*. 6 vols. Edinburgh and London, 1903-1936.

Carnoy, Martin. *The State and Political Theory*. Princeton,1984.

Carrithers, et.al., ed., Michael. *The Category of the Person*. Cambridge, 1985.

Cassirer, Ernest. *The Myth of the State*. New Haven, 1946.

Cumming, Robert D. *Human Nature and History: A Study of the Development of Liberal Political Thought*, 2 vols. Chicago, 1969.

d'Entreves, Alexander Passerin. *The Notion of the State*. Oxford, 1967.

_____. *Natural Law*. 2nd ed. London, 1970.

Daniels, Norman, ed. *Reading Rawls*. New York, n.d.

de Jasay, Anthony. *The State*. New York, 1985.

de Jouvenel, Bertrand. *Sovereignty: An Inguiry into the Political Good*, tr., J. F. Huntington. Cambridge, 1957.

de Ruggiero, Guido. *The History of European Liberalism*. Boston, 1959.

Dicey, A. V. *Introduction to the Study of the Law of the Constitution*, 10th ed. London, 1959.

Earl, Donald. *The Moral and Political Tradition of Rome*. London, 1967.

Eisenach Eldon J. *Two Worlds of Liberalism: Religion and Politics in Hobbes, Locke, and Mill*. Chicago, 1981.

Elster, Jon. *Making Sense of Marx*. Cambridge, 1985.

Evans and Rueschemeyer, Peter and Dietrich. *Bringing the State Back In*. Cambridge, 1985.

Figgis, J. N. *Churches in the Modern State*, 2nd ed. New York, 1914.

_____. *The Political Aspects of St. Auqustine's "City of God"*. London, 1921.

_____. *Political Thought From Gerson to Grotius: 1414-1625*. New York, 1960.

Freeman, Kathleen. *God, Man and State: Greek Concepts*. London, 1952.

Freeman, Michael. *Edmund Burke and the Critique of Political Radicalism*. Chicago, 1980.

Friedrich, Carl J. *The Philosophy of Law in Historical Perspective*. Chicago, 1958.

_____. ed. *Liberty*. New York, 1962.

_____. *Man and His Government*. New York, 1963.

_____. *Transcendent Justice: The Religious Dimension of Constitutionalism*. Durham, NC, 1964.

_____. *Constitutional Government and Democracy: Theory and Practice in Europe and America*. 4th ed.Waltham, 1968.

Gewirth, Alan. *Reason and Morality*. Chicago, 1978.

_____. *Human Rights*. Chicago, 1982.

Gierke, Otto F. von. *Political Theories of the Middle Ages*, tr. F. W. Maitland. Cambridge, 1900, 1951.

_____. *Natural Law and the Theory of Society, 1500-1800*, tr., Barker. 2 vols. Cambridge, 1934.

_____. *The Development of Political Theory*, tr., B. Freyd. London, 1939.

Gildin, Hilail, ed. *Political Philosophy: Six Essays by Leo Strauss*. Indianapolis, 1975.

_____. *Rousseaul's Social Contract: The Design of the Argument*. Chicago, 1983.

Gray, John. *Hayek on Liberty*. Oxford, 1984.

Grene, David. *Greek Political Theory*. Chicago, 1950.

Halevy, Elie. *The Growth of Philosophic Radicalism*. London, 1928.

Hart, H. L. A. *The Concept of Law*. Oxford, 1961.

Hayek, F. A. *Individualism and Economic Order*. Chicago, 1948.

_____. *The Counter-Revolution of Science*. New York, 1955.

_____. *The Political Ideal of the Rule of Law*. Cairo, 1955.

_____. *The Constitution of Liberty*. Chicago, 1960.

_____. *Studies in Philosophy, Polities and Econonics*. Chicago, 1967.

_____. *Law, Legislation and Liberty*, 3 vols. Chicago, 1973-1979.

_____. *New Studies in Philosophy, Politics, Economics and the History of Ideas*. Chicago, 1978.

Hendel, C. W. ed., *David Hume's Political Essays*. New York, 1953.

Kantorowicz, Ernst H. *The King's Two Bodies: A Study in Medieval Political Theology*. Princeton, 1957.

Knight, Frank H. "Intellectual Confusion on Morals and Economics," *International Journal of Ethics* (January, 1935).

_____. *Intelligence and Democratic Action*. Cambridge, Mass., 1960.

Kolakowski, Leszek. *Main Currents of Marxism: Its Rise, Growth and Disillusion*, 3 vols. Oxford, 1978.

Krieger, Leonard. *The German Idea of Freedom*. Boston, 1957.

Langford, Thomas A, and Poteat, William H, ed. *Intellect and Hope: Essays in the Thought of Michael Polanyi*. Durham, NC, 1968.

Laski, Harold J. *Liberty in the Modern State*. New York, 1949.

Leoni, Bruno. *Freedom and the Law*. Princeton, 1961.

Levi, Edward H. *An Introduction to Legal Reasoning*. Chicago, 1948.

Lippmann, Walter. *An Inquiry into the Principles of a Good Society*. Boston, 1937.

MacIver, R. M. *The Modern State*. Oxford, 1926.

MacPherson, C. B. *The Political Theory of Possessive Individualism*. Oxford, 1962.

Maitland, F. W. *The Constitutional History of England*. Cambridge, 1908, 1961.

Mannheim, K. *Ideology and Utopia*. London, 1936.

Marcuse, Herbert. *Reason and Revolution*, 2nd ed. New York, 1954.

McIlwain, Charles H. *The Growth of Political Thought in the West*. New York, 1932.

_____. *Constitutionalism: Ancient and Modern*. Ithaca, 1947.

Meinecke, Friedrich. *Machiavellism: the Doctrine of Raison d'Etat and its Place in Modern History*, tr., D. Scott. London, 1957.

Moore, Barrington. *Social Origins of Dictatorship and Democracy.* Boston, 1966.

Nozick, Robert. *Anarchy, State, and Utopia.* New York, 1974.

Pangle, Thomas L. *Montesquieu's Philosophy of Liberalism: A Commentary on The Spirit of the Laws.* Chicago, 1974.

Plamenatz, John. *The English Utilitarians.* Oxford, 1949.

_____. *Man and Society*, 2 vols. London, 1963.

Pocock, J. G. A. *The Ancient Constitution and the Feudal Law.* Cambridge, 1957.

_____. *The Machiavellian Movement.* Princeton, 1975.

Polanyi, Michael. *The Logic of Liberty.* London, 1951.

_____. *Personal Knowledge.* Chicago, 1958 (Corrected edition, 1962).

_____. and Prosch, Harry. *Meaning.* Chicago, 1975.

Popper, Karl L. *The Poverty of Historiciam.* Boston, 1957.

_____. *The Open Society and Its Enemies*, 4th ed. Princeton, 1962.

Post, G. *Studies in Medieval Legal Thought.* Princeton, 1964.

Putnam, Hilary. *Reason, Truth and History.* Cambridge, 1981.

Rawls, John. *A Theory of Justice.* Cambridge, Mass., 1971.

Reiss, Hans ed. *Kant's Political Writings.* Cambridge, 1970.

Riley, Patrick. *Kant's Political Philosophy.* Totowa, NJ, 1983.

Sabine, George H. *A History of Political Theory*, 3rd ed. New York, 1961.

Sandbach, F. H. *The Stoics.* London, 1975.

Sartori , Giovanni. *Democratic Theory.* Detroit, 1962.

Schellhase, Kenneth C. *Tacitus in Renaissance Political Thought*. Chicago, 1977.

Schumpeter, Joseph A. *Capitalism, Socialism, and Democracy*. New York, 1947.

Sheldon, Arthur. *Agenda for a Free Society: Essays on Hayek's the Constitution of Liberty*. London, 1961.

Shils, Edward. *The Constitution of Society*. Chicago, 1982.

Shklar, Judith. *Freedom and Independence: A Study of the Political Ideas of Hegel's Phenomenology of Mind*. New York, 1976.

Skinner, Quentin. *The Founcations of Modern Political Thought*, 2 vols. Cambridge, 1978.

_____. "The Ideological Context of Hobbes' Political Thought," *Historical Journal*, 9, 3（1966）, pp. 286-317.

Sinclair, T. A. A. *History of Greek Political Thought*, 2nd ed. Cleveland, 1968.

Strauss, Leo. *Natural Right and History*. Chicago, 1953.

_____. *Liberalism: Ancient and Modern*. New York, 1968.

_____. and Cropsey, Joseph, ed. *History of Political Philosophy*, 2nd ed. Chicago, 1972.

_____. *Studies in Platonic Political Philosophy*. Chicago, 1983.

Talmon, J. L. *The Origins of Totalitarian Democracy*. London, 1952.

Templeton, Kenneth S, ed. *The Politicization of Society*. Indianapolis, 1979.

Taylor, Charles. *Hegel*. New York, 1975.

Unger , Roberto M. *Knowledge and Politics*. New York, 1975.

Voegelin, Eric. *Order and History*, 4 vols. Baton Rouge, 1956-74.

Watkins, Frederick M. *The State as A Concept of Political Science*. New York 1934.

_____. *The Political Tradition of the West*. Cambridge, Mass., 1948.

Weber, Max. *Economy and Society*, ed. Guenther Roth and C. Wittich, 2 vols. 1978.

Wild, J. *Plato's Modern Enemies and the Theory of Natural Law*. Chicago, 1953.

Wolin, Sheldon S. *Politics and Vision: Continuity and Innovation in Western Political Thought*. London, 1961.

　　他特別提到書目中所列的書籍，約有2/3是他在過去25年中研讀或瀏覽過。從這份書目中我們也可以看到1960-1980年代，一位關心民主與自由建構的學者，他是透過哪些著作來進行思考的。林先生對於如何建立正確思考與了解的決心一直念茲在茲，沒有放棄。1999年他又發起了一個「公民社會基本政治社會觀念研究」的計畫。他的基本關心還是：「自由、民主、平等、法治、人權、憲政、理性、公民等觀念在中文社會已經談論了一百多年，然而，表達其核心意義的語言，至今仍然呈現著破碎和混亂，究其根由，主要源自概念上的扭曲和誤解。這種現象不僅呈現在大眾媒體、政治人物、和一般人的言論之中，即使專業人士或知識分子，有不少人討論起公共事務，在涉及上述觀念時，也經常陷入語言上的破碎以及概念上的錯誤與混淆。此種情況，妨礙公共事務之討論甚鉅，自然影響到公民社會發展的方向。」（《公民社會基本觀念》「主編序」）。這個計畫在獲得國家科學委員會和余紀忠文教基金會的支持下展開了。為此他在2001年返台一年親自主持，最後在2014年出版了《公民社會基本觀念》（兩卷）。

　　林先生一生在文字書寫方面，堅持「撰著者應力求清晰、乾淨、有分寸，不賣弄術語，避免腐詞、文藝腔，並隨時使用『奧康之刀（Ockham's razor）』，削去沒有必要的論點以及詞句。換言之，所寫出的都應是與條目密切有關的，最基本、最重要的論點，以及為了闡釋與分析這些論點所需要的、不可或缺的詞、句。」（《公民社會基本觀念》「主編序」）。他把這項堅持表現在他一生所有的論著上，而形成了他獨特的書寫風格，即使因為如此而拖延出版時間，他也在所不惜。這種堅持背後的精神就是早在1980年代他就已經提倡的「比慢精神」：「只能在傳統經由創造的轉化而逐漸建立起一個新的、有生機的傳統的時候才能逐漸獲得。……這項艱巨的工作是急不來的，必須以深思與篤實的態度進行才能奏效。」（《思想與人物》自序）。

林載爵，聯經出版公司發行人。

護國神山的由來：
再談台積電與台灣經濟發展模式

瞿宛文

　　近十多年來，台積電默默地逐漸成為全球半導體的領先企業。在平日，高度專業的半導體業未必是眾所矚目的產業。然而，因為新冠疫情帶來的半導體的景氣，更因為中美關係與國際局勢的急遽變化，台積電突然成為全球的焦點。重點是在美國將中國視為敵手之後，先進半導體主要由台積電在台灣生產這一現實，成為美國難以接受的風險。同時，既然半導體仍是中國相對落後較多的重要產業，遏制中國該產業的發展就成為美國重要的政策目標，而台積電即置身於這困局之中。

　　在台灣內部，台積電也聲譽日隆，進而有了「護國神山」的稱號。除了因為它世界級的成就之外，也因為認定它對世界的不可或缺有助於保護台灣的現狀，雖說在博弈局中這是否屬實其實甚難預料。再則，這卻也無奈地呈現出台灣經濟近三十年來不平衡的發展。[1]因為台灣近年來其他新興產業發展有限，電子業早已成為製造業的主體，其中半導體的比重，尤其是台積電的占比，更是逐年增加。近幾年疫情影響下，台灣經濟能保持表面榮景，實依賴半導體一枝獨秀式的繁榮。

1　瞿宛文（2020）。

台積電近年來技術與競爭力技術不斷精進，在全球半導體IC製造業中，與英特爾、三星爭前三名，在晶圓代工上領先世界占比過半。它無疑是目前台灣最重要的企業，第一大出口廠商，主要在台生產，提供高薪工作，並不斷升級。近兩年台股股價大漲之時，至2022年上半，它在台股的市值曾超過16兆台幣，占比約30%左右，市值在全球市值百大排名攀升進到前十名。至今2022年下半股價雖大幅下降，但在台股市占比仍超過25%，全球排名仍接近前十名。

簡言之，近年來台積電市場地位日漸升高，中美對峙高度凸顯了台積電的地緣風險。一時間，台積電突然受到關注，而成了「讓台灣被世界看見」的招牌。如果僅在當下（2022年）這時點來看，它除了被認為是代表台灣戰後經濟發展的成果之外，也似乎被認為是代表了台灣在政治民主化、社會現代化的成就，也是自由市場經濟下民營企業的傑出代表。

然而，事實並不是完全如此。台積電成立於解嚴之前的1987年2月，它的成績與基礎實源於台灣戰後前期的產業政策，源於當時經建主事者以及海內外華人，基於中華民族主義推動工業救國的驅動力。同時，它可說是一個如假包換的公部門企畫案，是公部門推動成立的企業，只是為了規避僵固的國營事業的規範，而讓正式的官股占比低於一半，同時對日後經營並未進行太多干預。再則，自成立至今（2022年）這35年中，在張忠謀領導下台積電成功發展為全球半導體產業的領導者，他雖然居功厥偉，但是如他自己所言，他是一位專業經理人，而非創業的企業家，這是一個公部門推動的投資案。

總之，台積電今日的成功並不是1980年代後台灣政治民主化的代表性成就，也不是台灣民營經濟發展成就的指標。為了理解我們為何今日能享有這樣的發展成就，尤其是在中美對決、兩岸陷入困

局之中，實有需要在此再次探討今日台積電成就的背景。

設立台積電的背景一：「20年後台灣有什麼新興產業？」[2]

　　1987年成立的台積電是工業技術研究院（工研院）電子所的衍生公司，這已是經建部門推動的半導體長期計畫的第二期計畫，1980年成立的聯華電子是第一期計畫的成果。而承擔計畫的工研院更是在1973年就成立了。換言之，在台積電成立之前，經建部門早已於二十多年前即開始規劃推動發展台灣半導體產業的長期計畫，是典型的前瞻性產業政策。

　　經濟學界對於產業政策的角色是有爭議的。近數十年來居主導地位的自由市場學派主張自由放任，認為政府不應該干預市場，後進地區只須讓市場機制發揮作用，就可以發展經濟。如筆者在拙作《台灣戰後經濟發展的源起：後進發展的為何與如何》中指陳，在二戰後沒有任何後進地區依據自由放任而成功發展了經濟，少數成功發展的地區如東亞，都是依賴有效的產業政策，而這正是對自由市場派持批判立場的結構學派所主張的。結構學派認為在發展初期，後進地區的投資環境尚待完善，要發展經濟，要從農業社會轉型為工業社會，實無法自行轉型，尤其是投資門檻高、風險高的新興產業，難以依賴私人資本來啟動，因此在發展初期政府必須擔負起推動者的角色，必須以產業政策推動工業化。

　　產業政策可以分為一般性的與特定性的。一般性的也稱為功能性政策，是指全面的改善投資環境，包括總體經濟、土地、稅收、生產因素及金融等因素。特定性的也稱為選擇性產業政策，依據發

---

2 此節參見瞿宛文（2017）。

展階段選定要扶植的新興產業為目標，針對這產業的特性而採取直接扶植的措施。這也是因為政府資源有限，必須選擇性地將資源集中投入到目標產業中。自由市場派特別反對這種選擇性政策，因認為其干預程度特別高。然而，成功發展的東亞地區正都是依靠這種產業政策來推動產業升級。產業政策要能成功難度較高，但卻是後進地區促進產業升級的必要手段。

近年來在美國反制中國過程中，在川普時代美國政府仍曾依據自由市場理論來批評中國的產業政策違反國際規則。然而，到了拜登時代，美國政府卻轉而高調地採取選擇性產業政策，例如於2022年8月通過《晶片與科學法案》（*Chips and Science Act*），動用巨資來確保自身在半導體等高科技產業的領先地位。這轉變在事實上顯示了美國正式認可產業政策的有效性。

戰後台灣得以成功地發展經濟，除了一些有利的外在條件之外，實有賴持續性地施行前瞻性的產業政策。一方面極力穩定經濟秩序，逐步全面性地改善投資環境，另一方面則依據發展階段，陸續推動目標性新興產業，作為領導性產業。在1950年代初扶植棉紡織業，1960年代則進行外匯貿易改革，轉向施行出口導向政策，並扶植出口產業的上游，尤其是石化業與鋼鐵業。而到了1960年代後期，民生輕工業以及出口業已蓬勃發展，重化工業計畫也已啟動，初級工業化已初步達成。

東亞地區施行這樣發展取向政策的國家，被稱為是「發展型國家」。它主要的構成成分包括政治高層堅定的發展意志，經建官僚體制擁有推動發展的能力與動力，並具有專業上的鑲嵌自主性，不受制於既得利益，以及社會持有追求發展的共識。

具體而言，在戰後台灣，蔣中正與陳誠等政治領導者把經濟發展當做主要目標，重用一些積極任事且有績效的經建官員，如尹仲

容、李國鼎與孫運璿等，並高度授權給予經建體制專業性空間。台灣戰後產業政策的制度與組織，即主要是在1950年代初期由尹仲容領導建立的，他在1963年逝世後由李國鼎接手。最初是由跨部會的經濟安定委員會下的工業委員會負責制定並執行產業政策，以分配美援為重要政策工具，依據發展階段需要選擇產業的發展優先次序。在日後，這負責規劃的組織安排歷經多次重組，到了1960年代後期，部分功能仍屬於改組後的經濟合作發展委員會（日後再陸續改組為經設會、經建會、國發會），部分則納入經濟部，因而經濟部逐步設立了工業局、投資處等次級單位。而促進工業發展的目標此時已注入到這些組織中，成為它們的「制度使命」。

　　雖說到了1960年代後期，產業政策的規劃與執行已較為制度化與組織化，然而事在人為，驅動力與政策的品質，仍有賴主事者的主觀動力，同時動力也促進主事者持續的學習及完善政策品質。這即是我在前述拙作（2017）中指出的，即行動者的主觀動力也是重要的因素，就是如何有效推動發展涉及了主事者的能力，而能力也與驅動力有關，行動者積極任事，努力尋求解決問題的處方，摸著石頭過河，驅動力會增進學習促進能力提升。因此我對結構學派理論提出修正，即除了「如何」發展之外，「為何」發展也是關鍵因素。而當時那一代政治與經建菁英，承繼著近代以來中華民族救亡圖存、工業救國的驅動力，這是他們堅定推動經濟發展的決心與能力的驅動力來源。

　　日本殖民統治剛結束時，台灣仍是一個依賴出口米糖的典型殖民經濟（米糖占出口超過7成）。幸運的是，戰後藉由成功的產業政策，到了1960年代末，台灣經濟已經成功地初步工業化。至1970年，出口之中工業品已占到近8成，而米糖的占比已降為3%。在初級工業化階段，選擇目標產業較不困難，可以參考先進國家的發展歷程，

先是以紡織業為主的民生輕工業,再來是中上游的鋼鐵與石化工業。

　　然而,再往下要如何走?當時經建主事者隨時都有著憂患意識,不時憂慮著:「20年後台灣有什麼新興產業?」。此時,以先後任的經濟部長,李國鼎(1965-1969)與孫運璿(1969-1978,後接任行政院院長至1984年)為首,就負責帶領經建部門思考台灣下一個新興產業在哪裡,而當時美國正在快速發展的、新興的電子資訊業看來是有發展前景的目標。同時期南韓也已開始往此方向籌畫,並先行成立了類似工研院的機構,促使孫運璿等人推動工研院的設立。當時孫運璿力排阻力,花了一年多時間說服立法院,終於成功地以財團法人方式設立了工研院。同時,孫運璿等人也積極推動台灣電子業的發展,開啟了第一期RCA半導體技術移轉計畫。

　　當時推動產業政策的機構與制度已大致就位,政治高層也持續關注發展。不過,孫運璿與李國鼎等人積極任事、承擔責任的作風,使得事情得以及時推動,他們推動發展的決心,前瞻性的願景與規劃,高度有助於台灣在數十年之後得以享有高科技業發展的果實。在推動過程中,其實幾乎每一件事情都遇到相當大的阻力。包括工研院的設立,首次提出推動IC產業的建議,多年後提出設立台積電經營專業晶圓代工的計畫,都曾遭到強烈的反對,而他們仍能積極負責、抵擋阻力堅定推動。

　　同時,還有不少其他人也積極促進發展。例如,費驊任交通部次長時即已和留美的交大同學潘文淵合作,於1966年開始推動「近代工程技術討論會」,1969年起擔任行政院秘書長時也參與振興電子業的發展計劃。李國鼎從1976年開始擔任科技政務委員之後,更是積極推動高科技的發展,包括設立新竹工業園區,引進創投產業等,如促使1985年美國漢鼎創投來台設立子公司。伴隨著1980年代台灣科技產業的蓬勃發展,這位科技政務委員成為科技業的幕後推

手，也是國外訪客來台必訪對象，故被稱為台灣科技教父。

以李國鼎為例應有助於理解他們這一代人的憂患意識與動力。李國鼎1930年畢業於南京中央大學物理系。1934年考取中英庚子賠款公費，赴英國劍橋大學留學，進入最先進的原子物理實驗室。但是當1937年抗日戰爭爆發後，他立即放棄學業，毅然回國服務。日後參加了資源委員會鋼鐵廠，於1948年受邀來台任職台灣造船公司。1953應尹仲容之邀加入經濟安定委員會工業委員會，從此開始負責推動產業發展的工作，可說是戰後經建計劃總工程師尹仲容的繼承人。歷任美援會秘書長，經濟部長，財政部長及政務委員。[3]

簡言之，1987年台積電的成立，是源於當時發展型國家推動發展的架構已經設立起來，因此經建部門早已於二十多年前開始推動電子業長期發展計畫，也源於當時孫運璿、李國鼎等人不時憂慮著「20年後台灣有什麼新興產業？」。

設立台積電的背景二：政府長期IC計畫的一部分[4]

如前述，1970年代初，在高層授意下，經建部門已開始規劃如何推動高科技產業。因此，時任經濟部長的孫運璿花了一年多時間，終於說服了立法院，於1973年用國家資金設立了工研院，合併了經濟部屬下三個既有的研究所，並隨後新設立了日後擔當重任的電子工業研究發展中心（電子中心），數年後更名為電子工業研究所（電子所）。這個由公部門支持的研發機構，是日後台灣高科技產業發

3　康綠島（1993），李國鼎（2005），張如心、潘文淵文教基金會（2006）。
4　此節參考張如心、潘文淵文教基金會（2006），蘇立瑩（1994），Computer History Museum（2011），楊艾俐（1989），陳良榕（2019）。

展的支柱性組織，擔負起移轉國外先進技術的任務，日後所培育的
人才更是不斷外溢到產業界。從1974年起，推動電子業計畫正式開
啟，工研院即開始負責承擔第一個電子工業計畫。

　　就台灣電子業的發展而言，於1974年2月7日在台北市南陽街小
欣欣豆漿店舉行的早餐會已成為一個傳奇，這早餐會可說正式啟動
了半導體產業計畫。留美學人、時任RCA研究室主任的潘文淵，應
政府之邀到台灣共同商議推動電子業的可能方案。早餐會的出席者
除潘文淵之外，還包括經濟部部長孫運璿、行政院秘書長費驊、工
研院院長王兆振、交通部部長高玉樹、電信局局長方賢齊及電信所
所長康寶煌。當時台灣的電子業主要是勞力密集的組裝產業，潘文
淵認為亟需升級，建議發展積體電路工業，若能成功則將是台灣1980
年以後成長的引擎（正如事後的發展）。他具體建議以生產電子錶
為切入點，來引進技術，並以工研院來擔綱。但如何確保能在購買
技術時做出合宜的選擇？潘文淵認為美國有一批對此學有專精的海
外華人專家，可以組成一個電子技術顧問委員會（TAC），來協助
幫忙篩選技術授權者。

　　在此之前，這電子業計畫已經醞釀多時，早餐會則是正式的啟
動。雖然當時仍有甚多反對的聲音，但孫運璿決定支持這個建立台
灣IC產業的規劃，並且立即以明快的步調大力推動。潘文淵隨之提
出正式規劃，並且自己還提早自RCA退休，此後更是不計報酬地長
期全力協助此計畫的施行。海外華人專家組成的美洲技術顧問團
（TAC）順利組成，並決定選擇技轉RCA的技術。

　　於是在1976年，工研院組團赴美國RCA取經，全面學習相關的
技術與經營知識。計畫順利進行，電子所成功興建了生產3吋晶圓的
實驗工廠，隨後推動進入商業運轉，故於1980年將電子所與這計畫
相關的部分獨立出來，成立了衍生公司，即聯華電子。之後為了持

續推動產業升級，政府繼續推出進階的超大型積體電路計劃（VLSI）發展計畫，興建生產6吋晶圓的實驗工廠，就是成立台積電的基礎。因此1987年台積電的成立，已可依循之前已建立起來的政策運作模式，即由工研院承擔電子業發展的分期計畫，然後將工研院實驗工廠獨立成為衍生公司，並將官股比例壓低至半數以下。台積電是這長期電子業技術升級計畫延續性的成果。

此外，值得注意的是，當時經建主事者對於衍生公司的所有權形式構成並不執著於公營或民營，而比較是從何種形式能夠促進經營效率及競爭力著眼，呈現出發展成效優先的價值考量。

台積電的設立背景三：李國鼎做為主要的推動者、問題解決者[5]

張忠謀於1985年8月從美國來台接任工研院院長，他以為政府是希望他協助將工研院發展出來的技術予以商業化。然而，他上任後僅過兩個星期，當時負責科技事務的政務委員李國鼎就請他規畫並設立一家積體電路製造公司。於是正式開啟了設立台積電的計畫。由於李國鼎在設立台積電過程中扮演了積極的角色，張忠謀即曾說：「沒有李國鼎，就沒有台積電」。[6]這其中的緣由及背景且解說如下。

張忠謀原先未曾在台灣生活過，他1931年生於寧波，在中國大

5　此節參見張如心、潘文淵文教基金會（2006：184-228），蘇立瑩（1994），Computer History Museum（2011），Computer History Museum（2007），陳良榕（2019，2022），張忠謀（1998），楊艾俐（1998）。
6　陳良榕（2019）。

陸歷經戰亂流離後，1949年從香港赴美讀書，後曾任德州儀器副總裁等職，帶領德儀建立了半導體部門，在半導體業享有甚高的聲響。在1960年代末他曾主導德州儀器來台設立封裝廠，認識到台灣優良的製造環境，同時也與孫運璿及李國鼎等經建官員相識。與此同時，台灣經建單位正開始積極推動高科技業的發展，因而張忠謀自然持續成為被積極網羅的對象，期待他能協助台灣建立這產業。孫運璿任行政院長時，及李國鼎赴美訪德州儀器時，都曾提出邀約。不過要等張忠謀先因難以再進一步發展而離開了德州儀器，而在短暫主持通用器材之後又離職，因而暫時賦閒在家時，在工研院董事長徐賢修三次拜訪之後，1985年張忠謀終於接受邀約，決定離開生活三十多年的美國，來台擔任工業技術研究院院長。

張忠謀原先計畫以美國貝爾實驗室等機構為典範，將工研院提升成為世界一流的研究機構。然而，在他上任僅兩星期之後，科技政委李國鼎就給他一項任務，要他規畫並主持一家積體電路製造公司。李國鼎並詢問規劃需要多久時間，張忠謀回說大約一星期，李國鼎隨即就幫忙約定了他們於一星期後，向當時行政院院長俞國華做報告的時間，這故事具代表性的顯示李做為推動者的積極作風。[7] 而簡報之後，規劃基本得到認可，俞國華也立即指示五位財經首長與張忠謀共同成立籌備小組，籌畫這龐大的、投資額2億美元的投資案。

當時成立晶圓製造廠是有其迫切性的。在1984年已有三家留美學人返台成立的IC設計公司，要求政府設立IC製造工廠為其代工，但設立代工廠卻不是一件簡單的事，並且他們的需求尚不足夠支持一個代工廠，因而此事成為主事者的難題。因此如前述，張忠謀上

---

7   張如心、潘文淵文教基金會（2006：190）。

任工研院院長兩星期後，李國鼎就給了他這項任務。

張忠謀帶領工研院進行規劃時，他認為台灣當時在IC設計、技術開發及市場行銷上都相對落後，但是具有優異的製造優勢，工程師及作業員等都很優秀。他因而提出了如今著名的「專業晶圓代工」計畫，即不做設計而專門為客戶代工，有別於當時晶圓廠都兼做設計與製造的垂直整合模式。此計畫得到了政府許可，也為台積電設定了致勝的經營模式，而日後在其成功之後，更進一步帶動全球包括台灣的IC設計公司興起的風潮，改變了全球半導體產業的運作模式。

在1970年代中期，美國學者Carver Mead即已提出IC設計可以在技術上和製造分離的說法，甚至認為在企業經營上也可以分開。而張忠謀仍在德州儀器時就已理解到這想法，並曾於1976年向德儀高層提出設子公司代工晶片的企劃案，但未被接受，[8]換言之，張忠謀的晶圓代工的想法其實醞釀已久。同時，工研院電子所因承擔超大型積體電路計畫，正在建造台灣第一座6吋積體電路實驗工廠。電子所人員在興建過程中已經納入新的思考，並曾邀請Carver Mead來台演講。工研院因此也於1985年設立了共同設計中心，訓練IC設計人才。[9]此時，張忠謀贊同電子所這投資巨大的實驗工廠應進入商轉才符合效益，但作為代工廠則必須也為國外公司代工，才能有足夠的需求支持產能，同時以專業代工模式經營更能取得客戶的信任。因此電子所的實驗工廠移轉成為獨立的衍生公司——台積電，它也開創了專業晶圓代工的經營模式。

8　引自Miller（2022：167）。

9　引自Computer History Museum（2011：21-24）對史欽泰的訪談紀錄，張如心、潘文淵文教基金會（2006：119-125）。

在1985-1987年的台積電籌畫設立期間，李國鼎持續擔任主要的
推動者，並且負責不斷地解決問題排除障礙。當時外界都不看好在
台灣設立半導體產業的前景，認為技術的門檻太高，所需的資金太
龐大，而當時世界上獨立的IC設計產業幾乎不存在，因此未來是否
會有足夠需求來支持專業晶圓代工更是未知數。然而在李國鼎等人
的推動下，這規劃案得到了政府的支持。同時如前述，政府為了規
避國營企業的規範框架，因此刻意將自身投資比例設於48.3%，邀
得外資飛利浦投資27.5%（下文再做說明），雖終得以招募其他民
間企業投資24.2%，但因他們多不看好前景，仍需李國鼎等人敦促
再三才得以完成。同時如下文將提及，李國鼎與飛利浦董事長的熟
識關係，也曾有助於事情的推動。

設立台積電的背景四：技術人才的培育與華人工程師網絡

必須要指出的是，這故事得以順利發展實高度依賴相關人才的
協助與培育，而廣泛地來說，其實從一開始就延續繼承了大陸時期
的基礎。例如，前述的包括潘文淵在內的TAC顧問委員會，對購買
技術的選擇提供了關鍵性協助，其中成員都是大陸出身赴美留學的
專家，如潘文淵是1912年出生，1937年在日軍戰火到達之前趕赴美
國留學，取得Stanford電機工程博士學位。[10]不過他們雖多未曾在台
灣居住過，但都樂意並積極提供協助。

再例如，交通大學校友會的網絡也甚為重要。在民國時期，前
身為南洋公學的交通大學成為中國培育工程人才的最重要學府，日
後人才廣泛分布於兩岸及海外，尤其美國。如費驊就是在1945年之

---

10 潘文淵文教基金會網頁，https://pan.itri.org.tw。

後，拉了一批交大同學來台灣，承接了台灣行政公署下公共工程局的事務。而1958年交通大學在台得以復校，就依賴校友的推動與支持，同時會具有遠見地立即設置電子研究所，正是因為一些在美的校友，包括潘文淵等，已成為此領域的專家，他們知道這領域的潛在重要性，因此建議復校時一定要創建電子研究所，如此奠立了日後此方面人才培育的基礎[11]。隨後交大即多次邀請在美的專家如施敏等來台授課。

此外，「中國工程師學會」的網絡也甚為重要，該會歷史悠久可上推至詹天佑時期。1966年6月在美工程專家來台舉行了第一屆的「近代工程技術討論會（METS）」，其實就是來台傳授新知。這會議的源起是前一年時任交通部次長的費驊剛接任「中國工程師學會」總幹事，他到美國訪問時找他交大的同學潘文淵幫忙，問說你們這些留美的工程師們，可以怎麼幫助我們？而當時潘文淵正擔任「紐約中國工程師學會」會長。[12]

為何諸多海外華人工程師願意花費時間精力，準備兩星期密集課程，遠赴一個沒去過的地方傳授知識呢？除張忠謀、潘文淵之外，海外華人對推動台灣電子業提供甚大幫助，且其中長一輩的多未曾在台灣居住過。他們之所以會積極幫助台灣推動電子業，當是源於他們對中國的愛國情懷，他們雖身在美國但生長於中國內憂外患之際，故願意幫助國民政府工業化的努力。很多人未必有黨派立場，多年後也同樣遠赴大陸提供協助。例如，張忠謀雖與台灣無淵源，但其赴美前歷經戰亂，尤其抗戰時期他在重慶就讀南開中學時，經歷了當時濃厚的愛國氣氛，或與他願意到台灣領導開創IC產業有所

---

11 郭南宏（2018）。
12 張如心、潘文淵文教基金會（2006：65-71）。

關聯。

　　此外，民國時期那一代知識分子會有如此高比例的學習工程學科，也是源於清末民初開始，中國知識分子要參與實業救國的潮流，他們認為那是責任，同時也可能是現實上的出路。

　　相比較，殖民統治的影響則甚為不同。台灣在日本殖民統治下，因為殖民政府無意讓本地人參與統治與建設，故在教育上及就業上基本以日本人為先，高度歧視本地人，因此幾乎沒有提供本地人工程師訓練的機會。具體而言，在日殖時期，台北帝大到了1943年才設立工學部，而配合軍需工業化，殖民政府於1931年設立了工業專門學校，仍以訓練日本人為主，累計只有162名台籍畢業生，占比僅二成。再則，殖民時期雖說有不少本地人為尋求教育機會而出國留學，但他們在選擇專業時仍受制於台灣的就業機會，因而四分之三學習醫學與法科，學習理工的不到5%。在當時，台灣的物質條件及穩定程度都優於戰亂不斷的大陸，但是卻因殖民統治的因素，而缺少工程人才的培育。[13]

　　而這情況在國民政府接收台灣之後就立即有所改變。國府接收之後立即開始擴建高等教育機構，在1951年除了在台北帝大基礎上成立的台灣大學外，另有5家學院，它們在1951年的畢業生為1388人，其中即已有278人（兩成）是工程專業。到了1955年，高等教育機構擴增為14家，該年畢業生總數則增為2872人，其中學習工程的已達744人，比例也升至四分之一。[14]換言之，在1945年國府來台接收之後，對台人的教育及就業上的歧視不再，而1949年國府遷台之後，立即推動普及教育以及理工科教育，稍後交通大學與清華大學

13　瞿宛文（2017：第二章）。
14　教育部（1957）。

也陸續在台復校,兩校當時都以理工科為主,交大也立即成立電子研究所。在1950至1970年,高等教育機構已累計培育出超過3萬名工程師,為工業化,尤其是日後台灣科技業的發展,準備了充裕的人力資源![15]同時,隨著戰後工業化逐步展開,就業機會也開始逐步增加。不過在戰後前期工業化仍在初步階段,高等理工人才的供給仍遠超過需求,因此大學理工科畢業生有甚高比例赴美留學。

無論如何,戰後普及的工程師教育,為工業化以及1970年代開始的高科技業的發展,奠立了必要的人力資源的基礎。因此,在1970年代初左右,眾多本土訓練的工程師已開始設立科技公司,如今日台灣科技業的領先企業,包括鴻海、台達電、廣達、宏碁等,都是如此。[16]而當時正在啟動的第一期半導體技術移轉計畫,也能從本地與海外得到充裕優質的工程人力資源。

再則,在1970年代初發生的保衛釣魚台運動(保釣運動),再一次地引發愛國青年投入工業化的風潮。保釣運動對台灣戰後新生代,包括台港澳青年及留學生,產生了很大的影響,當時留美學生中有眾多理工科學生參與其中,激發了他們為國效力的理想精神。而這時機正好與台灣推動電子業相配合,例如1973年《中央日報》海外版刊出台灣要發展IC技術的消息,就讓幾位普林斯頓大學的電機博士生(楊丁元、史欽泰、章青駒)主動地與相關主事者聯繫,開啟了他們對此項計畫的參與[17],而普林斯頓正是海外保釣運動的起源地。亦即一些受到保釣影響的人,他們放棄美國高薪發展的機會回台,加入到第一批赴RCA學習電子技術移轉隊伍,日後更成為

---

15 教育部(歷年)。
16 瞿宛文、安士敦(2003)。
17 張如心、潘文淵文教基金會(2006:96-100)。

台灣半導體業發展的領導人。1976年4月20日，經濟部長孫運璿召見
第一批赴RCA受訓的成員，並將一面國旗授予該隊，同時提到他自
己是在1942年抗戰時期美國參戰後，國府資源委員會第一批派往美
國受訓的成員，而他是去美國田納西州TVA水利工程去學習電力工
程（他於1945年來台參與接收台電），他認為此次去RCA技術移轉
與他當年赴美學習一樣重要，想來他的鼓舞更是加強了成員們的使
命感。[18]二三十年以後，當台灣電子業興盛發展之際，就業以及創
業的機會成為吸引人才回流台灣的主因，但在產業規劃及草創階
段，則必須依賴眾多懷著報效國家理想的人來共同努力。

設立台積電的背景 五：飛利浦、外資與投資環境

　　外資有助於還是有礙於後進地區的發展？這問題一直是發展經
濟學中具有爭議性的課題。然而，台灣及東亞的案例顯示這問題的
答案，其實不在於外資本身，而要看後進地區能否「主動地」依據
自身需要來運用外資，而前瞻性的產業政策即是關鍵。在籌畫台積
電時，俞國華即提出官方可出資近半，但要找一家國際大廠來入股，
以利募集剩餘的民間投資。張忠謀也認同這做法，因為國際大廠可
以帶來先進技術與專利保護。最終飛利浦同意參與投資。[19]
　　荷蘭飛利浦成立於1891年，在戰後列名全球前500大企業，是全
球電子業的領先性企業。於台積電籌備階段，張忠謀雖得以前往他

18　張如心、潘文淵文教基金會（2006：96-100），Computer History
　　Museum（2011），聯合報（2013-12-11）。
19　參見張如心、潘文淵文教基金會（2006：184-228），蘇立瑩（1994），
　　Computer History Museum（2011），Computer History Museum
　　（2007），陳良榕（2019，2022）。

熟悉的美國電子企業英特爾與德州儀器做簡報，但它們卻都不確定此模式能夠獲利而決定不參與投資。然而，飛利浦則答應合作，投資27.5%的資金，轉移先進技術並提供專利技術保護傘，有助於台積電初期的成功。而飛利浦為何願意參與？除了張忠謀在國際半導體業的聲望之外，飛利浦早年在台投資興建的建元廠表現優異應也是原因。早在1965年，李國鼎擔任經濟部長期間，他曾親自為來台的飛利浦董事長做簡報，介紹台灣的投資環境與加工出口區，給對方深刻印象。因而次年，飛利浦就來台投資建元電子，生產電子零件、電視機等，至今仍是台灣最大外商之一。飛利浦在台營運績效良好，理解台灣製造能力的優異，應是它願意投資台積電的原因之一。而由此建立的人脈關係，日後也一再發揮作用。例如，台積電要開始設廠，飛利浦想插手替它蓋廠房，台積電則想要自己蓋，最後是由李國鼎親自打電話給飛利浦董事長說明，才讓台積電自己蓋工廠。[20]

當初1965年，飛利浦董事長之所以會來台考察，是源於1964年美國通用器材公司已經來台設廠，生產電視零件。通用器材對結果甚為滿意，故建議相關上游企業也配合來台投資。這一波國際電視大廠來台投資的風潮，顯示了在這之前多年來，李國鼎等人積極改善投資環境的成果，推動通過了《獎勵投資條例》，藉此修改了諸多不利於出口的相關法規，設保稅工廠，外銷退稅，簡化手續等。更於1966年設立高雄加工出口區，積極吸引外來投資。於是跨國電子加工企業陸續來台，並形成產業供應鏈。

因此，1970年代台灣成為世界電視產量的冠軍。當年外資電子業，雖是外資主導的組裝性工廠，但是為日後台灣承接美國高科技

20　陳良榕（2019）。

代工奠立了基礎。例如，1967年艾德蒙即應通用器材鼓動而來台，在中和生產彩色電視。鴻海於1974設立時，第一個客戶就是艾德蒙，為它生產電視旋鈕。同時，在艾德蒙建議下，李國鼎進而說服康寧，來台設置映像管工廠，使得電視機的供應鏈更為完備。外資電子業培育了本地零組件供應商，並與歐美企業建立了聯繫網絡，鴻海就是重要案例。[21]

　　這部分的故事再次佐證了產業政策的重要性。後進地區要工業化，要從農業社會轉型為工業社會，必須改善投資環境，在發展初期，這改革制度的大工程當由政府來領導推動。而當初李國鼎等人在努力改善投資環境、吸引外資之時，並非寄望於外資帶領本地經濟發展，而是階段性地期待外資帶來資本與技術，啟動第一波的產業發展，同時與之相配合地施行扶植本地產業的政策，持續推動由本地企業為主的產業升級。[22]

台積電的專注與持續升級

　　台積電設立時，一般來說，最大的質疑在於是否有足夠的代工需求，來支撐這全球第一家專做晶圓代工的企業，即「有市場嗎？」。因為當時半導體產業主要由整合性大廠主導，它們未必會外包出足夠的代工訂單，而需要代工服務的獨立的IC設計公司甚為稀少，因為受限於整合性大廠只有自身有多餘產能時才會對外提供代工服務。但在台積電這家專業代工廠設立之後沒幾年，IC設計公司如雨後春筍般蜂湧而出，尤其在台灣及美國。因此台積電開拓市場尚稱

21　瞿宛文、安士敦（2003）。
22　瞿宛文（2017：17-33）。

順利，開始時也僅有兩年有虧損，之後就持續成長。代工「有市場嗎？」這問題得到高度肯定的答案，並且它的成功，逐步迫使整合性大廠放棄自行製造半導體，改變了全球半導體的產業模式。[23]

必須指出的是，台積電雖然是代工廠，但在張忠謀主導下，它的策略定位卻是明顯地不同於台灣一般普遍的「老二主義」，而是要做世界一流企業。它除了完善高標準的基本營運模式之外，並持續精進，高度投入資源與客戶共同開發技術及先進製程，即其自身掌握了先進的製程技術。近年來在選擇技術路徑上多次的成功，使得它日益鞏固其在晶圓製造上的領先地位。想來這應是源於張忠謀的全球視野與戰略高度，他在美國半導體界發展時期打過無數商戰，有很好的成績，來台創立這新事業定也抱著做全球一流企業的決心，這較高的志向應也有助於它陸續吸引相關的優秀人才共同努力。同時，他年少時在大陸經歷抗戰等動亂的經驗，或也與他的志向有所關係。不過，張忠謀能有這個施展的機會，還是必須歸功於本文前述的各種歷史因素，國民政府的教育與產業政策，經建主事者的能力與決心，華人工程師及眾多相關人士的奉獻與協助。這個台灣戰後台積電的成功故事，說到底還是與整個中國的近代史有密切的關係。

參考文獻

李國鼎（口述），2005，《李國鼎：我的台灣經驗》，劉素芬（編著），陳怡如（整理），台北：遠流。

23　參見張如心、潘文淵文教基金會（2006：184-228），Computer History Museum（2007）。

康綠島，1993，《李國鼎口述歷史：話說台灣經驗》，台北：卓越文化。

張如心、潘文淵文教基金會，2006，《矽說台灣：台灣半導體產業傳奇》，台北：天下文化。

張忠謀，1998，《張忠謀自傳（上冊）1931-1964》，台北：天下文化。

教育部，1957及歷年，《中華民國教育統計》，台北：教育部統計處。https://depart.moe.edu.tw/ED4500/News_Content.aspx?n=48EBDB3B9D51F2B8&sms=F78B10654B1FDBB5&s=7BDCA619BC04BB85.

郭南宏，2018，《無懼·無華：郭南宏口述歷史》，郭南宏口述，周湘雲紀錄，交通大學出版社。

陳良榕，2019，〈張忠謀：沒有他，就沒有台積電 誰是「台灣科技教父」？〉《天下雜誌》，2019-06-04。https://www.cw.com.tw/ article/article.action?id=5095492。

陳良榕，2022，〈老文件揭張忠謀40年前神預言 晶圓教父的產地，要感謝一位教授〉，《天下雜誌》第760期，2022-11-01。https://www.cw.com.tw/article/5123368?from=search。

楊艾俐，1989，《孫運璿傳》，台北：天下。

楊艾俐，1998，《IC教父張忠謀的策略傳奇》，台北：天下。

潘文淵文教基金會網頁，https://pan.itri.org.tw。

聯合報，2013，〈孫運璿百年冥誕憶當年〉，《聯合報》，12月11日，第4版。

瞿宛文，2017，《台灣戰後經濟發展的源起：後進發展的為何與如何》，中研院叢書，聯經。

瞿宛文，2020，《台灣的不成功轉型：民主化與經濟發展》，新北市：聯經。

瞿宛文、安士敦，2003，《超越後進發展：台灣產業升級的策略》，朱道凱譯，台北：聯經。

蘇立瑩，1994，《也有風雨也有情：電子所二十年的軌跡》，新竹：工研院電子所。

Computer History Museum, 2007. Oral History of Morris Chang. Interviewed by Alan Patterson. Recorded: August 24, 2007. CHM reference number: X4151.2008. Computer History Museum.

Computer History Museum, 2011. Taiwanese IT Pioneers: Chintay Shih. Interviewed by: Ling-Fei Lin. Recorded: February 10, 2011. CHM reference number: X6259.2012. Computer History Museum.

Miller, Chris. 2022. *Chip War: The Fight for the World's Most Critical Technology*. New York: Scribner.

瞿宛文，中央研究院人文社會科學研究中心兼任研究員。研究台灣與東亞經濟發展，近來也開始探討中國大陸經濟相關議題。著作包括《農村土地改革與工業化》（2022）；《中國產業的發展模式：探索產業政策的角色》（2020）；《台灣的不成功轉型：民主化與經濟發展》（2020）；《台灣戰後經濟發展的源起：後進發展的為何與如何》（2017）等。

法西斯美學的源流和特徵

郝建

蘇維埃電影巨匠與法西斯美學創始者

每逢極權國家舉行盛大慶典，世界各國的許多人們都會被那氣勢恢弘的集會和千萬人團體操以及激情萬丈的盛大閱兵式所震懾，或者感動。藉由壯麗華美的影像，這些儀式傳遍世界，助燃國家主義豪情。這時候人們會再次思考法西斯美學，談起萊尼·瑞芬斯坦。

電影中的法西斯美學將強大的電影形式美感，與功利實用的國家主義宣傳灌輸完美融為一體。蘇珊·桑塔格曾經將迷人的法西斯美學深刻解密，但是她沒有追溯過其電影形式美學的濫觴，也沒梳理法西斯美學在電影觀念上的淵源關係。

仔細考察我們才發現，始作俑者並不是那位納粹女導演。濫觴之處在另一個國度，另一位電影導演那裡。在那裡，這種美學形態更具有一種初始期的活力和原創性，也更具有觀念上的衝擊力。

此人是一位電影形式的開創者，他在電影形式方面的天才比瑞芬斯坦更強大，他的作品是意識形態徵用電影美感的先驅，而他在電影史上的地位，則是瑞芬斯坦不可望其項背的。他的作品是全世界的電影學生必須完成的拉片作業；而他電影創作則比瑞芬斯坦整整早10年。不像萊尼·瑞芬斯坦聲稱自己「對一切美好的東西」敏

感而並無理論著述，他還是一位形式理論的探索者和宣傳、灌輸美
學的奠基人。

　　他就是前蘇聯導演謝爾蓋‧愛森斯坦（Sergei M. Eisenstein），
他不僅與後來者納粹御用女導演萊尼‧瑞芬斯坦一樣具有形式天
才，他更堅定而明確地主張，電影必須為某個階級的意識形態服務。
與許多中國藝術家的理念一樣，他完全從實用功利的角度來認識藝
術：「藝術家和人民在一起工作，為人民獻出自己的力量，並把自
己看作是人民的喉舌。」[1]

　　愛森斯坦所開創的法西斯美學源遠流長，至今依然影響巨大。
本文試圖梳理其初始源頭，分析它的形式美學特徵和電影理論核心
內涵。同時也借此剖析以宣傳、灌輸為首要任務的社會主義美學。

形式天才震撼世界

　　與其後繼者萊尼‧瑞芬斯坦一樣，愛森斯坦是一位極有形式天
才的導演，他創造了電影史上極為重要的「雜耍蒙太奇」電影形式
和理論。[2]在愛森斯坦那裡，雜耍蒙太奇遠遠不僅是形式追求，而是

1　尤列涅夫編著，《愛森斯坦論文選集》，尤列涅夫的文集前言，中
　　國電影出版社，1962，頁61。
2　這個名詞更準確的翻譯是：吸引力蒙太奇。〈吸引力蒙太奇〉
　　（Montage of Attractions）一文1923年發表在馬雅可夫斯基主辦的
　　《左翼文藝戰線》雜誌上。中國的《世界電影》雜誌1983年第4期
　　刊登了該文的全部中文譯文，當時用的是舊的名稱「雜耍蒙太奇」。
　　而俞虹先生的準確譯名：「吸引力蒙太奇」，正式出現在出版物是
　　在：[蘇]愛森斯坦，〈吸引力蒙太奇〉，俞虹譯，載《外國電影理
　　論文選》，李恒基、楊遠嬰主編，上海文藝出版社，1995。本文沿
　　用現在電影界常見的通俗名稱。

同時明確指出藝術的功利主義目的。愛森斯坦強調，電影的形式美感應該明確地指向觀念主題和「階級意識」。後來的《意志的勝利》等作品與其一樣，這裡的形式美感是為政治服務的，是被意識形態徵用的美感。

1925年，愛森斯坦拍攝了《戰艦波將金號》，這是向1905年的革命致敬獻禮的影片。影片的畫面富有衝擊力，剪輯節奏優美、強大而令人震撼。我多次拉片閱讀本片，多次被其中的電影形式美感所折服。英國影評家、電影劇作家詹姆斯·阿奇曾這樣讚賞這部作品：「其中有些部分像貝多芬的交響樂的一個樂章那樣精彩。」[3]

影片使用了大量的雜耍蒙太奇手法，這就是用剪輯或者鏡頭內的畫面設計來改變現實關係以達到「意識形態效果」。

雜耍蒙太奇不僅僅是剪輯方法，也是鏡頭內部的畫面設計方法。愛森斯坦認為「電影蒙太奇是一些相互衝撞的動作，不單是鏡頭之間的撞擊也包括鏡頭之內的撞擊。」[4]《戰艦波將金號》中有一個甲板上槍斃違反紀律的士兵的段落，其中軍官命令把即將被槍殺的士兵用一整塊帆布蒙起來。根據愛森斯坦的學生、前蘇聯導演米·羅姆說，在生活中是沒有這個情況的，軍隊沒有這個習慣。這是一個雜耍式的手段，目的是要造成觀賞上的效果，是要用這不斷拂動的帆布使觀眾吃驚，通過這塊帆布，愛森斯坦彷彿把「一隊水兵變成了一堆屍體」。[5]

3 轉引自〈愛森斯坦的美學：一點不同的意見〉，載《電影藝術譯叢》，1980年2期，41頁。原載英國《畫面與影響》1973年冬季號。

4 愛森斯坦，《電影形式的辯證唯物主義方法》，Sergei Eisensten : *Film Form*, edited and translated by Jay Leyda, Harcourt,Brace & World , Inc. 1949, p. 45.

5 參見：[蘇]米·羅姆：〈重提雜耍蒙太奇〉，載《世界電影》1983

圖（1）這是一個典型的畫面內雜耍蒙太奇的鏡頭。畫面上方是幾個即將被槍斃的水兵，他們被一大塊帆布蒙上了。這個蒙上帆布的場景是導演憑空創造出來的，以此試圖加強畫面的衝擊力。

　　愛森斯坦還用了許多特技和人為加工的方法來造成單鏡頭內的雜耍蒙太奇。在《戰艦波將金號》中，他用手繪的紅旗來渲染情緒，這在當時的默片畫面中造成了極為鮮豔奪目的視覺效果。愛森斯坦還具有開創性地做出了許多用特技的雜耍性鏡頭，把本來是幾次拍攝的鏡頭中的影像合成到一個鏡頭中。這種合成是沒有生活和敘事上的情節依據的。

　　這種鏡頭內部的加工和改變不僅僅是形式上的追求，更重要的是為了主題而有目的地、強化和改變現實的空間關係，改變這些空間和時間所呈現的歷史事實、社會關係。後來，這種一切服從於意識形態的電影方法上升為法西斯美學和幾乎所有宣傳藝術的有效法門。

　　在同年的作品《罷工》中，愛森斯坦用特技製作了不少雜耍鏡

（續）————————————————

　　年4期。

頭。如多次曝光、迭化、配景縮小等,他用這些特技創造了水龍頭衝擊罷工者、嬰兒在鎮壓者的鐵蹄下被瘋狂踐踏、火燒酒精店等驚人的景象。

1928年,愛森斯坦拍攝了《十月》,這是為了慶祝蘇維埃奪權十周年而拍攝,是社會主義國家最早的獻禮片。影片中用了大量象徵的手法和雜耍蒙太奇來表現階級的對立、蘇維埃必然勝利。

愛森斯坦1929年拍攝的《舊與新》比《十月》在宣傳目標上更為直奔主題。影片的主題很簡單:蘇維埃人民必須走合作化的道路才能爭取生存,而繼續單幹就會挨餓。這部影片對中國人來說會很熟悉:在成立合作化集體農莊時,農民怎樣反對貪婪、對抗乃至敵對情緒。愛森斯坦在這部作品中讓兄弟骨肉對立、農民打倒富農、無神論者反對教徒。他還一如既往地使用雜耍蒙太奇來表現階級對立:把蝨子危害的老農民家庭和飽食終日的富農家舒適大院作對比,運用剪輯來描寫信教的農民如何受到村裡的牧師的愚弄,農民在龜裂的田野中祈求降雨。

愛森斯坦的雜耍蒙太奇技法和創作理念都是一種強力的宣傳美學。這種電影美學後來在許多極權國家發揚光大,而其中的純粹形式趣味則被洗盡鉛華,成為電影的常用藝術手法。布萊恩‧德‧帕爾馬1987年拍攝的《鐵面無私》有個樓梯槍戰段落,其中的鏡頭設計、剪接節奏感乃至嬰兒車的使用就與《戰艦波將金號》中著名的奧德薩階梯段落有著明顯的對話、互文關係。

法西斯美學本質上是一種美學上的暴力,就是用強大的、具有崇高感和視覺衝擊力的電影文本來衝擊觀眾的感覺,這種美學根植於我們普通人本性中對美的趣味和對力量的崇拜。前蘇聯的研究者也注意到這種工具論的電影方法,卻是從肯定和讚揚的角度加以闡釋:「愛森斯坦沒有採取精雕細刻的手法,而是把黨的主題作為在

統一意志、統一意願和統一激情的鼓舞下團結一致的革命的水兵集
體的主題來處理的。」[6]

　　愛森斯坦的作品在形式上極具有震撼力，它在描寫集體性認同
時所透射出的崇高感具有形式上的節奏感和氣勢，它具有某種形式
上的經典地位。《戰艦波將金號》的奧德薩階梯雜耍蒙太奇段落影
響了後來眾多導演剪輯時的畫面動態和節奏感，愛森斯坦鏡頭中那
個正對觀眾眼睛的大炮啟發了其它導演去發掘單個鏡頭內的視覺衝
擊力，而愛森斯坦那快速剪輯的三個鏡頭造成石獅子躍起的視覺效
果也成為剪輯方法的經典。

　　愛森斯坦的電影語言後來成為社會主義現實主義的重要鏡頭語
言技法和創作方法，在中國第五代導演的作品《黃土地》中，我們
還能在農民求雨、群眾打腰鼓和憨憨與人群相對跑動等段落中看到
雜耍蒙太奇方法。在紅色電影中，我們也可以看到大量的高山象徵
偉岸、青松象徵革命英雄不朽的雜耍蒙太奇技法。[7]

　　《戰艦波將金號》以其強大的美學效果取得了世界的注意。或
許是由於蘇維埃藝術與納粹德國在精神氣質和內在價值觀上都具有
某種極權主義的相通性，納粹德國的宣傳部長戈培爾對愛森斯坦的
電影作品頗有仰慕，他號召自己的納粹藝術軍團也要拿出有力的宣
傳作品以建立文化自信。他向納粹德國的藝術家們發出指示，要求
他們拍攝一部「我們自己的《戰艦波將金號》。」 1934年3月，愛
森斯坦寫了一封〈關於法西斯主義，德國電影和真實的生活——致

6　尤列涅夫編著，《愛森斯坦論文選集》，尤列涅夫的文集前言，中
　　國電影出版社，1962，頁16。
7　關於紅色電影中的雜耍蒙太奇手法，可參見拙作：〈《黃土地》：
　　影像革命與紅色敘事基因〉，《戲劇與影視評論》2016年第3期，
　　頁58-63。

德國宣傳部長戈培爾博士的公開信〉，他「憤怒地揭露了法西斯主義反人民和仇視創作的實質，他斷言，只有為革命思想所鼓舞的人民藝術家才能創作出崇高的藝術作品。」[8]雖然痛斥戈培爾，但是愛森斯坦等蘇維埃藝術家不見得意識到他們與戈培爾在集體主義觀念、把握歷史方向的自信和宏大的敘事觀念方面具有多方面、多層次的同構性。這是兩個在美學上和政治上都志同道合的國家主義宣傳美學大師的藝術切磋和隔空對唱。

1997年，義大利羅馬放映了一部雷·米勒製作的長達三個小時的紀錄片。瑞芬斯坦在本片中「直言不諱地承認希特勒的個人魅力對她造成了巨大影響」和「蘇維埃導演愛森斯坦在藝術方面對她本人作品帶來的影響。」[9]

將電影形式美感綁在意識形態的戰車上

與其後繼者瑞芬斯坦不同，愛森斯坦對於電影的功能具有明確的理論自信，他對自己的電影宣傳美學做過十分強有力的表述。而瑞芬斯坦則只強調自己對形式的興趣：「我只能說一切美好的東西對我都有一種自發的吸引力。是的：美、和諧。……它來自無意識，而非來自我的知識。」[10]她在1970年代這樣說。

但是，當年她在《黨代會影片幕後》一書中這樣寫道：「元首

8 尤列涅夫編著，《愛森斯坦論文選集》，尤列涅夫的文集前言，中國電影出版社，1962，頁17。

9 [奧]安娜·瑪麗亞·西格蒙德，《納粹女人》，班瑋、曲俊雅譯，北京十月文藝出版社，2004，頁96。

10 蘇珊·桑塔格，《在土星的標誌下》，姚君偉譯，上海譯文出版社，2006，頁84。

第二次給我的任務是，用電影藝術化地描繪紐倫堡全國黨代會。」[11]
當年她可是感到無上的榮光。瑞芬斯坦曾送給希特勒一本費希特的
作品集，她在題贈中寫道：「帶著我全身心的崇拜一併送給我親愛
的元首。」[12]

　　作為天才的導演，愛森斯坦在電影史上的座標性地位遠遠高於
瑞芬斯坦，同時他還是一位電影理論家，他的雜耍蒙太奇理論後來
成為社會主義現實創作方法中的重要組成部分。這就是改變現實關
係，用強化的、象徵性的影像為「階級功利作用」服務。現在也有
許多電影學院是將他的吸引力蒙太奇技法和學說作為一種形式美學
來研究。但是，仔細閱讀他的理論著述可以發現，他是宣傳灌輸理
論的開創者，是電影作為階級工具學說的創始人。

　　〈雜耍蒙太奇〉一文1923年發表在馬雅可夫斯基主辦的《左翼
文藝戰線》雜誌上。愛森斯坦堅決地認為：「沒有宣傳鼓動就不該
有電影。」他明確地提出他的雜耍蒙太奇理論是為無產階級服務：
「雜耍蒙太奇的經驗─情節對比，目的是要獲得主題效果。……用
雜耍蒙太奇的方法結構一切要素，從整部影片到表演者的極細小的
動作，並非為了表明個人的審美力或是為蘇聯電影尋求完美的風
格，而只是為了肯定具有階級功利作用的蒙太奇方法，並表明對蘇
維埃共和國電影事業的實用目的具有明確的認識」。[13]

　　愛森斯坦承認「為這種蒙太奇原則打下基礎的就是美國文化。」
[14]但他決心將電影的形式美綁在階級鬥爭理論的意識形態戰車上。

---

11 [奧]安娜·瑪麗亞·西格蒙德，《納粹女人》，頁89。
12 [美]斯蒂文·巴赫，《極權製造》，程淑娟、王國棟譯，新星出版
　　社，2010，頁139。
13 [蘇]愛森斯坦，〈電影雜耍蒙太奇〉，《世界電影》 1990年2期。
14 [美]彼德·A·達特〈在格里菲斯與愛森斯坦之間：美蘇電影的相

在《電影形式的辯證唯物主義方法》中，他使用及物動詞來表達功
利的藝術觀念：「藝術作品——首先是一部耕耘機器，用來按照既
定的階級方向，犁開觀眾的心理。」[15]

1930年，愛森斯坦在巴黎索邦大學的演講充滿自豪感和理論自
信：「我們已經找到了如何強制觀眾朝一定的方向去思索的方法，
我們已經掌握了有力的宣傳武器，就是用科學計算的方法上映影
片，在觀眾心目中樹立起一個固定的形象，來宣傳我們新社會制度
所賴以建立的思想觀念。」[16]

愛森斯坦在自己的作品和理論言說中把一個階級神聖化，他的
後繼者則用攝影機把那個英明領袖和納粹德國推舉到雲端裡。藉著
《意志的勝利》和《奧林匹亞》，瑞芬斯坦把希特勒和德意志民族
神聖化。

蘇珊·桑塔格分析了後來的研究者對待瑞芬斯坦和愛森斯坦、
維爾托夫等蘇維埃導演的微妙態度，她也敏銳地看到了愛森斯坦的
這種宣傳美學是如何為一個虛假的意識形態服務：「對待瑞芬斯坦
的作品，他們耍了一個把戲：把影片中臭名昭著的政治意識形態過
濾乾淨，只留下『美』價值。對維爾托夫的讚譽預設了這樣一個前
知識：他是一個有魅力的人，一個理性的、原創性的藝術家和思想
家，最終卻為他所服務的專制政府所壓垮。多數支持維爾托夫（正
如支持愛森斯坦、普多夫金）的當代觀眾認為，蘇聯早期電影宣傳

（續）─────────────

　　　互影響〉，載《美國電影史話》，中國人民大學出版社，1991，頁
　　　122。

15　Sergei Eisensten :*Film Form*, edited and translated by Jay Leyda,
　　　Harcourt, Brace & World , Inc. 1949, p. 45.

16　[美]路易斯·雅各斯，《美國電影的興起》，劉宗琨、王華、邢祖
　　　文、李雯譯，中國電影出版社，1991，頁333。

者在努力闡明一個崇高的理想，無論在實踐中怎樣背離了這種理想。」[17]在此，蘇珊・桑塔格指出，瑞芬斯坦與其蘇維埃同行一樣，都是營造和徵用審美效果為意識形態宣傳服務。

法西斯藝術的崇高之美

一個美學謎題：為何法西斯藝術充滿了那種飛揚、宏大、壯闊的崇高美？

在觀看愛森斯坦和瑞芬斯坦的作品時，觀眾很容易被那種強大的意象和具有衝擊力的對比剪輯所震撼，這些作品很多都屬於崇高美的範疇。

在康德看來，崇高美往往是「一座頂峰積雪、高聳入雲的崇山景象，對於一場狂風暴雨的描寫或者是彌爾頓對地獄國土的敘述，都激發人們的歡愉……」這種充滿崇高感情的美「但又充滿著畏懼。這種感情本身有時候帶有某種恐懼，或者還有憂鬱……而在另一些情況則伴有一種彌漫著崇高計畫的優美性。」[18]

康德的論述非常適用於描述對愛森斯坦和瑞芬斯坦作品的觀賞感受：「崇高必定總是偉大的……偉大的高度和偉大的深度是同樣地崇高，只不過後者伴有一種戰慄的感受，而前者則伴有一種驚愕的感受。」[19]

愛森斯坦的這些初期宣傳藝術作品都是大調性的藝術文本。這

---

17 〈迷人的法西斯主義〉，[美]蘇珊・桑塔格著，《沉默的美學》，黃梅等譯，南海出版公司，2006，頁93。

18 [德]康德，《論優美感和崇高感》，何兆武譯，商務印書館，2020，頁4。

19 [德]康德，《論優美感和崇高感》，何兆武譯，頁5。

些作品從鏡頭內部的影像到其剪輯節奏和整體肌理都是鏗鏘的、整齊、有力的。從藝術作品文本來考察，瑞芬斯坦完全繼承了其蘇維埃老師的風格和常用技法：以其鏡頭內部構圖造成的視覺衝擊力見長；以強力的、不容置疑的剪輯形成一種氣勢和論斷。

他們作品的調性（tone）都具有一種向上、升騰的、舒展的大調性，這種大調性的美感來自一種厚重的文本和宏大的、權威性的歷史敘事。這種電影作品具有一些共同特徵：它們都是非日常性的、潔淨的、嚴肅而缺乏笑聲的⋯⋯看看張藝謀的《英雄》等作品就可以發現，其中那些場景十分乾淨、規整，缺少香港武打片中常見的人頭湧動的雜亂市井場面，而其中的群眾往往是整齊的隊伍，他們被帝王、權威驅使著去拼死消滅敵人或萬箭齊發處決刺客。

中國學者崔衛平在分析《英雄》時強調了其中的那種宏大氣勢和整齊的力量是如何造成一種對集體意志的歸順和對帝王的臣服：

> 有人用「暴力美學」來形容這部影片的視覺效果，但僅僅是將暴力加以美化，將殺人場面做成一種美輪美奐的視覺效果，還不等於法西斯美學。法西斯美學的效果在於造成人精神上的折服和屈從，它暗示某種神秘的、超越性的力量，它是不可征服的，個人在它面前只是感到自己的渺小和卑微。《英雄》中士兵列陣⋯⋯符合某種刀槍不入、不可戰勝的想像：士兵們服裝堅固統一、佇列整齊劃一、表情呆板如一、動作機械歸一，他們從遼闊的、無人的背景中突然湧起，彷彿受到來自一個神秘意志的指揮，迅速地彙集和分散，轉瞬又不知去向。[20]

---

20 崔衛平，〈天下英雄是寡人——關於影片《英雄》〉，《上海文學》2003年第7期。

　　這些都可以在愛森斯坦那裡找到形式美學的原爆點。在《戰艦波將金號》《罷工》裡，我們看到是男性美的赤裸上身、緩緩上揚的大炮、在海岸邊蜿蜒的人群代表著階級的集體力量、跳起的石獅子象徵著覺醒；在描寫奧德薩階梯上的屠殺那一場，犧牲具有一種英雄性，反抗者母親和死亡的兒童則帶來藝術感受上的「戰慄」和「驚愕的感受。」

　　後繼者瑞芬斯坦的作品則與愛森斯坦的電影肌理異曲同工。在瑞芬斯坦的影像作品中，高山和雲端為何成為重要的興趣點？因為這種美的歡愉最終需要達成的是對集體（一個民族、一個國家）和領袖的「畏懼」和「恐懼」感情。在瑞芬斯坦那裡，我們看到從雲端降落的領袖、歡呼的人群隱喻著國家的團結、壯美排列或者齊步前進的隊伍顯示出統一意志的力量⋯⋯

　　與後來的法西斯藝術《意志的勝利》一樣，愛森斯坦的幾部重要作品都是紀念性的獻禮作品。獻禮作品在宏大敘事的歷史中占據著極為重要的地位，許多歷史事件被賦予「劃時代」的意義。正如蘇珊・桑塔格對《意志的勝利》所做的分析：「影片表現的是已經徹底變革的現實，歷史已成為戲劇。」[21]獻禮作品旨在打造和弘揚一個集體的形象，一個階級、一個國家，而元首和領袖的形象都用一種辯證的方法處理成既與群眾水乳交融又在群眾之上，他賦予群眾靈魂和意義；而群眾則是個集合詞、是匿名的。桑塔格在《沉默的美學》中提到了《關於列寧的三支歌》，那是蘇維埃的紀錄片導演吉加・維爾托夫（DzigaVertov）1934年拍攝。有評論認為「全片完全由導演所要宣傳的政治思想和導演的情緒控制。」其中表現的

---

21 [美]蘇珊・桑塔格著，《沉默的美學》，黃梅等譯，南海出版公司，2006，頁84。

是「有了列寧之後各族人民的幸福生活」，和人民對列寧之死的哀慟。維爾托夫曾經拍攝多集紀錄片，他將其命名為《電影真理報》。從這總片名也可以看出，維爾托夫與愛森斯坦等前蘇聯導演一樣，他們對自己所宣傳的意識形態和蘇維埃的社會現實有著極度的自信，有一種手握真理的不容置疑態度。正是看到這些前蘇聯導演「努力闡明一個崇高的理想」的虛假性，蘇珊‧桑塔格才在上面的引文中將只強調這些導演作品中所謂的「審美」價值稱為一個「把戲」。

瑞芬斯坦自己坦承受到過愛森斯坦的影響，這種影響不一定在意識形態方面，而首先是在電影的純形式感方面。我們可以從兩位作者那些極具震撼力的特寫鏡頭中看出來，從他們對鏡頭的使用看出來，也可以從特寫鏡頭與大全景鏡頭的那種兩極鏡頭剪輯看到。

比較《戰艦波將金號》和《意志的勝利》，我們可以發現二者在鏡頭形式感上有著明顯的對話或同構關係。

圖（2）這是《戰艦波將金號》的一個俯拍的關係鏡頭片段截圖。前景的雕像和第二層是排列整齊的士兵，這些與遠處的人群構成豐富而有張力的畫面內關係。經由剪輯，這些士兵與逃跑的群眾構成了強烈的衝擊力，儘管逃跑的群眾在這個畫面截圖中只是隱約可見。

圖（3）在瑞芬斯坦十年以後拍攝的《意志的勝利》中，我們也看到一個從軍隊樂團後面以俯視角度拍攝的橫移鏡頭。這個鏡頭的內部關係與愛森斯坦那個奧德薩階梯段落中的某些鏡頭完全同構：前景是一排頭戴鋼盔的軍樂隊士兵，景深處是莊嚴行走的領袖，遠處是肅穆的主席臺和尺寸巨大的納粹黨旗。在這部作品中，軍樂隊士兵、肅穆行走的領導、眾志成城的遊行隊伍更充溢著一種崇高、宏偉、神聖之感。

圖（4）在《戰艦波將金號》中，有一個仰拍的大特寫大炮口鏡頭十分具有視覺衝擊力，兩極鏡頭連接在一起的剪輯方法構成一種畫面的重拍子，更加強了視覺衝擊。

　　圖（5）在《意志的勝利》中，我們看到一隻巨大的鷹頭雕塑，同樣是仰拍，同樣是堵滿鏡頭的大特寫，瑞芬斯坦這個鏡頭是與後面的廣角鏡頭拍攝遊行隊伍剪輯在一起。這些影像形成了隱喻性主題：納粹帝國已經崛起，德意志的力量強大無比，納粹帝國千年不滅。

　　法西斯美學至少有這些特徵：

1.它的藝術肌理是崇高的、宏大式的；
2.因為必須服從於政治宣傳目的，它的歷史敘事是強力的、虛假的；
3.在美學品相上，它偏愛崇高美；它特別需要抒情、易於走向抒情、其中往往洋溢著一種自我感動的意味，它往往具有強大的美學感染力。
4.那些對歷史進行宏大敘事的作品都是富有崇高感的、大調性的、令人震撼的，它們讓我想起阿多諾對瓦格納的音樂所做的闡釋，他說那是「用宏大來為死亡做廣告。」
5.由於其崇高感和宏大的、既定而獨斷的歷史敘述，法西斯美

學非常嚴肅，從來沒有幽默。在極權國家中，文藝的主管部門和官員也會不時竭盡全力地呼籲「人民需要笑聲」，但是總是毫無成效。米哈伊爾·巴赫金說過：「權力、鎮壓和權威永遠無法以笑的語言發話。」[22]

6. 法西斯藝術是國家意識形態指導、經常由國家訂制。有一句列寧的語錄經常被蘇維埃和中國的電影藝術家所津津樂道，他們以此表強調藝術為權力服務的自豪和自媚：「在所有的藝術中，電影對我們是最重要的。」

只有與特定的意識形態結合在一起，崇高美才成為裝點法西斯藝術的有效手法。後來瑞芬斯坦的作品與愛森斯坦的作品具有極大的同構性：都是以強化的、崇高美的形式感去頌揚一個集體，在瑞芬斯坦那裡，對象是國家、種族；在愛森斯坦那裡，對象是人民、階級，二者都是人格化的集體、整體化的群體、崇高化的群體。愛森斯坦是打造仇恨，有效地製造出對敵對階級的仇恨，瑞芬斯坦是榮耀教育，成功地營造了對國家和領袖的崇敬，這兩者都是極權主義意識形態的必要支柱。而兩者作品中的崇高美來都是自一個集體的威嚴和力量，在納粹德國是一個國家和民族的興起，而在蘇維埃則是來自一個階級的優越感，來自獲得終極真理的自信和自媚（Kitsch）。

克里斯汀·湯普森和大衛·波德維爾編寫的《電影史導論》是美國最通常使用的電影史教科書，書中將前蘇聯和納粹德國的宣傳

---

22 巴赫金，《拉伯雷和他的世界》轉引自：[美]卡特琳娜·克拉克，邁克爾·霍奎斯特著，《米哈依爾·巴赫金》，語冰譯，北京，中國人民大學出版社，2000，頁399。

電影歸類在一起加以評述:「1930年代期間,一些左派的獨裁政權掌控著幾個國家,其中最著名的是蘇聯、德國和義大利。這些政府將電影視為一種宣傳和娛樂的媒介。」[23]

對這種藝術家自命為某個集體、階級權威發言人的自信,非常值得知識分子警惕和質疑:「在西方主流知識界,建構理性從未受到過根本質疑,納粹自認為是最優秀的人種,要把其他族類送進地獄,而蘇聯體制則聲稱代表了所有受苦受難的人,要讓全人類得到解放,這使許多西方知識分子對此理想抱有更多道德同情。對他們來說,蘇聯的美學理想本身是高尚的,只是在現實中被背叛了。」[24]

今天,我們研究極權主義藝術和強大而富有魅力的法西斯美學,必須將其首開其風氣、始作俑者的功績歸於蘇維埃,必須深入研究和重新發現這位電影藝術巨匠和電影理論大師:愛森斯坦。

郝建,北京電影學院教授(退休),哈佛大學費正清中國研究中心合作研究員。主要研究領域為大眾文化與電影批評,曾出版《類型電影教程》、《盜夢好來塢》、《硬作狂歡》等專著,以及《義和團病的呻吟》、《海上舊夢歸何處》、《荊軻護秦王》、《美學的暴力與暴力美學》、《有中國特色的反全球化》、《英雄遮住了人的臉》等學術論文和評論文章。

23　Kristin Thompson, David Bordwell: *Film History: An Introduction*, New York: McGraw-Hill, 1994, p. 292.

24　景凱旋,〈美,是一個特別的問題〉,載《讀書》,2014年6期。

中國民間軍訓：
歷史與現實

周以諾

　　「軍訓」對於中國人來說不是一個陌生的詞彙，它作為高中和大學入學時必經的一道儀式，已經成為了中國人共同的青春回憶。儘管高中和大學的強制性軍訓已經制度化並為人所熟知，但水面之下還隱藏著非制度化的軍訓——企業員工、初中生甚至小學生。「水面之下」的軍訓規模只可能更大，但受到的關注卻遠小於「水面之上」的軍訓。它就像一個遊蕩在中國大地上的幽靈，大家隱約知道它的存在，但也僅此而已。本文的目的就是揭開民間軍訓這個幽靈的神秘面紗。

　　首先，應該明確一下問題的定義。本文所說的「軍訓」和「民間軍訓」意義相同，指的是對民間人的軍事訓練，而不包括對武裝力量（軍隊、武警、民兵、預備役）及紀律部隊（員警、消防）成員的軍事訓練。訓練的內容包括國防知識、軍事紀律（包括佇列及內務）及軍事技能，但現在已基本等同於佇列訓練及內務整理（最具代表性的便是疊「豆腐塊」被子）。

一、學生軍訓

　　在中國，高中及大學生需接受軍訓，是法律的規定。《中華人

民共和國兵役法》曾有一章「普通高等學校和普通高中學生的軍事訓練」專門規定了高中及大學生的軍訓。從法律整體以及相關條文來看,對高中及大學生軍訓的目的是培養後備軍人,例如「根據國防建設的需要,對適合擔任軍官職務的學生,再進行短期集中訓練,考核合格的,經軍事機關批准,服軍官預備役。」「高等學校的學生,應當在學校內受軍事訓練,並且準備取得預備役尉官軍銜和準備擔任尉官職務。」(1955年兵役法),同時也是高中及大學生服兵役的一種形式(兵役法規定高中及大學生可以暫緩服兵役)。但有趣的是,2021年修訂的兵役法中刪去了有關高中及大學生的軍訓的全部規定,官方理由是「學生參加軍訓的主要目的是接受國防教育,與兵役的強制性、軍事性存在差異」「將現行兵役法關於學生軍訓的內容調整由正在修訂的其他相關法律予以規範」。[1]

　　其他一些法律也對學生軍訓有所規定,如「普通高等學校和高中階段學校應當按照規定組織學生軍事訓練」(《中華人民共和國國防法》);「高等學校、高級中學和相當於高級中學的學校應當將課堂教學與軍事訓練相結合,對學生進行國防教育。」(《中華人民共和國國防教育法》)從這些法律頒布的時間及內容可以看出,軍訓作為一種制度起源於兵役法,原本屬於兵役制度的一部分,但隨著時間的推移,其目的逐漸向國防教育轉換。2021年兵役法修訂刪去高中及大學生的軍訓的全部規定,則標誌著這種轉換的完成——軍訓徹底褪去了其「軍」的底色,變成了單純的一種教育。這一過程也為後面軍訓的「泛化」「水花」埋下了伏筆。

1　盛斌,〈關於《中華人民共和國兵役法(修訂草案)》的說明〉(2021年08月23日),中國人大網,http://www.npc.gov.cn/npc/c30834/202108/8d263150fd9f4d63825551f9b75d32cb.shtml。

　　許多人認為學生軍訓是1989年政治風波的產物，這種想法看似有道理，但實際並非如此。新中國的學生軍訓始於1955年，當時有14所大學、127所高中開展了軍訓（但1957年便暫停[2]），60年代初又有一批學校開展軍訓試點。[3]雖然1955年《兵役法》已經有了對學生軍訓的明確規定，但實際上學生軍訓始終處於試點狀態，沒有得到推廣，文化大革命發動後遂告中斷。直到1985年，全國學生軍訓試點工作會議才標誌著制度化的學生軍訓的第一次「上馬」，當年確定52所大學及102所高中開展軍訓試點。[4]這一次「上馬」的確大大擴展了學生軍訓的範圍，但仍未實現所有大學和高中都軍訓。就我的父母而言，他們都在80年代上大學，我的父親（新疆工學院，後併入新疆大學）接受了軍訓（在部隊營區進行），我的母親（蘭州大學）則未軍訓。兩人在談到軍訓時從未提起自己的高中時代，想必是沒有。學生軍訓的第二次「上馬」，是2001年〈教育部、總參謀部、總政治部關於在普通高等學校和高級中學開展學生軍事訓練工作的意見〉的發布。這一次「上馬」，才算是將高中及大學生的全面軍訓真正制度化。

　　作為「軍訓之母」，研究民間軍訓自然應該瞭解一下制度化的，或者說「水面之上」的軍訓，不過本文所想要重點討論的，乃是「水面之下」非制度化的軍訓。具體到學生軍訓，便是高中和大學以外

2　陸華，〈毛澤東國防教育思想與第一次學生軍訓工作高潮〉，《南京航空航天大學學報（社會科學版）》，2005年第1期，頁13。

3　佚名，〈新中國的大學生軍訓〉（2005年8月24日），中國教育在線，http://www.eol.cn/junxunhis_1900/20060323/t20060323_136825.shtml。

4　佚名，〈加強國防後備力量建設的重大措施〉，《中國民兵》，1985年第6期，頁1。

的學生軍訓。小到小學生，大到研究生，都有軍訓的實例，並且規模日漸擴大，大有蓋過「水面之上」的勢頭。

初中小學生軍訓的歷史並不比高中大學生晚。早在1980年代後期，在北京、天津的一些中學裡便開展了「軍事夏令營」「少年軍校」這樣的活動，但並不清楚這些活動的對象是否包括初中生，也不知道是否強制要求全體學生參加。到了1992年，北京美術館後街小學對六年級學生進行軍訓，為期一周，在部隊營區進行。[5]此後上海南匯、[6]湖南吉首[7]的小學也開展了類似的活動。1990年，廣州市黃埔區在開展高中軍訓的同時，也對初中生開展軍訓，只不過在地點、時間上有所區別。[8]

對於小學初中軍訓，教育部門的態度在相當長的一段時間內是消極的。如浙政發【2003】13號〈浙江省學生軍事訓練工作發展規劃的通知〉中明確指明：考慮到小學、初中學生正處在生長發育時期，不宜進行緊張正規的軍事訓練，其國防教育以校內開展教學和活動為主。2010年7月11日《石家莊日報》則報導：「日前，石家莊市教育局、石家莊警備司令部、石家莊警備區政治部聯合下發通知，進一步規範學生軍訓工作……小學和初中學校不再組織學生軍訓。」但這並沒有阻止中小學軍訓的「蓬勃發展」。有資料表明，2012-2013

5　佚名，〈美術館後街小學──軍營錘煉「四有」新人〉，《北京教育》，1996年第4期，頁30-31。

6　唐品璋、張海源，〈南匯縣周浦鎮「少年軍校」長盛不衰〉，《上海教育》，1996年第9期，頁34。

7　向民航、吳生琳，〈體驗「當兵」的滋味〉，《湖南教育》，1996年第11期，頁2。

8　趙文衡，〈加強國防教育 培養「四有」新人〉，《廣州教育》，1993年第7期，頁47。

年魯豫兩省就有38%的初中和21%的小學開展軍訓。[9]一項2015年針對江蘇鹽城20名初三學生的調查顯示，有10名受調查者「平時集隊時能正確進行立正、稍息、齊步、跑步等佇列訓練」，暗示有50%的初三學生已接受過軍訓。[10]

　　由於能夠反映中小學軍訓規模的資料極少，為了獲得第一手資料，利用網路問卷調查平臺對公眾進行了調查，共回收有效問卷463份，調查知有48.8%的人有過初中軍訓經歷，10%的人有小學軍訓經歷。為了在樣本數有限的情況下獲得更多的資訊，還設計了另外一個問題：「據您所知，下述單位進行軍訓的情況如何？」選項分為「沒聽說過搞軍訓」「聽說過個別搞軍訓」「有些搞軍訓」「很多都搞軍訓」「幾乎沒有不軍訓的」「不清楚」。令「沒聽說過搞軍訓」＝0，「聽說過個別搞軍訓」＝5%，「有些搞軍訓」＝25%，「很多都搞軍訓」＝50%，「幾乎沒有不軍訓的」＝1，「不清楚」不計入其列，則可得一個加權平均比例，作為軍訓情況的一個估計。照此法估計16.9%的小學及44.1%的初中開展軍訓。綜合以上資料，估計40-50%的初中及10-20%的小學開展了軍訓是比較合理的，按此比例估算，2020年中小學總軍訓規模達到1006萬人。

　　大部分人（包括我在內）應該想不到研究生也會有軍訓。但事實是，目前已有貴州大學、貴州財經大學、北京體育大學、哈爾濱工業大學（威海）、天津體育學院、山東體育學院等學校開展研究

9　　路秀儒，〈對新形勢下學生軍訓工作的調查與思考〉，《國防》，2013年第10期，頁68。

10　朱安琪，〈初中生軍事基礎和軍訓意向的調查報告〉，決策論壇——政用產學研一體化協同發展學術研討會論文集（下）（北京：《決策與信息》雜誌社、北京大學經濟管理學院，2015年12月18日），頁48。

生軍訓，其中北京大學滙豐商學院每週都要軍訓。[11]河北大學早在
2004年就開展了研究生軍訓，[12]自稱是「全國非軍事院校研究生軍
訓的首創」。[13]網路搜索「研究生軍訓」，大部分文章的標題都帶
問號或感嘆號，從一個側面說明研究生軍訓還不普及，還是一件令
人感到奇怪的事。

　　即使是制度化的軍訓，也在經歷「民間化」。2020年中國普通
高等學校、普通高中和中等職業學校總招生人數達到了2488.55萬
人，[14]如果按每個班（假設為50人）配一名現役軍人作軍訓教官計，
則每年8-9月開學時要將近50萬名軍人，即1/4的現役部隊，或1/2的
陸軍投入軍訓當中。很顯然，要想讓全國高中及大學生都接受軍訓，
就不可能還像1980年代軍訓初次上馬時那樣在軍營裡接受現役軍人
的訓練，這一點早在2004年，就已經被人意識到了。[15]於是，各種
軍人和軍營的民間替代品便相繼問世，如請退伍軍人、民兵、國防
生甚至稍加訓練的老生擔當軍訓教官，在各種「民兵訓練基地」「國
防教育基地」甚至民營的軍訓基地（一般同時提供教官）裡進行軍
訓。在利用網路搜索便可找到的「北京市海淀區兩級審驗合格國防

---

11 Mars老師，〈什麼？研究生入學要軍訓！〉（2021年8月11日），
　　知乎，https://zhuanlan.zhihu.com/p/398512601。
12 王樹豐，〈河北大學千餘名研究生在軍營中接受入學教育〉，《中
　　國研究生》，2004年第6期，頁38。
13 趙石研，〈河北大學研究生軍訓〉，《中國研究生》，2010年第9
　　期，頁2。
14 中華人民共和國教育部：〈2020年全國教育事業發展統計公報〉（2021
　　年 8 月 28 日 ），中 華 人 民 共 和 國 中 央 人 民 政 府 網 站，
　　http://www.gov.cn/xinwen/2021-08/28/content_5633911.htm。
15 唐煉、鄭榮華、許華、賴兵，〈學生軍訓：急需拓展教官隊伍渠道——
　　對四川省瀘州市組織開展學生軍訓工作的調查〉，《中國國防報》，
　　2004年10月11日。

教育基地名單」中，各種「國防教育基地」占了16個中的12個，其中就有5家從名字上就可以判斷出來的民營軍訓基地。一些學校則乾脆利用招標採購的辦法尋求軍訓服務（如中華女子學院[16]），中標方基本都是民營企業（如廣東省輕工業技師學院[17]）。這些軍訓基地往往條件很差而遭到學生抱怨；教官的訓練水準也較為低下，甚至會與學生爆發衝突。儘管很多人堅持將「個別軍訓基地的問題」與軍訓整體區分開以維護軍訓的合理性，但正如前面的分析，既然要實施如此大規模的軍訓，那麼軍訓的「民間化」「水化」（軍訓單純地淪為佇列訓練，射擊等戰術課目被取消或簡化）就是不可避免的。

二、員工（社會人）軍訓

雖然人們多少把「軍訓」與「學生」聯繫起來，但事實是學生軍訓見到了企業員工的軍訓，應該是小巫見大巫了。由霍英東領銜投資的廣州白天鵝賓館，從1983年誕生之初就開始對新員工進行軍訓，算得上是中國企業在企業管理的意義上軍訓（而非民兵訓練）的開端。[18]這甚至比學生軍訓第一次「上馬」還要早。此後很快，

16　中華女子學院，〈中華女子學院2021年軍訓服務採購項目綜合比選公告〉（日期不詳），中華女子學院信息公開網，http://www.cwu.edu.cn/xxgk/ztbgg/eaedaac910914b6799d5bcedc710dc6a.htm。

17　廣東省輕工業技師學院，〈2021年新生軍訓服務採購項目成交公告〉（2021年10月9日），廣東省輕工業技師學院網站，http://www.qggj.com/c_index/c_article101/show_2592.html。

18　李國民，〈談「軍人意識管理法」〉，《經濟工作月刊》，1994年第5期，頁23；白天鵝賓館，〈全國第一家中外合資酒店〉，廣州市政協學習和文史資料委員會編，《廣州文史》第六十九輯。

中國就進入了「軍訓熱」的時代，[19]如1993年梅州市就有56個國營、集體企業，63個黨政機關、事業單位，12所大、中專院校和38所中學開展了軍訓。[20]軍訓熱，但對軍訓的研究並不熱。在中文期刊資料庫中檢索「企業 軍訓」，只能找到一些反映具體企業軍訓情況的文章，幾乎不存在對企業員工軍訓的研究（規模、組織方式、效果等）。

儘管不存在任何研究或統計能直接反映企業軍訓的規模，但一些資料也能從側面說明問題。第一節所述針對公眾的調查中有39人在企業接受過軍訓，占已在企業工作的172人的22.7%。另一項針對210名企業管理人員及人力資源部門員工的調查顯示，有58.6%的企業對新員工軍訓，還有24.3%的企業對在職員工軍訓。

另一個能從側面反映中國民間軍訓規模的是軍訓服產業的規模。根據北京中經視野資訊諮詢有限公司《中國軍訓服行業市場前景分析預測報告》，2020年中國軍訓服市場規模達13.59億元。批量採購的軍訓服，每套價格大致在63元[21]到138元[22]之間。如果按每套軍訓服100元計，則2020年中國軍訓總人數為1359萬人。當然這個數字不能算準確，與當年高中和大學的入學人數就有千萬人之差，一種可能是還存在迴圈使用軍訓服和不用軍訓服的情況。但可以利用

19　張百順，〈令人深思的「軍訓熱」〉，《經濟世界》1994年第3期，頁54-55。

20　黃月華，〈「軍訓熱」為何悄然升溫〉，《國防》1996年第6期，頁27。

21　淮南聯合大學，〈淮南聯合大學2021年軍訓服採購項目〉（日期不詳），淮南聯合大學採購信息管理平臺，http://cggl.hnuu.edu.cn/Plan/detail/id/147.html。

22　北京大學，〈關於北京大學2020級本科生軍訓的通知〉（2020年8月23日）。

這個差來校正資料，使其能夠反映企業軍訓，以及更廣泛的社會人軍訓的情況。該報告還指出，軍訓服下游客戶中高中及大學生軍訓占87.5%，企業占7.33%，其他占5.17%。2020年高中及大學軍訓服採購套數為13.59億元÷100元/套×87.5%=11891250套，占當年應軍訓人數的47.78%。如果按這個比例來估計，那麼企業軍訓人數為13.59億元÷100元/套×7.33%÷47.78%=208.47萬人，其他軍訓人數為147.04萬人。儘管這個數字在我看來顯然偏低了，但每年軍訓出一個中國軍隊的規模，也會讓人感到可怕。

根據最早一批反映企業軍訓狀況的文獻介紹，[23]企業軍訓最集中於酒店、零售等服務業，其次是工業。隨著軍訓作為一種培訓方式的推廣，目前軍訓已滲透到各行各業當中。值得一提的是，煤炭行業可能是少數全行業開展軍訓的行業之一，如長治市就組織全市煤礦開展對員工的軍訓。[24]

企業軍訓在其發展過程中不僅實現了在企業內部的擴散，還擴散到了社會的其他方面。對新任公務員實施軍訓，已被納入〈公務員初任培訓辦法（試行）〉當中。山東省濰坊市、[25]深圳市羅湖區[26]還曾組織全體公務員軍訓，其中深圳羅湖區的這一做法還遭到社會

23 張百順，〈令人深思的「軍訓熱」〉；陳國勇，〈企業軍訓現象透視〉，《企業管理》1995年第4期，頁35-36；劉世清，〈軍訓緣何走紅企業？〉，《中國民兵》1995年第7期，頁8-9。

24 柳建勳、李志鵬、唐亞平、鄭雙成，〈拓展軍訓效能 推進興企強兵——長治市扎實開展煤礦員工軍訓促進企業安全生產和民兵基層建設〉，《華北民兵》2009年第11期，頁33。

25 陳瀟、孫建成、施玉波，〈用軍魂塑造公務員品質——記山東省濰坊市直機關全員軍訓〉，《中國人事報》，2008年8月7日。

26 邵克，〈治庸治懶 貴州、深圳兩地軍訓公務員〉（2015年4月16日），界面新聞，https://www.jiemian.com/article/264299.html。

質疑，認為「浪費錢」「效果可疑」，是「變相福利」，不過質疑大多集中於「全體公務員軍訓」而不是軍訓本身。軍訓在社會中的擴散，還帶來了一些意想不到的做法，如海南省陵水縣對貧困戶軍訓以幫助他們樹立「擺脫貧困、勵志脫貧的決心和意志」，[27]還有人對奶牛「軍訓」以讓它們聽話。[28]

三、民間軍訓的成因

儘管很多人會因為「水面之上」的高中大學生軍訓太過顯眼而想當然地認為「水面之下」的軍訓乃是「水面之上」的軍訓的外溢，但從前面介紹的民間軍訓史可以看出，企業軍訓的開始比學生軍訓第一次「上馬」還早，而中小學生軍訓也不比它晚多少。同樣都是學生，在軍訓這一方面有所借鑒是有道理的，但僅僅認為先有高中大學生軍訓，後有其他軍訓卻是不合理的。

另一種對民間軍訓的起源的推測是退伍軍人企業家的影響。各種吹捧軍訓／軍事化管理的資料中，無一例外都在列舉各種資料與示例說明「軍隊培養了大量優秀企業家」。如〈軍訓緣何走紅企業?〉一文中說，「有資料表明，鄭州市十大進出口公司中，有9位經理是行伍出身。在深圳成功的企業家中，80%是退伍軍人。」〈令人深思的「軍訓熱」〉一文則說：「被譽為我國經濟特區龍頭的深圳，有關的統計結果表明：全市中層以上的領導（含合資企業）中，65%以上者都是轉業、退伍軍人，該市近三年表彰的各類模範先進人物

27　陵水縣委宣傳部，〈組織民兵軍訓貧困戶 陵水脫貧攻堅戰打出新花樣〉，《今日海南》2019年第7期，頁65。

28　險峰、巧玲、志偉，〈王良鄉給奶牛搞「軍訓」〉，《河南農業》2000年第9期，頁9。

中，轉業、退伍軍人占到了50%以上。」一本吹捧軍隊管理方式的書《向解放軍學習：最有效率組織的管理之道》說：「據統計，截至2016年年底，以營業額計，在中國排名前500位的企業中，具有軍人背景的總裁、副總裁就有300人之多。」事實確實如此嗎？有些資料也許能反映這個問題：2002-2020年中國企業家協會評選的「全國優秀企業家」共計1203人，每屆（2011年開始每兩年一屆，此前每年一屆）中的退伍軍人比例在1.6-9.4%不等，近幾年都維持在4-5%左右；2018年中共中央統戰部、全國工商聯評選的「改革開放40年百名傑出民營企業家」中，有11名退伍軍人，比例是11%；[29]浙江省浙商經濟發展中心網站上列出的20名「浙商人物」中，有2名退伍軍人，占10%。考慮到「全國優秀企業家」涵蓋了國有企業和民營企業，而國有企業中出身軍旅的領導人很少，因此可以推測，中國民營企業家中退伍軍人的比例在10%左右，而全體企業家的該比例與退伍軍人占總人口的比例（5700萬÷14億=4.1%）相差不大。中山市退役軍人事務局則在一次採訪中透露，中山市36000名退伍軍人中企業家有3000人，大致比例為8.3%，與前面估計的民營企業家中退伍軍人的比例比較符合。考慮到中山民營經濟比較發達，全國範圍內的這一比例應該會更接近退伍軍人占總人口的比例。總之，退伍軍人在企業家群體中並不突出，「軍隊培養了大量優秀企業家」更不是事實，將民間軍訓的起源單獨歸結於退伍軍人企業家是不合適的。

再次回望民間軍訓的起源，有兩家企業特別突出：一家是中外（港）合資的廣州白天鵝賓館，從誕生之初就開始對新員工進行軍

29　81聯聘，〈百名傑出民營企業家，1/10是退役軍人〉（2018年10月29日），搜狐網，https://www.sohu.com/a/271952545_100043279。

訓;一家是在1990年代初引起全國轟動的鄭州「亞細亞」商場,總
經理是退伍軍人出身的王遂舟(該商場實質是集體所有,委託給王
遂舟經營[30])。一家中外合資,一家「公有民營」,還有許多國有
企業,領導者的出身都大不相同。尤其是國有企業高級幹部大多來
自本企業或本系統,甚少出身行伍(上面的分析已經說明了這一
點),為什麼他們都選擇了軍訓?顯然,這一現象背後存在著不只
一個原因,在不同的時期體現為不同的推動力。

(一)民間軍訓初期的推動力:「方法論的貧困」、軍事思維與話
語、國有企業的民兵組織

　　這裡所用到的分析框架是「意願、能力、資源」三因素法,即
認為辦成一件事,關鍵要素在於組織達到某一目的的意願、該組織
的能力與可以調動的資源。從這個角度來看,軍訓本身不是目的,
組織領導者也未必對它有什麼認同,只是因為「方法論的貧困」——
缺乏現代管理學理論的支持,只能從軍隊那裡尋找管理方法。

　　管理學是一門相對古老的學科,起源於19世紀初泰勒(Frederick
Winslow Taylor)對生產效率的研究和亨利·法約爾(Henri Fayol)
的一般管理理論,至今已有一百多年的歷史。管理學出現在中華大
地也並不算晚,1915年穆藕初便譯介泰勒的《科學管理原理》,[31]1918
年交通大學開辦了「鐵路管理專科」,[32]復旦大學、滬江大學等也

30　陳松雨,〈中國社會轉型期特有的一個經濟現象——「亞細亞」真
　　相上篇:一個誤會的「成功」〉,《南風窗》1999年第4期,頁6。
31　唐任伍,〈論穆藕初對科學管理思想的傳播和實踐〉,《經濟與管
　　理評論》2013年第3期,頁23。
32　劉曉娟,《交通大學管理學院研究(1918-1951)》,上海師範大
　　學碩士學位論文,2020。

開辦了商科。[33]但中共建政之後,初興的中國管理學學脈便很快被掐斷,名曰實施「計畫經濟」,實則走向了無計畫無管理,依靠全民總動員推動的「運動經濟」,[34]連蘇聯老大哥的管理方式「馬鋼憲法」也是「資產階級法權」,被群眾運動搞出的「鞍鋼憲法」所替代。直到改革開放以後,管理學才算真正扎根中國,其標誌是1979年「中國工業科技管理大連培訓中心」成立,以及幾乎同時大學管理學教育的恢復。[35]很顯然,對與中國管理學一同起步的企業家們而言,非但沒有什麼管理學的理論,甚至絕大部分組織也在十年浩劫中被徹底砸爛。當他們在浩劫後的廢墟上尋找構建百年基業的材料時,顯然組織群眾運動的那一套已經沒用了,而歷史上軍隊摧枯拉朽的力量恰恰對他們產生了最大的震撼。正是軍隊(特別是中國共產黨領導的軍隊)一往無前直至勝利的形象與企業家心目中的成功企業的形象相契合,才使得他們相信把企業打造成一支軍隊,把員工打造成軍人才是成功之道。雖說成功的組織不只有軍隊,溫和而強大的力量並不是沒有,但那不符合當時中國的情況——先是消滅了黨政軍以外的一切社會力量,然後又砸碎了黨政機關,只剩下軍隊。

　　一方面是沒有管理的辦法,另一方面是軍事化的語言和思維模

33　王燕、徐慧芬,〈管理學院恢復建院二十周年慶典專題〉(2005年4月20日),復旦大學新聞文化網,https://news.fudan.edu.cn/2005/0420/c40a86028/page.htm;常國良、張健穩,《從滬江大學看近代上海高等商業教育的辦學路向:兼論教會大學中國化》,〈山西師大學報(社會科學版)〉2008年第4期,頁109。

34　金觀濤、劉青峰,〈反右運動與延安整風〉,《二十一世紀》1997年第2期,頁23。

35　陳佳貴、黃群慧,〈新中國管理學60年的探索與發展〉,《光明日報》,2009年11月3日,第10版。

式已被深深植入社會當中。中共建政後的軍轉幹部、軍事管制等措施使得軍隊的思想作風、行為習慣與語言擴散到整個社會，[36]此後又被政治掛帥、階級鬥爭及文化大革命中的「三支兩軍」「學軍」等強化。這一點在語言上體現的尤為明顯：事情開始叫「吹響」「打響」，團隊叫「突擊隊」「精兵強將」，展開「殲滅戰」「阻擊戰」「鏖戰」……難怪李澤厚說：「……於是瀰漫在政治、經濟而特別是意識形態領域，無論從文藝到哲學，還是從日常生活到思想、情感、靈魂，都日益為這種『兩軍對戰』的模式所規範和統治。」[37]在這種社會環境下，管理學的「軍事化」也就不奇怪了。

在企業軍訓這一方面，民營企業是先行者，國有企業卻未必是追隨者。一方面面臨民營企業的競爭和資產經營責任制的壓力，一方面又有著成熟的民兵組織，兩者一結合，便能很自然地從部分員工（參加了民兵組織的員工）軍訓過渡到全體員工軍訓，在企業軍訓開展的初期存在很多這種自然的過渡的例子。[38]民兵組織可以快速提供軍訓所需要的資源，這正是國有企業開展軍訓的優勢所在。

（二）民間軍訓的發展：自然而然的軍訓與產業化的軍訓

民間軍訓的初期實踐與推廣，不僅僅是讓一大批人接受了軍訓這麼簡單，它還促使軍訓作為一種內在的觀念在人們心中扎根。在這其中，高中與大學軍訓的制度化對軍訓「內化」的作用最為突出。

---

36 李海濤，《當代中國泛軍事化社會管理變遷研究》，南京大學博士
    學位論文，2004，頁54。

37 李澤厚，《中國現代思想史論》（合肥：安徽文藝出版社，1999），
    頁1011。

38 周明駿，〈適應城市企業轉換經營機制──濟南市實行新職工崗前
    軍訓〉，《中國民兵》1993年第7期，頁15。

它使得人們自然而然地把「軍訓」與「新生活的開始」相掛鉤，由此，當一名初中新生，或企業的一名新員工聽說要軍訓時，他會自然地想到高中和大學是必須要軍訓的，自己目前面臨的軍訓也就順理成章了。同樣，當一名企業領導在考慮新員工的培訓時，他自然也會從高中和大學的強制軍訓（以及其他企業的軍訓）中獲得啟發，從而決定也把軍訓納入其中。高中與大學的制度化軍訓使得「軍訓」的概念普及到了每一個人，很容易被人想到。軍訓「自然化」了。

　　這種分析也獲得了調查資料的支援。在前述對公眾的調查中，82.94%的受訪者認為「新生／新員工軍訓是一件很自然的事情」，在針對企業管理人員的調查中，71.9%的人也這麼認為。

　　從「意願、能力、資源」三因素分析的角度來看，要想實現軍訓，僅有軍訓的意願是不夠的，還要有實施軍訓的能力和資源。而恰恰是軍訓的「產業化」使得軍訓就像貨架上的商品一樣唾手可得，才為軍訓的大規模推廣踢出了「臨門一腳」。民間軍訓的早期，教官與場地往往都依賴於與軍隊的非正式關係或是民兵組織，存在著很大的不確定性。這種對軍訓「民間化」的需求促使民營軍訓企業的出現，而各地政府也樂見這一產業的發展，視其為解決退伍軍人就業的一種途徑，並向其提供承包政府服務的機會。[39]大量民營軍訓企業的出現又降低了軍訓的門檻，推動更多的組織實施軍訓。

　　圖1總結了以上對軍訓發展的分析。以上討論的都屬「水面之下」的軍訓，雖然高中及大學的制度化軍訓對民間軍訓的發展有著深遠

39　佚名，〈退伍兵邢澤青擇業不忘責任 特色軍訓成當地品牌〉（2015年06月02日），新華網，http://www.xinhuanet.com//mil/2015-06/02/c_127869305.htm；深圳市新長征軍事實踐基地，〈今日苦練，明日英雄，輔警學員，從新長征畢業〉（2019年7月6日），深圳市新長征軍事實踐基地有限公司網站，http://www.xczgf.cn/al/show/64.html。

的影響，但我們很難得知當年做出這一決策的真正目的，受作者能力的限制，只能另作探討。

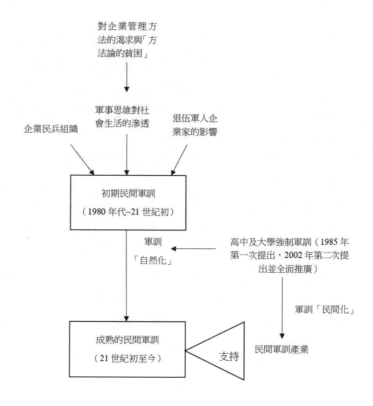

圖 1　中國民間軍訓的產生與發展示意圖

四、軍訓的目的與效果

　　第一節已經提到過，最初高中及大學軍訓制度化的主要目的是培養後備軍人，因此其培養要求應達到接近於部隊新兵的標準，即不僅要遵守軍隊的紀律要求，還要初步掌握各種戰術技能。這一點在〈高中階段學校學生軍事訓練教學大綱〉和〈普通高等學校軍事課教學大綱〉中都有體現。高中階段軍訓最少56學時，其中軍事技能訓練占到20學時（另有選訓44課時）；大學階段軍訓最少112學時，軍事技能訓練占到72學時，內容涵蓋了輕武器射擊、戰術動作、醫療救護、行軍等，看起來十分全面。[40]但在實際軍訓中，佇列訓練以及分列式占了訓練的絕大部分，剩下只有有限的戰術動作、軍體拳等，幾乎沒有射擊以及其他選訓內容。單純只會一些佇列動作，顯然是當不了軍人的。

　　前面也提到過，高中及大學軍訓發展的過程，也是其目的由「培養後備軍人」轉化為「國防教育」的過程，2021年兵役法的修訂則標誌著這一轉化的完成。在最新版的〈高中階段學校學生軍事訓練教學大綱〉及〈普通高等學校軍事課教學大綱〉中，教學目標均只有國防教育相關內容。那麼軍訓究竟在多大程度上達到了這一目的

40　教育部、中央軍委國防動員部，〈教育部 中央軍委國防動員部關於印發《高中階段學校學生軍事訓練教學大綱》的通知〉（2021年3月30日），中華人民共和國教育部網站，http://www.moe.gov.cn/srcsite/A17/moe_1061/s3289/202104/t20210412_525906.html；教育部、中央軍委國防動員部，〈教育部 中央軍委國防動員部關於印發《普通高等學校軍事課教學大綱》的通知〉（2019年1月18日），中華人民共和國教育部網站，http://www.moe.gov.cn/srcsite/A17/moe_1061/s3289/201902/t20190201_368799.html。

呢？有研究表明，在接受過軍訓的高中生中，只有個別學生知道軍訓的目的是「培養愛國主義，學習國防知識」，同樣只有少數學生認為他們在軍訓中受到了國防教育。[41]另一項研究採訪了一些1975-1991年出生的大學生，他們都認為自己沒有在軍訓中學到什麼軍事技能。他們在軍訓中的確有所收穫，只不過與國防教育無關。[42]由此看來，軍訓很難說達到了它明面上預定的效果。

很顯然，企業自掏腰包搞軍訓並不是為了「國防教育」，而是另有原因。對各種宣揚軍訓意義的文獻資料進行總結分析，可以得出軍訓的另一個目的是提升素質：遵守紀律、服從意識、吃苦耐勞、集體主義、主人翁意識、奉獻精神、抗壓抗挫折能力、執行力……這既是社會人軍訓的主要目的，也是學生軍訓一個不言而明的目的，這一點甚至在高中及大學生軍訓開展的早期就已有體現。[43]

〈令人深思的「軍訓熱」〉〈企業軍訓現象透視〉〈軍訓緣何走紅企業?〉三篇文章作為第一波「軍訓熱」時期少有的較全面反映企業軍訓狀況的文獻，對企業軍訓的意義做了深入的探討。這些文章用很大的篇幅和浮誇的言語展示軍訓「受歡迎」「有意義」，真正的用意卻是對軍訓後企業獲得經濟效益的炫耀。三篇文章中一共舉了9個企業軍訓後獲得效益的例子，既有從好到更好的例子，也有

---

41 Orna Naftali, " Youth military training in China: learning to 'love the army'," *Journal of Youth Studies*, 24 No.10（2021）: 1349.

42 Juliette Genevaz, "Defense Education in Chinese Universities: Drilling Elite Youth", *Journal of Contemporary China*, 28 No.117（2018）: 453-467.

43 李健生，〈軍訓是提高大學生思想素質的重要途徑〉，《黑龍江高教研究》1988年第2期，頁113-115；Christopher R. Hughes, " Militarism and the China Model: The Case of National Defense Education," *Journal of Contemporary China*, 26 No.103（2017）: 54-67.

擺脫虧損起死回生的例子。軍訓被吹捧為企業擺脫問題的「靈丹妙藥」，「軍訓也是生產力」。與作者對軍訓露骨的吹捧相對應的，是對普通勞動者毫不掩飾的鄙夷——一開始「一盤散沙」「素質差」「紀律鬆懈」導致企業虧損，[44]經過軍訓的「拯救」後才「煥然一新」。軍訓讓他們怎樣煥然一新？恐怕是強制對管理層無條件的服從。下面這個例子就很能說明問題：

> 占全國軍用罐頭出口量64%的周口罐頭食品廠，前幾年因職工素質差，每年造成直接損失2000餘萬元。廠長李斯請來了人武部的部長、政委及10多名軍訓教官，抽調850名職工及部分中層以上領導參加軍訓。一個半月後，廠裡捧回全國食品名優博覽會金獎，職工冒雨步行10餘公里迎接獲獎隊伍，在雨中站立兩個多小時的等候中，有人暈倒，卻沒有一個人悄悄離開。職工嚴格的紀律和誓與企業共榮辱的集體主義精神，令在場的廠領導大為感動，當即宣布每年拿出100萬元用於職工軍訓。[45]

我相信廣大讀者一開始都會認為那100萬元是獎金。

軍訓也意味著規訓、懲罰與淘汰。受訓者的身體與精神在軍訓中無時無刻不處於從各方面被權力規訓的狀態。[46]所有行為都對應著嚴格的規定，一旦違反，就會遭到懲罰。有時規則又不那麼明確，

---

44 這些詞出自〈軍訓緣何走紅企業？〉一文。弔詭的是，該文主要講的是河南的情況，而「沒素質」恰好是互聯網上常見的對河南人的評價。

45 劉世清，〈軍訓緣何走紅企業？〉，頁9。

46 趙留梅，〈軍訓中的身體規訓〉，《武漢職業技術學院學報》2008年第6期，頁108-111。

不知因為什麼，或僅僅觸怒了權力就遭到懲罰。軍訓總是和懲罰聯
繫在一起，[47]或者它本身就是一種懲罰。[48]有些企業還將軍訓作為
淘汰員工的一種方式。[49]綜上所述，不管軍訓的支持者賦予軍訓多
少積極的意義，它的核心目的在於讓受訓者服從權力，為集體創造
效益（經濟效益、學習成績等）。

　　大家都相信軍訓能創造效益，但軍訓真的能創造效益嗎？這是
一個需要實證的問題，可惜目前幾乎還不存在軍訓與組織績效之間
的關係的實證研究。唯一與此有關的文獻分析的是因故推遲到第一
學期末軍訓的海南師範大學2009級學生「史無前例的大掛科[50]」。[51]
該文認為2009級學生掛科率極高的原因在於開學前未經軍訓，因此
精神面貌不好，缺乏信心、意志力和紀律觀念。但該文並不能算作
嚴謹的分析，也不是實證研究。軍訓在多大程度上有用，仍然沒有
一個準確的答案。

五、民間軍訓的國際視角

　　「外國也有」是中國人論證合理性的常見手段。[52]美國的後備

47　Orna Naftali, "Youth military training in China: learning to 'love the
　　army'," 1383.
48　邵克，〈治庸治懶 貴州、深圳兩地軍訓公務員〉。
49　劉世清，〈軍訓緣何走紅企業?〉，頁9；李豔紅，《遠大空調有限
　　公司人力資源管理研究》，湖南大學碩士學位論文，2001，頁21。
50　指考試不及格。
51　李玲、葉芳雲、雷小明，〈大一新生掛科與軍訓的相關性分析——
　　以海南師範大學2009級新生為例〉，《吉林省教育學院學報》2014
　　年第2期，頁58-59。
52　魯迅，《外國也有》（1933年10月19日），維基文庫，https://zh.

軍官訓練團（Reserve Officers' Training Corps，ROTC）[53]和《普遍軍訓與兵役法》（*Universal Military Training and Service Act of 2001*），英國的陸海空後備軍官隊（Army/Sea/Air Cadet Force）[54]和合同後備軍官隊（Combined Cadet Force），[55]印度的國民學兵團（National Cadet Corps，NCC）被認為是國外學校軍訓的典型案例。[56]但只要在網路上稍作搜索，就能發現這些軍事團體皆為自願加入。而《普遍軍訓與兵役法》是美國兵役制度的一部分，要求符合年齡要求的男性作為軍人（as a member of the armed forces）接受軍事訓練。[57]美國於1973年起不再徵召義務兵入伍，該要求自然也無從實現。在19世紀末至20世紀初，英國、德國和美國的某些州倒是實施過學生強制軍訓，只不過規模十分有限。[58]值得一提的是，美國當時的「軍訓熱」，一大目的是同化新移民和應對勞工運動，這

（續）────────────────
　　wikisource.org/wiki/%E5%A4%96%E5%9C%8B%E4%B9%9F%E6%9C%89。

53　包括青年後備軍官訓練團（Junior Reserve Officers' Training Corps, JROTC）。

54　公立學校設置。

55　非公立學校設置。

56　黃俊、許偉平，〈外國學校也有軍訓課〉，《教育》2013年第29期，頁25。

57　U.S. Congress, "H.R.3598 - Universal Military Training and Service Act of 2001"（December 2001）, https://www.congress.gov/bill/107th-congress/house-bill/3598/text.

58　Captain E. Z. Steever, "The Wyoming Plan of Military Training for The Schools," *The School Review*, 25 No. 3（1917）: 145-150. Lesley Bartlett, Catherine Lutz, " Disciplining Social Difference: Some Cultural Politics of Military Training in Public High Schools, " *The Urban Review*, 30 No.2（1998）, 124. J. P. Way, "Military Training," in *Empire and Popular Culture*, ed. John Griffiths（London: Routledge, 2021）.

與今天的中國軍訓倒是有相似之處。[59]俄羅斯（蘇聯）的軍訓體制也常與中國相比較。蘇聯時期接受中等教育的男生在九、十年級要接受每週2小時的軍訓以及九年級末5天的集中訓練，[60]職業技術學校的學生依學制不同需接受共計106-358小時的軍事訓練。[61]大學生也要接受軍訓，作為兵役的替代。[62]蘇聯解體後，俄羅斯一度中斷了學生軍訓，後來針對中等教育學生的軍訓又恢復並法制化。[63]蘇聯學校軍訓與中國學校軍訓之間的關係，還是一個頗值得關注的話題。但總的來說，在國家層面上實施如此大規模的軍訓（且與兵役制度關係不大），中國還是唯一一個。國外的這些民間軍事訓練實踐，恐怕無法為中國的民間軍訓提供正當性（legitimacy）支撐。

一些國家也存在完全非軍事目的的民間軍訓。日本自衛隊對團體及企業開展「自衛隊隊內生活體驗」活動，一般持續2-3天，內容包括佇列等基本訓練、參觀、講座等，費用每人約3000日元。[64]一些企業將其作為新員工研修的內容，2017年共有1900家組織24000

59　Lesley Bartlett, Catherine Lutz, " Disciplining Social Difference,"
　　119-136.

60　Mervyn Matthews, *Education in the Soviet Union: Policies and Institutions since Stalin* （London: Routledge, 2012）, 47.

61　Mervyn Matthews, *Education in the Soviet Union*, 68-87.

62　Mervyn Matthews, *Education in the Soviet Union*, 129.

63　李偉，《中俄非軍事單位國防教育比較研究》，武漢理工大學碩士學位論文，2006，頁24-26；Правительство Российской Федерации：Об утверждении Положения о подготовке граждан Российской Федерации к военной службе（1991年12月31日），Официальный интернет-портал правовой информации，http://pravo.gov.ru/proxy/ips/?docbody=&prevDoc=102130279&backlink=1&&nd=102063823。

64　自衛隊熊本地方協力本部，〈自衛隊隊内生活体験についてQ＆A〉（日期不詳），自衛隊熊本地方協力本部ウエブサイト，https://www.mod.go.jp/pco/kumamoto/tainai/tainai.html。

人參加。[65]企業選擇「自衛隊隊內生活體驗」的理由與中國企業軍訓相似，但規模遠小於中國。[66]韓國的民間軍訓稱為「克己訓練（극기훈련）」，其代表為「海軍陸戰隊訓練營（해병대 캠프）」。顧名思義，「海軍陸戰隊訓練營」是由韓國海軍陸戰隊出身人士創辦的民間軍訓營的總稱，初創於2002年，訓練的對象既包括學生，也包括企業員工。到2012年，已有100多萬名學員參與了訓練。[67]克己訓練的內容除了常規的佇列和體能訓練外，還包括灘塗、海上、山地訓練等富有特色的課目，強度遠高於一般的軍訓。瑞典的「軍事訓練（militär träning）」指的是在一種戶外進行的體育鍛煉，參考了軍隊訓練的內容，但並不包含軍事化的管理因素。用英語「企業（corporation，company，enterprise）」與「軍訓（military training）」組合進行搜索，均未找到相關結果。

　　一種迷思是：全民強制服役的國家軍事化思維在社會中更加滲透，故民間軍訓更發達。但從之前的內容來看，中國、日本（有限軍事力量）、韓國（強制服役）都有著規模和程度不等的民間軍訓，而同樣全民強制服役的瑞典則沒有民間軍訓。德國、瑞士（全民強制服役）等歐洲國家十分重視對軍事管理思想的研究，而很多瑞士

65　オトナンサー編集部，〈音を上げたりしない？ 企業が新入社員研修に自衛隊「体験入隊」を取り入れる理由〉（2019年4月12日），オトナンサー，https://otonanswer.jp/post/38345/。

66　佚名，〈忍耐力身につく「隊内生活体験」新人研修に人気〉（2009年4月19日），中日しごと情報，https://www.job.chunichi.co.jp/news/detail.php?nid=541&ts=1485385274。

67　이희선，〈초중고교 해병대 캠프 수련활동 100만명 돌파…'인성교육장' 각광〉（2013年2月4日），뉴스에이，http://www.newsa.co.kr/news/articleView.html?idxno=53355。

著名企業並不認可軍事在職業中的重要性。[68]這也許說明，對民間軍訓／軍事化管理的熱衷更多的與文化有關（見圖2）。[69]

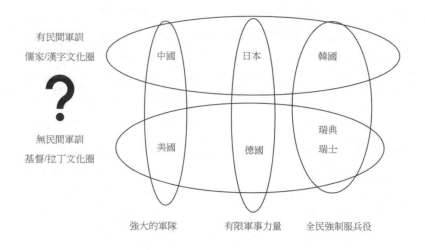

有民間軍訓
儒家/漢字文化圈
?
無民間軍訓
基督/拉丁文化圈

中國　　日本　　韓國

美國　　德國　　瑞典
　　　　　　　　瑞士

強大的軍隊　　有限軍事力量　　全民強制服兵役

圖 2 不同國家民間軍訓與軍事制度、文化環境對比圖

---

68 Mélanie Rietmann, Eckhard Baschek, "Militärausbildung: Lieber eine zivile Schulung"（2004.7.7）, Handelszeitung, https://www.handel szeitung.ch/unternehmen/militaerausbildung-lieber-eine-zivile-schulun g.

69 오익환，《조직내 극기훈련 프로그램의 유효성에 관한 연구 : D그룹 사례를 중심으로》（A study on effectiveness of self-control training program in corporations: Pertaining to D group）, 檀國大學（단국대학교）碩士學位論文，2012，頁19。

六、對民間軍訓的批判

　　很大程度上作為中央推行的一種正式制度，軍訓公開受到的批判遠遠少於對它的支持。[70]但仔細思考就會發現，支持軍訓的理由遠遠比不過對軍訓的批判，目前的這種狀況，是人為放大支援軍訓的「音量」的結果。

　　對軍訓最為常見的批判是目的論或曰功利主義的，即目前的軍訓不能達到其目的。主要的論據是軍訓的時間及內容不符合教學大綱的要求；軍事訓練被簡化為佇列訓練，戰術訓練很少或沒有；缺乏對軍訓品質的考核，導致軍訓只是為了最後的彙報表演「好看」，實際效果存疑；軍訓效果難以長效保持；軍訓內容單調重複，難以吸引新一代學生等。[71]在第四節已經提到，如果將軍事技能的訓練作為軍訓的目的，那麼實際上就沒有達到；至於軍訓被賦予的精神上的意義，看不到任何能證明其有效的研究（或是任何客觀探討軍訓成效的嘗試）。軍訓本身反倒變成了目的，而不是手段（參考第三節（二）部分）。也許軍訓的支持者希望有朝一日能出現「軍訓有效」的證據，但如前所述，普遍軍訓必然導致軍訓「水化」（參見第一節）——軍訓越推廣，越難以達到效果。

　　軍訓內在蘊含的軍事化管理思維與現代社會的不符合，也是一種常見的批判角度。軍隊是純粹聽命於政權的執行機器，它不能有

---

70 Orna Naftali, "Youth military training in China," 1376-1377.

71 任宏權，〈我國高校國防教育失衡現象、成因及對策研究〉，《南昌航空大學學報（社會科學版）》2012年第3期，頁41；楊明、賈偉慧：〈普通高校軍事技能訓練中存在的問題和對策〉，《高教學刊》2021年第30期，頁59-60。

創造力，也不能有任何超越邊界以外的執行力，否則就會帶來政治災難。「維護」和「執行」是軍隊的本質屬性，[72]由此決定了軍隊內嚴格的紀律、森嚴的組織體系與統一的意識形態，不僅要使命令得到執行，而且要禁止「雜念」的產生，後一點甚至比前一點更重要；而一般社會組織[73]恰恰需要創造力才能不斷發展。兩者在屬性和目的上的根本不同，決定了內部結構與管理取向的不同。軍隊之間的關係體現為衝突，更進一步則為戰爭，存在著絕對的輸贏，這一點主導了軍隊的思維，導致其封閉性和不達目的不甘休的強烈競爭欲；社會組織間既有競爭又有合作，追求的是自身的發展，因此「協調」是處理組織間關係的主流，競爭反而要受到道德、法律以及自身能力的限制。軍訓希望通過灌輸軍事化思維來實現組織的成功，但其最終必然會因為這種不符合而導致失敗，巨人和三株作為實施軍事化管理的「耀眼明星」（巨人曾發動「三大戰役」，設「八大方面均」，下屬各分公司改為「軍」、「師」，各級經理改稱「司令員」、「軍長」、「師長」[74]）的倒下就是明證。[75]

對軍訓真正的批判是從人的價值角度出發的。軍訓的根本目的，以及軍訓意圖傳達的價值觀，簡而言之就是「服從權力」四個字。權力會告訴你，服從是為了集體利益，是為了磨練意志，是為

---

72 有些人可能會用「叛軍」「革命軍」的例子來反駁。一方面，「叛軍」「革命軍」並不是總有，它們建政之後，也就轉變為「維護」的力量；另一方面，在它們所屬的政權看來，它們本身就是「維護」「執行」的力量。

73 指一切非軍事的組織。

74 彭詩金，〈企業家不是將軍〉，《企業研究》1999第1期，頁8。

75 陳明明，〈軍事化社會：軍事管理方式的內在矛盾〉，《戰略與管理》1997年第1期，頁97-103；唐嘉庚：〈企業失敗的三方面超微觀原因〉，《雲南財貿學院學報》2001年第2期，頁65-66。

了培養精神，是「為了你好」。但事實卻是，形式上對集體主義的拔高和對個人自由的壓制，卻帶來了現實的極端個人主義氾濫，[76]這一體系中的有權者利用軍事化體系所要求的服從大行個人崇拜、精神控制、人格侮辱、肉體懲罰甚至違反法律的諸種行為。「軍事化管理」看似崇高，實則滿是藏汙納垢之處，這種「潛規則」是「服從權力」的必然後果。個體的自由本身即為目的，集體的存在，最終是為了每個人的平等與自由，而不是用個人的犧牲成就集體的偉大。道德情操的培養是在正義的環境下，從父母的愛、人們對職責和理想的實踐中逐漸形成的過程，[77]在否定個人自主性的環境下培養的所謂「精神」，只能是一種扭曲的奴性而已。但可惜受制於中國的大環境，能從這個角度批判軍訓的人少之又少。

到這裡，我算是大致描繪了中國民間軍訓的總體面貌，儘管受我本人學識和資源的限制，對軍訓規模的估計未必準確，對軍訓的批判也不夠有力，但我寫作這篇文章的最大目的，乃是揭示中國民間軍訓這個幽靈的存在，以喚起更多人對這個問題的關注。那些擁有更深厚的學識素養、更充足的資源和能力的學者完全可以在本文的基礎上對中國民間軍訓的起源、規模及效果等作更深入準確的研究，或是鞭辟入裡的批判。當有一天「中國民間軍訓」成為一個熱門的研究話題時，這篇文章也就實現了它的意義。

周以諾，畢業於天津大學機械系，關注中國社會的諸方面。

76　維軍，〈當代中國軍隊的政治社會化〉，《當代中國研究》2002年第4期。

77　約翰・羅爾斯（John Rawls）著，何包鋼、何懷宏、廖申白譯，《正義論》（北京：中國社會科學出版社，1988），頁477。

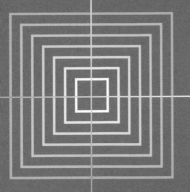

幽暗意識與超越意識
張灝先生的思想貢獻

張灝先生於2022年4月去世，在《思想》45期，我們發表了郭克先生懷念張灝先生的文章。現在我們很榮幸邀請到丘為君、蕭延中兩位學者，探討張灝先生關於幽暗意識和超越意識的思考。張先生提出的這兩個深邃而犀利的觀念，對於中文知識界的衝擊非常可觀。指出人性的幽暗，洞察人性追求超越卻往往逾越其限度的危險，堪稱張先生獨特的思想貢獻，卻也是儒家人文主義，以及啟蒙理性主義兩大思想傳統一向缺乏警覺的盲點。重溫張灝先生在這兩個關鍵問題上的思考，是對他最有意義的紀念。

編者

張灝先生思想的形成與意義：
以幽暗意識為中心

丘為君

　　2022年春當世人正全心關注俄羅斯戲劇性入侵烏克蘭，驚恐於這個二戰以來最大的戰爭之一，是否演變為第三次世界大戰的危機；與此同時，人們還在與從2019年底開始蔓延、世界死亡人數已經超過570萬的世界瘟疫大流行奮鬥的時候，張灝先生不期然地在4月20日，於美國舊金山灣區以85高齡謝幕人生，給當下這個極其混亂甚至荒謬的世界，留下了他長期關注的世局——特別是百年來中國的奇特發展與命運，珍貴的思想遺產。

　　先師張灝先生1937年出生（實際出生年是1936）於一個書香門第背景的家庭。父親張慶楨先生（1904-2005）以27歲年紀，在1931年獲芝加哥西北大學法學博士學位，返國後擔任過安徽高等法院推事，先後在安徽大學、中央大學（重慶）、廈門大學等校任教，後來還擔任了監察委員與立法委員（1948）等職，仕途順遂。1949年慶楨先生隨國民黨遷台，除了在國民黨中央執行委員會設計考核委員會任職，還先後在政治大學、東吳大學法學院、臺灣大學、文化學院等校任教，是近代中國的法學先驅之一。[1] 張灝先生在這樣不

1　關於張慶楨先生事蹟，請參見https://www.easyatm.com.tw/wiki/%E5%BC%B5%E6%85%B6%E6%A5%A8，2022年7月28日查閱。

平凡的家庭環境成長，作為獨子，他自然受到父親的深切期待與用心栽培，年幼時便對中國古典經典下過硬功夫。

　　雖然出生在一個上層的家庭背景，但是他卻生長於一個戰亂的時代。他經歷了20世紀中葉中國所發正的兩場大動亂：日本侵華戰爭與共產主義大革命。他最早的社會記憶，是4-5歲之際、從在重慶躲日軍轟炸的警報開始。其中有次警報結束與家人返家後，發現殘垣斷壁的家園，在廢墟裡只剩下一張床，其他什麼都沒有了，而床中間則有一塊不知道從何處飛來的巨石。這種戰爭的可怕景象，在他年幼的心靈裡，留下非常恐怖的陰影，影響了他日後人格的形成與思想的發展。[2]

　　張家好不容易熬到日本侵華戰爭結束，卻又立即面臨國家陷入內戰的窘境，生活處境益加惡劣。1949年春，國共和談破裂，中共大軍直逼長江，少年張灝12歲還在南京就讀，但學校因為兵禍已經停課，在無學可上的情形下，他與嬉鬧玩耍的同學們突然間發現，中國的首都已經瞬間變成了一座空城，一種莫名的困惑與恐懼，開始在他的心頭浮起，一個懵懂少年的天真歲月自此結束，早熟地被迫認識暴風雨般的大變動時代的來臨。[3]

　　離開南京在上海短暫就讀了幾個月的初中，少年張灝便在1949年舉家隨國民黨遷往台灣。此時，在經歷了世紀大離散之後，中國大陸與台灣在接下來的1950年代出現了一個共同特徵，即原本還具有相當程度大鳴大放現象的文化思想界，自此逐漸進入了一言堂；張灝先生的青少年歲月，便是在白色恐怖籠罩下的台灣，在政治氣

2　張灝（任鋒編校），〈序文〉，《轉型時代與幽暗意識》（上海：人民出版社，2018），頁1-2。
3　張灝，〈前言〉，《時代的探索》（台北：聯經，2004），頁i-iii。

壓極低的苦悶環境下渡過，即便他父親是當時極為稀少的學官兩棲
秀異分子。這種精神上極端抑鬱的日子，一直要到他進入臺大歷史
系，投入殷海光（1919-1969）門下，受到殷氏風格的自由主義與道
德理想主義的感染，思想生命才為之改觀。

　　1959青年張灝在臺大歷史系畢業後不久，去了美國進入哈佛大
學，接觸到海外學術波瀾壯闊的天地，於是開始將他多年的時代困
惑與當下的學習資源結合起來，並發展自己獨特的思考方法與風
格。[4] 1966年中國文革爆發之際，他以梁啟超（1873-1929）的研究
完成哈佛大學博士學位，這年他29歲，此後便進入美國學術界發展。
1968年起在美國俄亥俄州大學歷史系任教，直到1998年在該校服務
30年後退休。其間，先生於1992年，時年55歲，榮獲第19屆中研院
院士，學術研究獲得肯定。98年俄亥俄州大退休後，張先生接受香
港科技大學人文學部教席的邀約，直至2004年退休，返回美國定居。
這篇短文並不打算全面性地探討張灝先生深厚的學術思想內涵，只
能在紀念故人的意義上，簡略地勾畫他代表性理念「幽暗意識」形
成的時代背景與意義。

一、幽暗意識提出的外部因素

　　張灝先生的思想中最為世人所熟悉與稱道的，應該是他於1980
年代初期在幽暗意識與中國民主問題方面的研究。在1980年以前，
中文書寫不是他寫作的重心。例如他在1980年發表的三篇論文，都
是英文學術著作：第一篇關於新儒家道德思想的"Neo-Confucian

4　張灝（任鋒編校），〈序文〉，《轉型時代與幽暗意識》（上海：
　　人民出版社，2018），頁1-2。

Moral Thought and Its Modern Legacy",是對他的哈佛同學、好朋友
墨子刻(Thomas Metzger, 1933-)教授重要著作《脫離困境》(*Escape
from Predicament*)一書的論辯長文。第二篇是對芝加哥大學歷史系
Guy Alitto教授新儒家梁漱溟研究一書所作的書評。第三篇是收在
《劍橋中國史:晚清篇 1800-1911》專書裡的〈晚清改革運動與思
想變遷〉(Intellectual Change and the Reform Movement, 1890-8)。
[5] 在此之前,用中文發表的文章,主要只有1978年在中研院發表的
〈晚清思想發展試論——幾個基本論點的提出與檢討〉一文。[6] 從
這裡看出若干端倪,張灝先生在這個時期的研究重心是在儒家思
想。關於這個問題,下邊再做進一步說明。

　　為什麼他會在1980年以後,開始大量使用中文書寫這樣的轉
變?可以從幾點觀察來分析。首先是1970年代世局發生了若干他無
法置身事外的重大變化。舉例而言,從1971年初開始,在美國港台
留學生策動下爆發了保釣運動,此一打出五四「外抗強權,內爭主
權」口號的學生運動,後來迅速移到亞洲在港台兩地展開。這一年
同時也是美國總統尼克森為了對抗蘇聯,籌劃與中華人民共和國「關
係正常化」的積極時刻。1971年夏尼克森宣布了訪問中國大陸的計

5　"Neo-Confucian Moral Thought and Its Modern Legacy," *Journal of
　　Asian Studies*, vol. XXXIX, no. 2, Feb.1980; Book Review: "The Last
　　Confucian: Liang Shu-Ming and the Chinese Dilemma of Modernity,"
　　by Guy Alitto, *Journal of Asian Studies* 30:3 (May 1980), pp. 561-563;
　　"Intellectual Change and the Reform Movement, 1890-8," in Denis
　　Twitchett and John K. Fairbank (ed.) *The Cambridge History of China:
　　Late Ch'ing, 1800-1911*, Part II(Cambridge University Press, 1980), pp.
　　274-338.

6　張灝,〈晚清思想發展試論——幾個基本論點的提出與檢討〉,台
　　北:中央研究院《近代史研究所集刊》1978年第七期。

畫。至此情勢急轉而下，到了年底，就是1971年10月中華民國作為
聯合國的創始會員退出了她參與設立的機構。台灣人民的愛國主義
與反美情緒上升，進而與保釣運動結合起來，成為1970年代的學生
運動新型態。

　　另一方面，在亞洲政治強人蔣介石（1887-1975）於1975年過世
後，華人學術界裡發生了一個重大變化，這個變化主要是由余英時
（1930-2021）先生所啟動的。余氏在1971年便萌生了用中文著述的
念頭，希望自己的研究成果可以傳布到西方漢學的小圈子以外。1973
至75兩年，他回到香港任教，重新運用中文變成了理所當然之事。[7]
這就為了他與台灣知識界的結合奠定了機緣。余先生那篇1975年在
《聯合報》副刊連載8天的〈反智論與中國政治傳統〉文章，原本為
文革而發，但卻莫名地觸動了台灣知識分子當下的政治神經，因而
在台灣（與海外華人世界）引起了廣泛的迴響，後來這篇長文收入
了1976出版的《歷史與思想》一書。《歷史與思想》獲得了社會上
熱烈的回應後，余先生便開始鼓勵跟他比較熟的幾位研究中國思想
史的朋友，包括林毓生（1934-2022）、張灝、杜維明（1940-）等
先生，希望他們能多用中文書寫，回饋中文世界的年輕讀者。

　　在張灝先生這裡，到了1980年代初期，他已經具備了可以用中
文書寫的客觀條件。大概在1975年前後，他那時候38歲，已經是正
教授了，可以不需再用英文寫作來滿足美國學院裡的要求。於是在
1982年於台灣《中國時報》上面就刊登了大家很熟悉的，後來非常
重要的文章〈幽暗意識與民主傳統〉。這篇文章完稿於1982年6月16

7　周言，〈余英時轉向東方──讓研究傳到西方漢學小圈子之外〉，
　　《風傳媒》2021年10月24日，https://www.storm.mg/article/40057
　　12?mode=whole，2022年11月9日查閱。

日。其產生背景是張灝先生應台灣《中國時報・人間副刊》之邀，準備參加1982年7月30日在宜蘭棲蘭山莊舉辦的學術思想研討會「近代中國的變遷與發展」。由此機緣，他將蓄之有年的若干問題與想法寫成這篇文章。他晚年回顧說，且從自那時起，這些問題與想法便一直縈迴在腦際，形成其思想發展的一條主軸。[8]

二、幽暗意識提出的內部因素

幽暗意識在張灝先生那裡不僅是一個人生觀問題，例如人性與道德等價值觀問題，更是一個世界觀問題，即是人類理想政治制度安排的自由民主問題，以及從比較文明的角度來看，作為東亞文明代表的中國文明傳統，與此西方制度的相容性問題。在他研究的困難上，主要是兩者經常相伴而來，無法排除其中一個而單獨討論。

在1980年代初期，台灣有這兩種微妙與對抗性質的政治社會趨勢在開展：當局持續的政治高壓與民間蓬勃發展的抗議性質的民主運動。台灣從70年代開始，透過保釣運動激起的政治社會關懷熱情，不論是權力精英或知識精英，都一直在持續討論民主轉型問題；大學校園內外各種關於自由主義和民主制度的座談會，如雨後春筍般，這種現象延續到80年代。以張灝先生的經歷為例，他在1980年代初於台灣所做的關於「幽暗意識與民主傳統」議題的演講，一場便有達千人之多的現場觀眾，以至於他曾經私下反應說，非常懷疑如此之多的熱心群眾，是否真的能理解這麼艱澀的學術問題。必須

8　參見《幽暗意識與民主傳統》（台北：聯經，1989），頁32；〈幽暗意識的形成與反思〉，《時代的探索》（台北：聯經，2004），頁229。

指出的是，那時候無論在「後蔣介石時代」（1975-1978）或在蔣經國主政時代（1978-1988），台灣的政治氣氛在號稱的「戒嚴時期」，都還是非常肅殺緊張的。但是另一方面，民主呼籲包括批判當局的黨外雜誌或衝撞黨國體制的所謂「黨外運動」等等，都一直在台灣社會進行當中。黃信介（1928-1999）、康寧祥（1938-）、張俊宏（1938-）、許信良（1941-）等所推動的批判「黨國一體化」的黨外運動，以政論雜誌形式與實際投入政壇互相搭配，給台灣社會發展帶來了不同以往的新衝擊與新面貌，政治反對運動正在持續蓄積能量之中。

在思想工具方面，台灣於1970-80年代討論自由民主問題時，多半用西方社會科學方式取徑。張佛泉（1908－1994）1971年出版的《無法出讓的權利》，對少數知識精英還是有很深的滲透力與影響力。但是對年輕世代的大學生，更吸引他們的是當時方興未艾的具有實證特徵的行為科學。舉例而言，作為這一趨勢的先驅、臺大政治系胡佛（1932－2018）教授，早在1964年9月份《思與言》雜誌上，便發表〈行為科學對政治科學的影響〉一文，介紹「取樣調查」研究法（sample survey）來進行關於民主問題的研究。這個至今在台灣已經是非常普遍的量化的政治觀察與研究方式，到了1970-80年代，有逐漸取代傳統質量研究的趨勢。

但是張灝先生並沒有取法這樣的研究方式，而是自己走出一條十分奇特的路徑。雖然他對社會學三大理論家當中的馬克思與韋伯都下過很深的功夫，但他自己並不太套用台灣當時風行的西方社會科學（或行為科學）路徑來探索自由民主的問題，也不是搬用新儒家的代表性思維方式（例如「民主開出論」）來，來研究傳統與現代的連結問題。他自己一方面透過新儒家前輩的啟示（例如徐復觀【1904-1982】的「憂患意識」），一方面透過在梁啟超思想研究過

程中獲得的資源，摸索開出一條路徑，特別是從西方政治理念當中，找出其民主傳統在西方文明（尤其是宗教背景）的內在根源，然後跟中國知識的大傳統——宋明理學傳統（特別是內聖方面）來連接。換言之，他是嘗試用「幽暗意識」的觀念與民主傳統，來處理近代中國在追尋自由民主過程中，所經歷的挫折與時代意義，並探索其內部癥結。關於這點，下面我們會有所討論。這裡我們想提出的問題是，他是透過什麼樣的資源，才有辦法走到這裡以處理這個龐大艱深的議題？大體而言，我們可以從中西方兩個角度來說明他思想發展的過程：共產中國革命的衝擊，與西方危機神學的衝擊。

1. 共產中國革命的衝擊

青年張灝1953年以16歲年紀入臺大歷史系，到1957年20歲畢業，這四年間的思想啟蒙，除了1949年成立的《自由中國》雜誌，如所周知主要是來自1950年代中期在臺大哲學系任教的老師殷海光（1919-1969）。在當時處於白色恐怖籠罩下的臺大校園，他在殷海光身上看到了一位光芒四射、特立獨行的哲人，特別是他帶有強烈道德意識的自由主義。[9]

殷海光是台灣自由主義堡壘《自由中國》的重要作者，是戰後台灣具有代表性的公共知識分子。1954年他以訪問學者名義赴哈佛大學研究一年，1955年返回台灣繼續在臺大任教，並為《自由中國》及香港《祖國週刊》撰寫政論文章。[10] 青年張灝升上大學三年級的

9　張灝，〈我的學思歷程〉臺大演講網 2005/4/8；張灝，〈殷海光與中國知識分子——紀念海光師逝世三十週年〉，台北《當代》雜誌1999年十一月號，頁114-117。收入《時代的探索》（台北：聯經，2004），頁 240。

10　維基百科〈殷海光〉條，https://zh.m.wikipedia.org/zh-tw/%E6%AE%

1955這一年，正是殷海光從戰後世界第一強國與世界第一學府，帶回大量最新西方知識之際。殷海光（殷先生在1955年還未嶄露頭角吧？他的影響力要到1960年代才成形。）對當時處於思想閉塞環境的台灣知識青年張灝有多大的衝擊，自然不難想像。毫無疑問，當青年張灝思考自己未來發展之際，這位親近學生、有獨立思考實力，博學多聞與作為台灣代表性公共知識分子的老師殷海光，就提供了他一個絕佳的「楷模」（role model）形象；他日後也像殷海光選擇了哈佛大學作為學習的據點，絕不會是偶然的。

　　就思想內容來看，青年張灝在1950年代下半從當時被國民黨視為眼中釘的殷海光身上所吸收到的知識型態，是處於朦朧狀態的、五四時期的高調的自由主義。他的思想型態是屬於他自己所謂的「五四型」的——民主與科學是指導理念，中國傳統是批評的對象。[11] 但隨後告別了殷海光到了哈佛大學學習，在海外的新環境裡，他的思想內容迅速產生了重大的衝擊與改變。就發展特徵來看，我們大致可以區分出三重互相關聯的、有層次的衝擊：一、中國民族主義，二、西方馬克思主義，以及三、中國文化大革命。

（1）中國民族主義的衝擊

　　青年張灝在台灣生活了十年之後（1949-1959），於22歲時帶著朦朧的自由主義出洋，但是到了海外接觸了共產黨包裝過的大量中國民族主義文宣，思想認同上遂起了重大變化。在台灣求學時期，這位精神苦悶的青年所聽到的關於「新中國」的消息非常稀少，而且都是經過過濾和篩檢的。但是一旦到了海外新天地，特別是在學

（續）
　　　　B7%E6%B5%B7%E5%85%89，2022年8月14日查閱。
　11　張灝，〈自序〉，《張灝自選集》（上海：上海教育出版社，2002），
　　　　頁1。

術資源極其豐富的哈佛校園，他開始接觸到大量有關中國大陸方面的近況，聽到了許多在台灣聽不到的新中國消息。

他在哈佛所接觸到的中國訊息，主要可以分為兩類：一是從畫報上看到的「祖國建設」一類的報導，一類是1930年代的左翼文學。「祖國建設」報導肩負有海外宣傳的使命，通常是官方機構出版的宣揚社會主義偉大建設的刊物，透過圖文並茂的說明，介紹當下祖國的各類最新建設發展情況，讓海外青年找回民族自豪感。

在青年張灝抵達美國學習之際，中共於1959年起展開實施「第二個五年計劃」，其中三項核心工作叫「三個法寶」。1960年5月後「三個法寶」改稱「三面紅旗」，分別是總路線、大躍進、人民公社；其政治目標是企圖在短期內使中國成為一個富強的社會主義國家。這個具有高度理想性的烏托邦主義計畫，其實施結果是造成意外的「三年困難時期」（1959-1961）；因為人為的制度設計不良，造成中共建政以後前所未見的全國性大饑荒，導致數千萬人非正常死亡。大饑荒的主要成因包括大躍進、人民公社運動以及制度性問題等。對於毛澤東發起的餓死數千萬人的大躍進，劉少奇（1898-1969）公開批評為「三分天災，七分人禍」，此後劉少奇和鄧小平（1904-1997）一起主持黨和國家的主要工作，而毛澤東則在1964年底退居二線。[12] 由此可見，青年張灝在異國所接觸到的新中國的「偉大祖國建設」大外宣訊息，與事實完全不符。

另外一類青年張灝所接觸的中國資訊，是哈佛中文圖書館裡所收藏的中國文學方面書籍。在這裡他讀到了許多在台灣讀不到的30

---

12 關於大饑荒的研究，參見Frank Dikotter（馮客）《毛澤東的大饑荒：1958-1962的中國浩劫史》（*Mao's Great Famine: The History of China's Most Devastating Catastrophe*）（新北：印刻，2012）。

年代左翼文學。例如1960年初，也就是在他抵達美國的第二年，在一個寒冬的夜晚，他偶然讀到了艾青（1910-1996）於1937年「七七事變」爆發後寫下的具有民族主義意義的長詩〈雪落在中國的土地上〉。詩裡的文字「中國的苦痛與災難，像這雪夜一樣廣闊而又漫長呀！雪落在中國的土地上，寒冷在封鎖着中國呀……」，給這位孤零的海外遊子，在異國的雪夜裡帶來了深層的心理震撼。[13] 青年張灝當時所還不知道的是，這位留法的左翼詩人，才在不久前的1957年被「反右運動」打成右派，開除黨籍，後來流放黑龍江與新疆。而根據中共中央自己公佈的信息，從1957年和1958年共劃分右派的多達55萬多人之眾，之前支持過中共的左翼知識分子多人受到迫害。[14]

透過30年代左翼文學的影響，青年張灝從少年時期經歷的離鄉背井、顛仆流離的哀愁中，以及由此所造就出來的流亡漂泊心情，在強大祖國意識的溫情召喚下，開始醞釀出新的國族認同變化。特別是毛澤東（1893-1976）1949年9月在中國人民政治協商會議第一屆全體會議上的開幕詞所說的「中國人站起來了！」，給他的民族主義思想帶來了前所未有的震撼。在晚年的回憶裡，他回顧年輕時期的左轉經驗說，他在海外第一次真正發現了中國和做中國人的意義，也第一次感到做中國人是值得驕傲的。[15]

13　張灝，〈自序〉《張灝自選集》（上海：上海教育出版社，2002），頁4。

14　維基百科〈未獲改正的右派〉https://zh.wikipedia.org/zh-hk/%E6%9C%AA%E8%8E%B7%E6%94%B9%E6%AD%A3%E7%9A%84%E5%8F%B3%E6%B4%BE，2022年8月26日查閱。

15　張灝，〈幽暗意識的形成與反思〉，《時代的探索》（台北：聯經出版社，2004），頁229-230。

　　青年張灝1960年代初期在海外發作的民族主義躁熱症,在大他7歲的安徽同鄉、哈佛學長余英時(哈佛時期1956-1962)那裡也有類似的經驗,只不過場景是發生在中國境內。青年張灝1959年進入哈佛時,余英時已經在這裡學習三年了。余先生1956年從香港來到美國,在哈佛先做了一年訪問後,決定改換身分,於1957年起留校,攻讀古代史博士學位。

　　在中共建國的1949年10月1日之後,思想早熟的青年余英時仍舊留在「鐵幕」裡,並沒有隨曾經擔任東北中正大學教授、校長的父親余協中(1898-1983)出奔香港,而決定留在國內繼續升學。就在毛澤東於1949年8月18日發表那篇批判「民主個人主義」的著名文章〈別了,司徒雷登〉沒多久,19歲的余英時在上海透過轉學考試,選擇就讀司徒雷登(John L. Stuart, 1876-1962)創辦的北平教會大學燕京大學——這也是他父親的母校。[16]

　　青年余英時在燕京大學開學後,立即經歷了數十公里外的毛澤東主持的開國大典。這時候,多個中國的代表性大學校園,在國民黨政權崩潰之際,早已經為許多號稱進步的左翼青年所把持了,基督教背景的燕京大學也不例外。余英時在入學不久的1949年11月,便被歷史系裡的共產黨外圍組織所遊說,申請加入共青團前身「新民主主義青年團」。余先生後來於1989年六四天安門事件後公開反共,他在晚年的回憶錄說,他在申請入團時期,精神上發生了一次變異,一方面感染了一種宗教式的狂熱情緒,另一方面則是得了「左傾幼稚病」,認同個人要為群體做出犧牲,並且透過這種為群體的奉獻,個體可以更容易發展自我的潛能。晚年余英時回憶說,每當回顧他這一段在年少輕狂時期所經歷的左傾經驗,造成他60年來,

_____

16　余英時,《余英時回憶錄》(台北:允晨,2018),頁74-80。

「每思及此事便覺得無地自容」的悔恨。[17]

　　青年余英時在中國的經歷與青年張灝的海外左轉經驗並非少數個案。就在文革運動在中國蔓延開來後沒多久，愛國主義的保釣運動於1971年初在美國爆發。這個社會運動見證了更多海外熱血華裔青年，在民族主義號召下放棄學業，前仆後繼地投入這個國際性的社會抗爭運動去。不過青年張灝此時已經從文革的暴力主義火焰中覺醒，對所有以烏托邦主義為號召的意識形態均戒慎恐懼，也逐漸看清了人性裡與生俱來的神性與魔性的糾葛，以及政治事務上獨裁權力對社會帶來的難以估計的災難。關於他的文革經驗衝擊，在後面還有比較詳細的討論。

（2）馬克思主義的衝擊

　　將馬克思主義的衝擊放在共產中國的脈絡裡來討論，並不盡恰當。但就青年張灝左翼思想的發展過程中，中國因素確實是一個催生劑。於海外無根漂泊的心情下，在「祖國召喚」與「祖國認同」的中國民族主義衝擊下，青年張灝的思想進一步向左翼認同邁進。透過中國民族主義的召喚，他進入馬克思主義。

　　青年張灝的馬克思主義思想有兩個源頭，一是1930年代中國左翼文學，另一個是1960年代風行一時的馬克思「異化」觀念（alienation）。關於前者，我們前面已經有所說明。在馬克思異化觀念方面，主要是他於哈佛讀研究所期間所產生的興趣。1954年麥卡錫主義時代結束，左翼思想在美國獲得發展空間。在美國流行起來的異化觀念，是馬克思從黑格爾那裡借用過來的。在黑格爾早期著作那裡，異化觀念，或者更精確地說「自我異化」（self-alienation），是通往「絕對精神」（the Absolute）的必經過程。非常簡略地說，

　17　余英時，《余英時回憶錄》（台北：允晨，2018），頁74-80。

被黑格爾認為唯一現實（only reality）的「絕對理念」（the Absolute Idea），是一種自我參與的異化與反異化的循環過程。而被黑格爾正面看待的異化與反異化的辯證過程，則是「絕對存有」（Being of the Absolute）的重要形式。[18]在馬克思那裡，異化則是一個負面的概念，創造與被創造者原本是自然互屬或和諧的兩物，其發展的結果卻變成彼此分離、甚至互相對立。在他看來，商品關係決定了人的社會關係，也影響了人性的定位，經濟生產的物質雖然是人所創造的，但是它一旦成為商品（特別是在大量生產的意義上），便在「物化」（reification）的意義上產生了疏離（異化）現象，與作為創造者的「人」沒有情感。如所周知，在基督教那裡，人是神所創造的，但是人與神的親密關係卻因為神所賜與人的理性能力，而讓人逐漸疏離（alien）了神，並甚至否定了神。然而馬克思的異化理念，主要則是從比他大14歲的德國唯物論者費爾巴哈（1804-1872）那裡獲得了靈感。在費爾巴哈那裡，主要是在1841年出版的《基督教的本質》一書裡的論證，宗教作為一種異化的形式，是人類一廂情願的投射，即「上帝」不過是人內在本性的一種向外投射。他以人本主義克服基督教的異化概念，宣稱神為人所創造，卻轉過來獨立於人並支配人。[19]

---

18 關於這方面比較簡潔的解釋，可以參看 Gajo Petrovic 寫的 "alienation," Tom Bottomore（ed.）*A Dictionary of Marxist Thought* （Oxford: Blackwell, 1991），pp. 11-16. 比較詳盡的論述，可參看黑格爾著、賀麟翻譯，《精神現象學》（台北：里仁書局，1984），頁385-430。

19 參看EK寫的"Ludwig Feuerbach," Tom Bottomore（ed.），*A Dictionary of Marxist Thought* （Oxford: Blackwell, 1991），pp. 171-172. 維基百科〈路德維希·安德列斯·費爾巴哈〉條https://zh.wikipedia.org/wiki/%E8%B7%AF%E5%BE%B7%E7%BB%B4%E5%B8%8C%C2%B7

　　在青年張灝的理解中，他特別留意到馬克思異化觀念的人性問題，他認為疏離這個觀念的前提是，普遍人性是不存在的；而要了解人，必須從人的社會實踐，特別是生產活動去觀察。但是在生產過程中，作為創造者意義的人，不但無法主宰與享有自己的勞動成果與生產成品，反而產生本末倒置的現象，落入生產過程的枷鎖，變成它的奴役。[20] 對青年張灝來說，馬克思所提出的異化現象，就了解人的社會而言，無疑是帶有很深的憂患意識。[21] 張灝先生讚許馬克思異化觀念對人性的反思，對他的幽暗意識理論發展有一定的啟發。然而他後來逐漸留意到異化觀念有兩個嚴重問題：第一，馬克思不相信普遍人性，人性必須在社會實踐過程中來檢驗，就這個意義來說，人的異化其實並不是內在意義的人心與人性本身出問題，而是外在意義的社會結構。換言之，馬克思的普遍人性不存在人世間這個命題是有待商榷的。第二，馬克思對解決人的異化問題的方案——革命，也大有問題。在馬克思那裡，異化是社會結構在歷史演進的過程中所產生的階級制度的結果。而社會結構與階級制度是人造的，因此人也可以加以改造。於是馬克思相信：透過人為的革命，社會可以改造，階級制度可以取消，異化作為憂患的根源可以根除，由此人間可以實現一個完美的社會。也就是說，異化觀念無礙於馬克思主義轉變為一個極端的理想主義。[22] 在張灝先生看來，人世的憂患可能如馬克思所觀察到的出自外在的制度問題，但

（續）

%E5%AE%89%E5%BE%B7%E5%88%97%E6%96%AF%C2%B7%E8%B4%B9%E5%B0%94%E5%B7%B4%E5%93%88，2022年12月10日查閱。

20　張灝，〈幽暗意識的形成與反思〉，《時代的探索》，頁234-235。

21　張灝，〈幽暗意識的形成與反思〉，《時代的探索》，頁229-230。

22　張灝，〈幽暗意識的形成與反思〉，《時代的探索》，頁235。

也可能種因於人的內在的罪惡性。人的罪惡性可以加以防堵與疏
導，但卻無法永遠根除。換言之，外在制度的改革無論多麼成功，
人世間的憂患仍然不會絕跡。[23]

　　二戰期間，歐洲的「新左派」（New Left, 又稱西方馬克思主義
Western Marxism）由於受到法西斯主義的壓迫，大舉西移到美國。
與斯大林主義所代表的「老左派」（the older Left）有所區別的是，
美國戰後學院裡的新左派是以法蘭克福學派為主流，代表性人為霍
克海默（1895-1973），阿多諾（1903-1969），與馬庫色(1898-1979)
等三位。法蘭克福學派理論家，能在很大的程度上避免了老左派的
教條化討論方式，而回歸到馬克思學說中的根本問題——「人是什
麼」與「人應該是什麼」。正因為欲對問題的本質而不是教條有所
深入，以批判西方資本主義文明為特徵的法蘭克福學派理論家，在
啟蒙理性的研究上比起其他學者取得了更大的成績。法蘭克福學派
的靈魂人物霍克海默，與小他8歲的阿多諾在二戰結束前夕於美國洛
杉磯市完成的《啟蒙的辯證》（1944），一方面樹立了法蘭克福學
派對社會研究的「批判」風格，同時也奠定了有關啟蒙研究的新里
程碑。

　　青年張灝在哈佛時期從法蘭克福學派吸收進來的對社會研究的
「批判」風格，也在日後中年張灝的思想裡隱約浮現，但是他並沒
有像《啟蒙的辯證》這本造成當代「文化研究」（culture studies）
先聲的著作那樣，走向文化研究的方向去；雖然如此，他日後卻吸
收了這個學派所強調的「實踐」（praxis）的概念，用以研究儒家「內
聖」問題。

23　張灝，〈幽暗意識的形成與反思〉，《時代的探索》，頁235。

（3）文革衝擊與思想回歸

　　青年張灝在哈佛的學習受到了中國民族主義的認同衝擊與批判
資本主義之馬克思主義異化理論的洗禮，使得他的思想開始左傾，
並與自由主義信仰者、臺大恩師殷海光漸行漸遠。[24]

　　自由主義的核心是個人主義，個體的自由必須先於集體的自
由，否則自由主義將無從定錨，而沒有自由的土壤就不可能產生獨
立思考的個體；沒有獨立思考的個體，就不可能有能力去思考與解
決社會裡出現的各種問題。這是近代中國自由主義的先驅胡適
（1891-1962）在五四啟蒙運動中反覆提倡的概念──「健全的個人
主義人生觀」，[25] 特別是他透過易卜生（1828-1906）的戲劇《玩偶
之家》所要傳達出的信息──「救出自己主義」，或用易卜生的話
來說：「你要想有益於社會，最好的方法莫如把你自己這塊材料鑄
造成器」。[26] 比較而言，民族主義與作為社會主義一支的馬克思主
義，都是強調集體主義的價值；雖然具有自由主義傾向的新馬克思
主義，比較不像老馬克思主義那麼強調群體、群眾的概念。因此，
自由主義與民族主義和馬克思主義這兩種意識形態有所矛盾，是相
當明顯的。這是為什麼張灝先生晚年回顧他的青年左傾時期說，「一
旦發現了群體的大我，個人小我也無所謂了」。[27] 也就是說，這便
是回到了嚴復（1854-1921）在晚清時期所提出的、對近代中國有重

24　張灝，〈幽暗意識的形成與反思〉，《時代的探索》，頁230。

25　此一名詞是胡適在〈介紹我自己的思想〉一文所用的。見《胡適文
　　存》第四集卷四（台北：遠東圖書公司，1974），頁612。

26　胡適，〈易卜生主義〉，《胡適文存》第一集卷四（台北：遠東圖
　　書公司，1974），頁643。

27　張灝，〈幽暗意識的形成與反思〉，《時代的探索》，頁230。

大影響力的關鍵論述「救亡」──「合群保種」。[28]

　　就在青年張灝即將完成哈佛學業的1966年，中國在這年春夏之際爆發了震驚世界的「無產階級文化大革命」。對這個掀動世界極左思潮的暴力群眾運動，奇特的是，剛剛以梁啟超研究作為博士論文主題的他，卻沒有激起太高的情緒。在結束哈佛的學業之後，29歲的他去了美國南方的路易斯安那州大任教，那兒報紙很少登載中國方面的消息，與波士頓地區擁有大量豐富的世界資訊環境截然不同。但這種國際事務與尤其是亞洲訊息的匱乏，在他由研究生生涯轉換為人師之際，反而提供他可以沈澱思緒的機會，盤點在哈佛六年學習所吸收的各種龐雜的學問。所以儘管亞洲這邊是文革批鬥的熊熊烈火，但是他的心境卻是出奇平靜。[29]

　　隨著「文革」運動的展開，在美國偏遠南部初拾教鞭的青年張灝，其困惑卻日益加深。事實上，在1966年5月文革運動展開之前，毛澤東在七年前（1959）已經啟動所謂的「三面紅旗」（總路線、大躍進，與人民公社），企圖在短期內使中國成為一個富強的社會主義國家。其成果是，如前所述，富強社會主義國家的目標沒有達成，「三面紅旗」反倒變成了「三年困難時期」，大饑荒導致數千萬人民死亡。毛澤東所犯下的嚴重錯誤，導致他在1964年底不得不退居二線，讓二把手的劉少奇和鄧小平一起主持國家和黨的主要工作；而這便成了毛澤東後來藉著啟動文革，要逼退他們以奪回權力而留下了伏筆。

　　1966年5月毛澤東《五一六通知》發出，文革運動啟動，不出一

---

28 關於這方面比較詳細的討論，請參見拙著《啟蒙、理性與現代性：近代中國啟蒙運動 1895-1925》（台北：臺大出版中心，2018），頁20-33。

29 張灝，〈幽暗意識的形成與反思〉《時代的探索》，頁230。

個月，北京就出現知識分子不堪迫害受辱而自殺的案例。[30] 國家第二號人物劉少奇和鄧小平立即在6月組織工作團隊進駐大、中學校，禁止學生遊行示威和張貼大字報，並將鬥爭矛頭引向「黑五類」。毛澤東對此非常惱火，認為此舉是反馬克思主義的，並命令撤銷工作組。接下來，1966年8月18日毛澤東在天安門廣場接見百萬紅衛兵，鼓動他們「要武」，隨後紅衛兵的暴力活動升級，在「破四舊」的號召下，產生了著名的文革「紅八月」大屠殺。此後，紅衛兵啟動的文鬥與武鬥，使整個中國都陷於混亂。茲舉兩件發生在1966年8月份的駭人聽聞報導為例：近代中國著名維新派思想家康有為（1858-1927），其在青島的墓地被紅衛兵掘開，屍骨在青島市博物館被批鬥拷打，事後將其頭顱棄置地上。[31] 另外，像被稱為「人民藝術家」、一生共寫了約計800餘萬字作品的新文學開拓者之一老舍（1899-1966），因不堪紅衛兵迫害，選擇在北京西北的太平湖自殺，震動文化思想界。

　　青年張灝在偏遠的美國南方或許沒有即時與完整的中國資訊，但是對陸陸續續獲知的那些瘋狂不可理喻的全國性的、由政府部門所鼓動的群眾燒殺擄掠行為，自然對少年之際經歷過戰亂之苦楚的他，在內心深處有很大的震撼。與海外許多華人不同，文革這激烈的群眾運動的烈火，沒有讓他對這個「暴力革命」抱持同情或幻想，相反地，卻震醒了之前的左轉迷夢。[32] 這讓他覺得有重新檢討思想

30　例如傅斯年侄子傅樂煥是英國倫敦大學博士，1951年從英國回到中國大陸。1966年5月23日傅樂煥在文化大革命中自殺身亡，成為文革最早的一批受害人。

31　吳天任，《康有為先生年譜》下（台北：藝文印書館，1994），頁792。

32　張灝，〈幽暗意識的形成與反思〉，《時代的探索》，頁232-233。

左轉的必要。就在這番檢討中,他在研究所時期的學習經驗又重新
湧現腦際,他一方面對文革進行反思,一方面對自己的思想作了一
次重要盤整與調整,開始逐漸恢復了對自由民主的信念。[33]

2. 西方危機神學的衝擊

　　1978年文革結束後,擔任中共中央副主席、十大元帥之一的葉
劍英(1897-1986)在中共中央的一個會議上說,文革期間「死了2000
萬人,整了1億人,浪費了8000億人民幣。」[34] 這些文革代價的真正
數據很難證實,但從官方核心人物所說出來的真相,不難想像其非
理性行為造成多大的社會經濟破壞。而在當時,文革一方面大力鼓
吹仇恨鬥爭與集體暴力,另一方面推動了盲目的領袖崇拜與造神運
動現象,這確實讓不少海外隔岸觀火的人產生革命的浪漫主義情
懷。然而這些瘋狂的反智主義現象,讓青年張灝驚醒了自己左傾思
想的盲目性、局限性與甚至是危險性。青年張灝能扭轉他這種左傾
思想的資源,得利於他在哈佛時期所學習到的西方危機神學
(theology of crisis),特別是其代表人物之一,當時名重一時的美
國神學家尼布爾(Reinhold Niebuhr, 1892-1971)。

　　尼布爾的思想探討的核心是人性與民主制度之間的關聯,人性
有行善的一面,也有作惡的傾向。民主制度的設計,在於防止人性
向作惡的方向傾斜。而當下在共產中國展開的文革的集體暴力行
為,一個重要的特徵是泯滅人性。作為泯滅人性的中國文革暴力主

33　張灝,〈幽暗意識的形成與反思〉,《時代的探索》,頁232-233。
34　維基百科〈文化大革命〉條。https://zh.m.wikipedia.org/zh-tw/%E6%
　　96%87%E5%8C%96%E5%A4%A7%E9%9D%A9%E5%91%BD#%E
　　4%BA%BA%E9%81%93%E4%B8%BB%E4%B9%89%E7%81%BE
　　%E9%9A%BE,2022年8月15日查閱。

義運動，它首先是針對人而出發的，對事物的破壞是附帶的。從毛
澤東啟動文革的動機來看，如所周知，他是針對威脅他獨裁權力的
第二號政治人物、他自己所欽點的權力接班人劉少奇與其背後的集
團而發。費解的是，被毛利用的紅衛兵何以在喪失人性的狀況下，
展開與中共權力鬥爭不相干的瘋狂社會鬥爭——鬥爭社會菁英、父
母、老師、朋友等等，甚至連死人都不放過。這個數千年來以德性
倫理稱著的東方古老民族，何以一夕間人性徹底崩潰？對幽暗人性
的檢視，如此便成了青年張灝檢視自己（自己也是這個傳統裡的一
部分）與中國思想成分內涵的志業。

　　青年張灝在1963年正式接觸危機神學，這一年他26歲，在博士
班課程中跟隨名師史華慈（Benjamin I. Schwartz, 1916-1999）教授學
習，兩年前（1961）他已經完成哈佛的碩士學位。從1963年的春天
開始，一向對社會科學保持濃厚興趣的他，前去旁聽一門西方近代
民主理論的課程。他這樣做可能是一方面為他即將進行的博士論文
課題、近代中國民主先驅梁啟超進行準備。另一方面，主要是為了
他向這一門課的客座教授尼布爾學習，特別是關於基督教德性倫理
與西方民主發展之間交錯複雜的問題。青年張灝這時並非基督徒，
他前來旁聽這門課，為民主問題成分高，為基督教信仰而來成分低。

　　20世紀中葉美國最著名的兩位公共神學家，是存在主義神學家
田立克（Paul Tillich, 1886-1965）與小他6歲的危機神學家尼布爾，
兩位都是德裔。田立克為避禍法西斯主義，在希特勒上台後於1933
年，離開原先的工作崗位法蘭克福大學移民美國。尼布爾則是美籍
德裔二代，但可以講流利德語，在1930年於德國結識田立克。田立
克移民美國，受惠於尼布爾甚多，在他抵達北美之際，尼布爾已經
是成名的神學家。尼布爾在1932年出版的《道德人與不道德社會》
（*Moral Man and Immoral Society*），申論人們作為群體成員比作為

個人更有可能作惡，獲得了巨大的聲響，特別是在法西斯主義崛起
後。雖然如此，他卻放下身段，幫助此時英文能力還有限的田立克
在新大陸立足，提供他紐約聯合神學院（Union Theological Seminary）
一份正式工作作為安身立命之地，並於1936年翻譯他的德文著作《歷
史的詮釋》（*Interpretation of History*）為英文，讓英文世界讀者認
識這位天才洋溢的神學家。

　　田立克是法西斯主義的受害者。他經常提醒西方世界，民主體
系一方面受到左翼的共產主義的嚴重威脅，另一方面又有來自右翼
的法西斯主義的挑戰。前者容易洞悉，而後者的危害經常被很多人
忽略。田立克在他的名著《基督教思想史》中就曾經控訴到，當希
特勒法西斯主義旋風颳起，猶太人遭到殺戮之際，德國教會一開始
卻是鴉雀無聲；直到輪到他們自己，才猛然覺醒，奮起抵抗。他毫
不留情地批判德國教會的道德勇氣缺失。[35]田立克的學術性代表作
是三卷本《系統神學》（*Systematic Theology*），但是他最膾炙人口
的著作是兩本通俗性作品：1952年的《存在的勇氣》（*The Courage
to Be*）與1957年的《信仰的動力》（*Dynamics of Faith*）。

　　田立克與尼布爾兩人都受到丹麥哲學家齊克果思想的影響，認
為人性具有自由發展的無限潛能，但是另一方面，不能過分樂觀地
誇大人的能耐，因為人性中明顯具有缺陷性意義的限制（finitude）。
不過，兩人的神學系統資源並不相同，前者是來自日爾曼的存在主
義哲學背景，後者則是美國的實用主義傳統。兩人後來都在哈佛授
課，也都成為戰後美國具有代表性意義的公共知識分子，並分別在

35　Paul Tillich, *A History of Christian Thought From its Judaic and
　　Hellenistic Origins to Existentialism*（NY: Touchstone book, 1967）, pp.
　　538-539.

1948年（尼）與1959年（田）登上當時美國與世界最廣為人知的刊物《時代雜誌》的封面人物。[36]

與田立克相善的尼布爾，不僅著作量驚人，其行動能力也是高人一等，除了長期主持紐約聯合神學院，他更是不時從道德倫理角度針砭時弊，透過演講或公共媒體對政治、社會、外交、宗教，與歷史等等，提出具有深刻洞見的不凡見解。然而這位於1964年獲頒具有象徵公民最高榮譽的美國「總統自由勳章」的宗教思想家，其一生思想卻是一位經常呈現出一種「不惜以今日之我與昨日之我戰」的特色。

尼布爾早年的社會主義傾向相當強烈，經常為弱勢的勞工階級發聲。1920年代，他在二、三十歲之際是一位和平主義者與社會福音派（Social Gospel）的理想主義者。1930年代，他卸下和平主義與社會福音派理想主義，從戰鬥的社會主義者角度，抨擊羅斯福總統的為對抗「經濟大蕭條」產生的大量失業人口所施展的「新政」措施。到了1940年代中年之際，他逐漸放棄左派理念，離開了社會黨，也放棄了社會主義理念；轉型為一個積極入世的民主黨意見領袖，整合政治人物、商會與知識分子等，採取了政治社會的「介入主義」路線。到了1940年代末50年代初，他已經是民主黨的核心人物了，並變成積極對抗共產主義的美國冷戰代表性辯護士。在1960年代初，他支持美國對越南的介入。但是到了1966年，他突然轉變成反戰的急先鋒，認為越戰不道德且破壞美國利益。[37]

36　Nathan Hoefgen-Harvey and Samuel Needham, "Tillich's Theological Influence on H. Richard Niebuhr（1894-1962）," https://people.bu.edu/wwildman/tillich/resources/influence_niebuhrhr.htm，2022/8/19 查閱。

37　Gary Dorrien, "Introduction" in Reinhold Niebuhr, *The Children of Light and The Children of Darkness*（Chicago & London: The University

　　1963年當26歲的青年張灝於哈佛校園認識尼布爾以及他的危機
神學時，尼氏已經來到晚年的71歲，他不只已經建構起完整的思想
系統，同時也是聲譽登峰造極的時刻。尼布爾早在20年前出版的名
著《人的本性與命運》（*The Nature and Destiny of Man*）（1943）
中，就已經竭力闡明人的身與心都是上帝創造下的產物，反對將身
與心對立來看的二元論。對史學情有獨鍾的他，認為如果《聖經》
可信，那麼上帝是透過歷史對人類訴說祂的理念。但是最能闡明其
政治思想的著作，主要還是他在1944年出版的《光明之子與黑暗之
子》。必須指出的是，這兩本著作的性質不盡相同，但卻有關聯性；
後者從前者的論述中延伸出來的。[38]

　　青年張灝在斷斷續續旁聽尼布爾講課的過程中，吸引他的並不
是他的神學系統，而是尼布爾對人性與民主問題的批判性反思。由
於他當時對西方思想史的背景還很不足夠，對美國政治社會裡關於
自由民主問題的主流論辯掌握有限，因而對尼布爾在堂上討論的問
題，常常不能清楚地掌握它們的意義。但是他對尼布爾在堂上反覆
提出的要點，對民主問題的辯證性思考，與他從殷海光那裡獲得的
高調樂觀的道德理想主義民主理念，有非常大的差距，因此決心要
探究一下尼布爾的思想內涵。因此就這樣，青年張灝開始探索他以
前一直未曾特別關注的西方民主思潮發展與精義。而隨著中國文革
驚心動魄的暴力主義現象持續擴大，他即便離開了哈佛校園到美國
偏遠的南方任職，但是尼布爾對民主裡人性陰暗面的反覆提醒與警
告，卻一直在心中盤旋不去。這樣，他開始思考文革所展示的權力

（續）───────────────────
　　　　of Chicago Press, 1944）, pp. ix-x.
38　Gary Dorrien, "Introduction" in Reinhold Niebuhr, *The Children of
　　Light and The Children of Darkness*, p. xi.

泛濫的根源，終於讓他對自由民主在近代中國的脈絡裡有了新的開
悟。[39]

三、幽暗意識的義理結構

　　所謂幽暗意識，根據張灝先生，是指發自對人性中或宇宙中與
始俱來的種種黑暗勢力的正視和醒悟。因為這些黑暗勢力根深柢
固，這個世界才有缺陷，才不能圓滿，而人的生命才有種種的醜惡，
種種的遺憾。[40] 青年張灝在哈佛學習時期所體悟的幽暗意識，如前
所述，主要是受到當代美國神學家、公共知識分子領袖尼布爾所傳
布的、發軔於歐陸的危機神學的啟示。

　　在二戰期間與戰後冷戰格局裡的美國政治與知識界掀起滔天巨
浪的尼布爾思想，其背後的動力，是一種迥異於美國實用主義傾向
之神學潮流的所謂「危機神學」——正式名稱為「新正統派神學」
（Neo-orthodox theology）。它顧名思義是強調神學的傳統（正統）
解釋，以區別當下在歐陸流行的受到現代化運動影響的「自由神學」
（Liberal Christianity）解釋。危機神學——或稱辯證神學（Dialectical
theology），是一次大戰後在歐洲基督教內興起的，這個學派的創始
人是瑞士籍的巴特（Karl Barth 1886-1968）。但田立克認為將巴特
所發揚的神學思想歸結為辯證（dialectical）是一種誤導。[41] 青年張

39　張灝，〈幽暗意識的形成與反思〉，《時代的探索》（台北：聯經，
　　2004），頁231-234。

40　張灝，〈幽暗意識與民主傳統〉，《幽暗意識與民主傳統》（台北：
　　聯經，1989），頁4。

41　關於這方面的論辯，可以參看 Paul Tillich, *A History of Christian
　　Thought From its Judaic and Hellenistic Origins to Existentialism*, pp.

灝觀察到，巴特的危機神學後來傳到美國，經尼布爾大力發揮，在
1930至1950年代的美國思想界造成很大的影響。[42]

　　帶有悲觀主義特徵之危機神學的崛起，主要是受到一戰期間人
類互相殘殺造成大量傷亡的刺激，因而要對啟蒙運動以來所推崇的
理性主義與其相關的意識形態自由主義做出反動：強調神的超越
性，要人們重新回到耶穌基督的教誨本意來。危機神學的創始人巴
特與田立克同年，同為德語區。根據普林斯頓神學院韓辛格對兩人
思想的分析，他認為田立克以玄辯（speculative）與「人本」式的
（anthropocentric）神學思想為風格，巴特則是相對教義式（dogmatic）
的與「神本」式的（christocentric）神學思想為特徵。[43]

　　危機神學的主旨，根據張灝先生，是回歸基督教的原始教義，
並彰顯人與神之間無法逾越的鴻溝——即一方面是至善至美的超越
的上帝，另一方面是深陷於罪惡的人類。在《舊約·創世紀》那裡，
人的本原是良善美好的，因為上帝是根據他自己的形象造人，但是
人本原的善根很快就因為人的背叛上帝而淹沒。張灝先生指出，就
人性論而言，危機神學特別重視人的罪惡性。而在新大陸發揚光大
危機神學的尼布爾，其思想貢獻主要就是以危機神學的人性論為出
發點，對西方自由主義以及整個現代文明提出質疑與批判。[44]

　　尼布爾的危機神學繼承了巴特思想的若干核心理念，例如強調

（續）————————————
　　538-539.
42　張灝，〈幽暗意識的形成與反思〉，《時代的探索》，頁231-234。
43　George Hunsinger, "Karl Barth and Paul Tillich," *Theology Today*,
　　Volume: 75, issue: 2, page（s）: 123-138, first published online: August
　　10, 2018.
44　張灝，〈幽暗意識的形成與反思〉，《時代的探索》（台北：聯經，
　　2004），頁231-234。

神的無限超越性（infinite transcendence）概念，與人的有限性與限制性。尼布爾危機神學中透露出來的幽暗意識，便是自巴特的「新正統神學派」這種人性的墮落傾向所衍生的限制性，而最能闡明其政治思想中的關於民主制度與幽暗意識之間問題的著作，主要是他在1944年二戰期間出版的《光明之子與黑暗之子》一書中的論點。

　　光明與黑暗是指兩種對生命的不同態度或意識形態。「光明之子」是指那些尋求將自身利益置於更普遍的法則（universal law）下，以及與更普遍利益（universal good）和諧相處的人。[45] 職是之故，「光明之子」可以以下列諸思想家為代表：約翰洛克、亞當史密、盧梭、潘恩、邊沁、威廉戈德溫、費希特、黑格爾，以及所有忠實的馬克思主義者等等。他們在面對私人利益與公眾利益的衝突上，都尋求妥切的解決方案。[46] 至於「黑暗之子」，其代表性人物是霍布斯、馬基維利與史達林等等，他們聰明又強大，但是多半將個體利益置於群體利益之上。[47]

　　尼布爾在《光明之子與黑暗之子》裡指出，民主作為一個社會制度，一方面是布爾喬亞式文明下的產物，另一方面也是人類的自由與秩序得以互相奧援的社會組織形式。[48] 但是他注意到，資產階級民主為了提升個人的價值，卻經常以犧牲社群（community）為代價。沒錯，這樣的作法的確可以彰顯個體上的自由，但是尼布爾

45　Reinhold Niebuhr, *The Children of Light and The Children of Darkness*（Chicago & London: The University of Chicago Press, 1944）, p.10.

46　Gary Dorrien, "Introduction" in Reinhold Niebuhr, *The Children of Light and The Children of Darkness*, p. xviii.

47　Gary Dorrien, "Introduction" in Reinhold Niebuhr, *The Children of Light and The Children of Darkness* p. xix.

48　Reinhold Niebuhr, *The Children of Light and The Children of Darkness*, p. 1.

呼籲：不能忘了，社群本身跟個體一樣也需要自由；而另一方面不
能忘記的，個體自身也是需要社群的。他認為，民主不能等同於自
由；而理想的民主秩序，其實是應該在自由的條件下尋求統一，並
在秩序的框架內維護自由。[49] 強調個體利益不能以犧牲群體利益為
手段與目的，一直是他在晚年放棄社會主義理念之前，很明顯的特
徵。

　　《光明之子與黑暗之子》是尼布爾一系列演講的合集，這些演
講的背景，是民主制度受到法西斯主義挑戰與侵犯之際，用他的話
來說，當下的資產階級文明是處於「命在旦夕」（in grave peril）的
時刻；而作為中產階級意識形態的民主，也是面臨著厄運。[50] 在他
看來，當下生活在民主社會制度裡的「光明之子」，經常對自由民
主視為當然，而這種天真的傾向，將危害到自身的自由民主生活方
式。人們要對左右兩派的極權暴政有所警惕。他高聲呼籲道：「光
明之子」必須看清人類社會中自私自利的力量，而不要給它任何道
德理由（moral justification）。另一方面，「光明之子」也必須有這
種智慧，去辨別那些高舉社群利益的「黑暗之子」的居心，他們的
實際行為可能是迷惑、欺騙、偏轉、駕馭和禁錮了個人自身和集體
的利益。[51]

　　張灝先生對尼布爾危機神學的體會是，在關於政治生活上，要
人記住人的罪惡性——人對權力的無限貪欲。環顧當時在二戰期間

49　Reinhold Niebuhr, *The Children of Light and The Children of Darkness*,
　　p. 3.

50　Reinhold Niebuhr, *The Children of Light and The Children of Darkness*,
　　p. 2.

51　Reinhold Niebuhr, *The Children of Light and The Children of Darkness*,
　　p. 41.

或之前，世界各種主義與學說，不論是左翼思想或是右派論點，都
忽略了人的權力欲所反映的罪惡性。所以，尼布爾要特別重提正統
基督教的二元人性觀：一方面要重視人的善的本原——上帝所賦予
每個人的靈魂，由此而尊重個人的價值。另一方面也需要正視人的
罪惡性而加以防範。只有從這雙重人性論的觀點，才能真正發揮民
主制度的功能，彰顯它的價值。張灝先生最喜歡援引尼布爾對民主
與人性問題的這一段話：「人行正義的本能使得民主成為可能，人
行不義的本能使得民主成為必要。」（Man's capacity for justice makes
democracy possible, but man's capacity to injustice makes democracy
necessary.）[52] 尼布爾這句名言，其原始出處便是《光明之子與黑暗
之子》的1944年首版〈前言〉，原文是這樣的：「人行正義的本能
使得民主成為可能，人行不義的傾向使得民主成為必要。」（Man's
capacity for justice makes democracy possible, but man's inclination to
injustice makes democracy necessary.）雖然張灝先生的翻譯與原出處
有些微差距，但基本精神是一致的。

　　青年張灝在發展他的幽暗意識系統時，一方面從基督教神學裡
獲取養分，另一方面則從儒家思想裡獲得能量。首先是在他進入哈
佛沒多久，就認識了余英時、杜維明（1940-）與墨子刻（1933-）
這些朋友，他們都是在儒學上有一定根柢的人。在他們的影響下，
青年張灝開始接觸了一些從前「殷門」很忌諱的現代新儒家著作，
例如錢穆（1895-1990）、牟宗三（1909-1995）及熊十力（1885-1968）
的作品等等。由於開始認真讀新儒家的書籍，青年張灝的思想內容
發生了兩種變化，一方面漸漸走出了五四反傳統主義的框框，開始

52　張灝，〈幽暗意識的形成與反思〉，《時代的探索》（台北：聯經，
　　2004），頁232。

正視中國傳統的複雜性，深深體會到要認識一個古老的文明傳統，需要一定的耐性與同情地了解。另一方面，他開始接觸到新儒家內聖功夫裡的幽暗意識問題。[53]

　　在他看來，基督教是以人性的沉淪和陷逆為出發點，著眼於生命的救贖。相對而言，儒家思想則以成德的需要為其基點，對人性作正面的肯定。張灝先生認為，儒家人性論有兩面性：肯定人性成德之可能，但同時又強調現實生命缺乏德性，是昏暗的、陷溺的，因而需要淨化、提升。換言之，基督教的幽暗意識因為相信人的罪惡性是根深柢固，因此不認為人有體現至善之可能。但是儒家的幽暗意識，在這一點上始終沒有淹沒它基本的樂觀精神，因為不論成德過程如何艱難，人仍有體現至善並變成「完人」（morally perfect man）的可能。[54]

　　比較基督教與儒家思想，張灝先生指出，與基督教人性觀不同的是，儒家有一種非常特別的道德理想主義——「聖王精神」，即政治統治的正當性必須本於道德。聖王精神有兩種特徵：超越意識與幽暗意識。所謂超越意識，是指任何人若能發揮本身的天賦善端，都可以與超越的天（the transcendental Heaven），形成內在的契合——即到達理想但具有神秘主義意義的「天人合一」境界。[55]至於幽暗意識，是指儒家思想中的某種自發性思維，其正視人性與生俱來的陰暗面與社會深植的黑暗勢力，並有意識地以此警惕自身。[56]張灝

53　張灝，〈我的學思歷程〉臺大演講網 2005/4/8。
54　張灝，〈幽暗意識與民主傳統〉，收於《幽暗意識與民主傳統》，（台北：聯經，1989），頁19-28。
55　張灝，〈超越意識與幽暗意識——儒家內聖外王思想之再認與反省〉，見《幽暗意識與民主傳統》，頁36。
56　張灝，〈超越意識與幽暗意識——儒家內聖外王思想之再認與反

先生宣稱，儒家的超越意識是人文精神的一種展現，但是這種人文
主義與現代的人文主義有著基本的不同。現代人文主義是排斥超越
意識的，而儒家人文思想系統，在運作上是先走內聖程序，而以外
王為目的，在這套人文思想系統中，它以具有神秘主義氣息的超越
意識為前提——「天人合一」。儒家的「天人合一」觀與基督教的
人的不可超越迥異，前者認為任何人若能發揮自己來自上天的善
性，都可以與超越的天形成內在的契合。[57]《中庸》開卷所說的：
「天命之謂性，率性之謂道，修道之謂教。」[58] 其中「天命之謂性」——
天命下貫謂之性，就是儒家超越意識的最佳註腳。

　　從這個角度，他發展出極具價值的洞見，即是在儒家思想系統
裡，沒有尼布爾危機神學中個體與集體對立的問題。在他看來，「內
聖」思想是具有超越意識的，個體可以透過儒家的「修身」功夫論
機制（例如「懲忿窒慾」），一步步消弭自身的私慾或在塵世裡積
累的罪惡，最終達成道德上的完人（聖人），而與超越的天結合起
來——內在超越。他指出，儒家相信人的本性來自天賦，因而在這
個基礎上，個性永遠得保存其獨立自主，而不為群性所淹沒。這種
綜合群性與個性的「人格主義」（personalism）系統，在功能性上
綜合了群與獨之間的緊張性，而又超乎其上，消弭了西方現代文化
中個人主義與集體主義的對立。[59] 張灝先生這裡所謂的人格主義思

（續）————————————

　　　省〉，見《幽暗意識與民主傳統》，頁56。

57　張灝，〈超越意識與幽暗意識——儒家內聖外王思想之再認與反
　　　省〉，見《幽暗意識與民主傳統》，頁36。

58　宋天正註釋，《中庸今註今釋》（台北：臺灣商務印書館，1977），
　　　頁2。

59　張灝，〈超越意識與幽暗意識——儒家內聖外王思想之再認與反
　　　省〉，見《幽暗意識與民主傳統》，（台北：聯經，1989），頁33-34。

想，主要是對西方啟蒙運動後某些「去人格主義」（impersonalism）思潮的反動，特別是針對理性主義、泛神論、黑格爾學派的絕對唯心論，政治中的個人主義與集體主義，以及唯物論的、心理學的與演化論的等各類決定論。[60]

四、小結

　　以上我對張灝先生影響深遠的幽暗意識理論做了簡略的考察，探索他透過何種資源，才得以走向這個龐大而深邃議題。我認為，他在這個思想體系的建構過程中，主要是受到中西兩方面的衝擊：共產中國思想的衝擊，與西方危機神學的衝擊。這兩種思想衝擊，都與他1959年出國後在哈佛學期的經驗有關。共產中國思想的衝擊是三種互相關聯的、有層次的衝擊，包括了中國民族主義的衝擊，馬克思主義的衝擊，以及中國文革衝擊。西方危機神學的衝擊方面，主要是他在1963年於哈佛學習時前往旁聽尼布爾的課程所獲得的啟示。張灝先生大約在1966年文革爆發之後，目睹了文革的氾濫的暴力主義，才重新回頭去仔細咀嚼尼布爾神學對他思想的開示，同時再次回歸到對自由民主的信念。

　　張灝先生強調，出自基督教教義的幽暗意識，對人生和宇宙中的陰暗力量雖然不認可，但也不逃避。幽暗意識強調社會公義（social justice）在公共生活中的必要，但是它對西方現代的功利主義和道德唯我論（ethical egoism），在價值觀上迥異其趣的。後者在價值

60　關於人格主義的定義與發展，可以參見 *Stanford Encyclopedia of Philosophy* 的 Personalism 條。https://plato.stanford.edu/entries/person alism/

上接受人的私慾和私利，並且以此為前提去思考個人與社會的問題。而幽暗意識則是批判這種世界觀，並尋求去防堵、疏導，與化彌。換言之，幽暗意識認識到陰暗力量與生俱來，但不能合理化它。在現實人生裡，要提防它，批判它，與反省它。[61]

　　當代新儒家曾經從「憂患意識」去思考民主這個問題。但是憂患意識在本質上不是一種宗教意識，而是人文意識。在宗教意識裡，人透過政治社會現實的反射，而暴露出自我的本質是由永無止境的慾望所構造的。這種明顯的缺陷性，以及與之相伴而來的脆弱性，適與無所不能但又慈愛的神，成強烈的對比。對照憂患意識，張灝先生的「幽暗意識」理論雖然納入了新儒家的憂患意識精神，但其精義主要是從西方的基督教傳統或者更精確地說，是從基督教危機神學中推衍出來的，並企圖跟中國傳統（尤其是宋明理學傳統）裡的苦行理論（asceticism）──即天理人欲二元論述，來相連接。就這點而言，張灝先生的幽暗意識其實是具有非常濃郁的基督宗教特徵，尤其是在基督教的原罪（sin）傳統裡面。

　　丘為君，東海大學歷史系兼任教授。主要研究中國近代思想史，史學方法與理論。著作有《啓蒙、理性與現代性：近代中國的啓蒙運動，1895-1925》（2018），《戴震學的形成：知識論述在近代中國的誕生》（2004）等。

---

61 張灝，〈幽暗意識與民主傳統〉，《幽暗意識與民主傳統》，頁3-5。

張灝先生研究「超越意識」的價值和意義*

蕭延中

　　首先感謝張灝先生的嫡傳弟子任鋒教授不棄，邀請我參加今天的張灝先生線上追思會。我想先用最簡短的方式談一談張灝先生對我個人學術研究過程的影響；然後主要從張灝先生一直追蹤研究「超越意識」的學術價值和現實意義方面，談談我的粗淺理解。

一

　　我認識張灝先生是先讀大作，後見其人。

　　1989年是「五四」運動70周年，那時正值中國思想解放的高潮期，人文學術界十分活躍。當時在北京師範大學讀博的高力兒兄和在中國人民大學讀博的吳景平兄，主持編輯出版了「五四與現代中國」叢書，我也有幸忝列編委之一。張灝先生的《危機中的中國知識分子：尋求秩序與意義》，是這套叢書中學術分量最重的作品，以至於自1980年代以降的30多年中，其學術影響力經久不衰。正是通過閱讀這部著作，使我第一次知曉了張灝這個名字。

---

　　*　本文是作者2022年4月27日在張灝先生線上追思會上的發言。

從1980年代走過來的學人都能體味到，那是一個激情盎然，學術進路面臨深化的轉折時刻。張灝先生，還有林毓生先生和余英時先生等海外大學者的著述，使我們這些當年的青年學子茅塞頓開。印象特別深刻的是，記得當年讀到《危機中的中國知識分子》一書〈導論〉中關於「東方符號系統」及其對「宇宙論王權」的論述時，整個腦子都始終處於熱乎乎的狀態，瞬間懂得了對那時天天叫喊的「封建專制主義」名號，除了秉持一種批判的態度以外，更要對其得以存活的前因後果進行學術方面的梳理和分析，這樣，就得具備足夠的資料積累和相當的理論準備。當時，還不懂得「問題意識」等等這樣的專業術語，但一種前所未有的意識衝擊似乎一下子滲透了靈魂，這種感覺可能就是後來人們所說的「學術啟蒙」吧。書中〈導論〉中的一段論述，我至今仍記憶猶新：

> 像其他高等傳統一樣，中國傳統構成了生活於其間的人們的意義世界。東方象徵主義的作用就是保持這個意義世界中的內聚力和秩序。這種作用體現為讓中國人得以形成某種思想框架和觀念，而用這種思想框架和觀念可以把自我、社會和宇宙視為一個富有意義的整體秩序。尤其是中國人依靠這些符號來鍛造作為一種宇宙認知圖式的世界觀。用這樣一種認知圖式，他們不僅能按時空來構思世界並找到自身在其間的位置，而且使人生有一種來龍去脈的意識。而且，這些符號充當了人類社會世界的意義基礎。因為正是在這些符號的結構，社會關係被定型化了，社會價值和規範賦予了更為任意和人為的意義。用這些各種方法，東方符號為中國人在思想

上建立起「普遍存在秩序」。[1]

　　說實話，在那個政治觀念和學術理念正在撥亂反正，迅速復蘇，但卻缺乏相應的思想資源的年代，諸如上述關於基於「宇宙認知圖式的世界觀」之崩塌而形成「普遍存在秩序」之「意義危機」的論述路徑，簡直可以說是醍醐灌頂，如觸電然。還有，〈導論〉中提及五四新文化運動中出現的諸子再現和佛學復興，以及後來才知道的當時把墨子比作基督的論述，都大大開拓了我們的研究視域和思想境界。有了這一〈導論〉的統領，再讀後面我們相對比較熟悉的康有為、譚嗣同、章炳麟、劉師培，就能感知到張灝先生的分析與其他先生的分析有什麼不同，獨特性在哪裡。

　　我真的見到張灝先生本人，則是在2006年底於上海召開的華東師範大學與哈佛大學費正清中國研究中心為紀念史華慈誕辰90周年而共同主辦的「史華慈與中國」國際學術研討會上。此前張灝先生的大作《幽暗意識與民主傳統》已於2006年初在中國大陸出版，學術反響強烈，所以在幾天的會議中，我一見他有空，就追著向他討教關於「幽暗意識」和當代中國思想史的問題，非常幸運，也非常受教。作為史華慈教授的嫡傳高足，張灝先生也對我所提交的論文〈史華慈比較文化視野下的盧梭、孟子與毛澤東〉給與了肯定，記得他詼諧地說：「文章寫得不錯嘛！有點班老師的味道了」。

1　張灝，《危機中的中國知識分子：尋求秩序與意義》，高力克、王躍譯，山西人民出版社，1988，頁10。

二

　　如果說，《危機中的中國知識分子》對我的影響更多的是知識性的，那麼，《幽暗意識與民主傳統》對我的影響則更多的是信念上的，其滲透力遠遠超出了純粹學術的範圍。雖然此前我已對猶太—基督教傳統的義理有了一定的理解，但當張灝先生直接把人之無可避免的局限性（雖然張灝先生從未直接使用過「原罪」這一說法）這一根本理念，與現代政治思想和政治制度聯繫在一起時，特別是他又在我個人比較熟悉的專業角度上對此進行深入解析，因而更使我體味深切，感同身受，深以為是。

　　對於「人性」（human nature），即「人是什麼」以及與此相聯的「人能做什麼和人做不到什麼」的認知和判斷，在思想史研究的角度上，屬於一個類似於形而上的預設性前提。換言之，有什麼樣的人性判斷，不管在研究者自身它是明言的（explication）還是不自知的（implication），都會在其論述邏輯，選擇資料，甚至基本結論等方面流露出蛛絲馬跡。僅從我個人的體會來說，在思想史研究方面，特別是政治思想史研究方面，評判思想家和各流派觀念之性質，甚至涉及思想史研究者自身，除了具體內容和論述理路的梳理以外，挖掘和透視其對人性的基礎預設，應當是非常關鍵的一個基點。

　　張灝先生能夠提出「幽暗意識」的研究概念，與其業師史華慈教授的思想風格和價值立場的影響直接相關。[2] 同時，張灝先

　　2　關於史華慈教授對人性的理解，參閱：林同奇〈他給我們留下了什麼——史華慈史學思想初探〉和〈人、自然、超越者：憶老友本·

生自己說，神學思想研究大家尼布爾和思想史研究大家沃格林對
他的影響也相當重要。[3] 這裡特別提出這一點，我的意思是想強
調說，在充分深入地理解和消化的前提下，在中國傳統思維方式
以外尋找分析理路的資源，是使張灝先生能夠另闢蹊徑地剖析中
國思想的關鍵環節。雖然有學人如新儒學大家徐復觀先生一樣，
對把西方神學理念引入研究中國傳統思想的路徑會有不同看
法，甚至嚴重質疑，但這些意見都限制在對中國傳統思想不同透
視理路的範圍之內，見仁見智。隨著智識的積累和認知的變遷，
爭論肯定還會繼續下去，但這種嚴肅甚至嚴厲的爭論，恰恰是張
灝先生學術建樹之不可替代性的最好證明。

　　按敘述邏輯，這裡我們應當交待張灝先生的「幽暗意識」與
新儒家之「憂患意識」最為要害的差別究竟在哪裡？我個人體
會，它們的本質的不同，恰恰就在於它們關於人性的基本預設。

　　在回答陳建華教授和崔衛平教授關於中國知識分子的「憂患
意識」傳統，與「幽暗意識」的關係時，張灝先生明確地回答：

(續)

　　史華慈──希·普特南教授訪談錄〉，載許紀霖、宋宏編，《史華
　　慈論中國》，新星出版社，2006，頁252-296、477-499。

3　關於參閱：崔衛平，〈最大的敵人是人自己──張灝訪談〉〈張灝：
　　民主要有幽暗意識〉，《南方人物週刊》（2011年4月22日）；陳
　　建華，〈張灝教授訪談錄〉，載張灝著，任鋒編校，《轉型時期與
　　幽暗意識：張灝自選集》，上海人民出版社，2018，頁373-374；
　　Reinhold Niebuhr, *The Nature and Destiny of Man*, Charles Scribner's
　　Sons, 1941、1943；尼布爾《人的本性與命運》，謝秉德譯，[香港]
　　基督教輔僑出版社，1959；尼布爾《人的本性與命運》（上下冊），
　　王作虹譯，貴州人民出版社，2006；*Moral Man and Immoral Society:*
　　A Study in Ethics and Politics. Charles Scribner's Sons, 1932；尼布爾
　　《道德的人與不道德的社會》，蔣慶等譯，貴州人民出版社，1998。

兩者有很大的區別。「憂患意識」主要是對待外界危機的，
本身蘊涵著一種完善的道德主體性，如孟子說的「大丈夫」，
即所謂「富貴不能淫，威武不能屈，貧賤不能移」，憑這種
理想人格，就能克服危機。當然，儒家也時刻警惕自己的缺
點或私欲，但認為是可以通過自我修養而達到完善的。所謂
「幽暗意識」首先在於正視人性中與生俱來的陰暗面以及來
自社會制度的黑暗勢力，而時時加以警戒，特別是要警戒的
是權力帶來的腐敗。[4]

「憂患意識」是感覺到周圍世界出了嚴重問題危機四伏，因
此產生一種憂懼與警覺感。因此，憂患意識認為，人世間的
陰暗主要來自外界，而人的內心卻是我們得救的資源。發揮
人的內在的「心力」，可以克服外在的困難，消弭憂患。幽
暗意識不一樣。它提醒我們要結合人性、人心內部的缺陷來
看待外部世界的問題，就著人性作一個徹底的反思。很多看
起來是外部的災難，正是人本身、人性中的缺陷、墮落所造
成。人可以提高自己的人格，但歸根結柢，那是有限的。與
之相反，人的墮落卻是無限的。對於人性中幽暗的這一方面，
必須要十分警覺。[5]

由此可見，張灝先生所講的「幽暗意識」，其所相對的不是
（或不僅是）一種道德意義上的「良知」，也不是（或不僅是）

4　陳建華，〈張灝教授訪談錄〉，載張灝著，任鋒編校，《轉型時期
　　與幽暗意識：張灝自選集》，上海人民出版社，2018，頁373-374。
5　崔衛平，〈人最大的敵人是人自己——張灝訪談〉，同上，頁360。

一種社會意義上的「責任」，而是一種涵蓋了、同時也超越了「人界」的實質性存在。關於這一層面的認知，在沒有西方傳統的漢語語境中的確容易造成理解和認知上的困惑和偏差。如王太慶先生在為《人道主義的僭妄》中譯本所做的「小序」中就曾指出，西語humanismus 是相對於theismus 而言的，是歐洲文藝復興時期所宣導的以「人」替代「神」而成為世界中心的思想主張。翻譯成中文時，由於「神的主義」（theismus）不成詞，而相應地，「人的主義」（humanismus）也不成詞，於是就在「神」和「人」中間加詞，在theismus 前加「有」，譯為「有神論」，在humanismus 中間加上中文原有的抽象詞「道」，於是就衍生出了「人道主義」。這樣，現代漢語中的「人道」就大致相當於「humanitas」，可以指世間人事的總稱。由於缺失或遮蔽了西語humanismus原來的語境，加之中國思想和語言中道德意識又特別發達，於是「人道主義」一方面被「袪神學化」，另一方面又被「賦倫理化」。其結果就把「人道主義」理解為「把人當人看」這樣一種過度賦與「倫理─感情」色彩的政治道德命題，以為「不人道」指的僅僅是抓住俘虜不給飯吃之類，「人道」則是指不打不罵不搜腰包還給治病之類，所謂「救死扶傷，實行人道主義」就是這種理解的經典類型。[6]

　　顯然，張灝先生所指的「幽暗意識」，不完全是、甚或完全不是「把人當人看」的倫理訴求。「所謂幽暗意識是發自對人性中與宇宙中與始俱來的種種黑暗勢力的正視和省悟：因為這些黑

6　王太慶1987年12月為《人道主義的僭妄》一書所做的「小序」。見：
　　David W. Ehrenfeld, *The Arrogance of Humanism.* Oxford University
　　Press, 1981；大衛‧埃倫菲爾德《人道主義的僭妄》，李雲龍譯，
　　國際文化出版公司，1988，頁1-3。

暗勢力根深蒂固，這個世界才有缺陷，才不能圓滿，而人的生命
才有種種的醜惡，種種的遺憾」。[7] 不難看出，這裡，「幽暗意
識」指的正是與神性相比較而言的人的罪性。關於「罪」之詞義，
希伯來文《聖經》原詞意是「射箭未中靶心」，也就是沒有達到
神的完美要求。用通俗的話說，任何人（包括古今中外、曾經與
當下的每一個人）都是不完美的，都留有不可克服的局限性。在
這個意義上，它是人的固有屬性之一。這樣，所謂人之「幽暗」，
以及對這種「幽暗」的明確意識，其前提就是承認人之不完美狀
態的存在。更有甚者，由於人是世間最聰明的物種，同時也是最
可惡的物種，沒有之一。張灝先生的業師史華慈教授就曾用「Man
in the worst god there is」（「人是所有神中最壞的神」）這句箴
言，表達過這樣的一種意思。[8] 至於究竟為什麼「最聰明的」同
時又會是「最可惡的」，以及二者之間的必然聯繫，這裡不能展
開。的確，張灝先生沒有直接使用神學意義上之「罪」（sin）的
概念，[9] 但就我的理解，他所明示和界定的「幽暗」概念，其實
正是在表達一種人之不完美狀態的必然局限。

　　基於上述的簡單交待，我認為，張灝先生提出「幽暗意識」

7　張灝，《幽暗意識與民主傳統》，新星出版社，2006，頁24。

8　據與史華慈相處40餘年，又同在一個哈佛猶太教聯合會（Harvard
　　Hillel）崇拜的老友、哈佛大學哲學教授普特南（Hilary Putnam）回
　　憶：「有一次他[史華慈]說自己不知道怎麼弄的腦子裡出現了一個
　　想法：『人是所有神中最壞的神』（Man in the worst god there is）」。
　　（林同奇，〈人、自然、超越者：憶老友本·史華慈——希·普特
　　南教授訪談錄〉，載許紀霖、宋宏編，《史華慈論中國》，新星出
　　版社，2006，頁491。）

9　關於這一議題系統論證的漢語文獻，可參閱：劉宗坤《原罪與正
　　義》，華東師範大學出版社，2006。

這一核心命題，對現代一般中國人來說，至少有兩個潛在的推論值得重視：其一、在這樣的意義上，使用具有強烈道德色彩的中文「善─惡」之人性二分概念，不足以體現張灝先生所要表達的「幽暗」語義；其二、特別應該強調的是，這種在「幽暗意識」脈絡下討論人性境況，其基本預設是人性自身與天俱來的不完美性和可墮失性，無法藉著增強自我約束和道德修煉，從根本上予以絕除。由是，制度之硬約束才具有了必要性和正當性的堅實基礎。

　　基於這樣一種對人性本質的信念，張灝先生的思想顯現出了一整套有別於其他分析人類思想的認知路徑（如新儒學等等），產生了一整套學術分析的理路。在我個人看來，這種直面幽暗意識的中國思想史研究，正是張灝先生最為關鍵和不可替代的中國思想史研究的學術貢獻之一。

三

　　緊跟著更為要害的問題是，這種根深蒂固，滲入骨髓的幽暗意識是從何而來的？人又為何必當如此（既是應然，也是實然）？這樣就牽出了張灝先生晚年關於軸心文明的研究。

　　一般認為，「軸心文明」之所以可稱之為「文明」，其核心的「突破」要素是人反思自我及其對自我處境的意識和能力。正如張灝先生曾引述史華慈的論斷說：「在最深刻的層面上，天之命令呈現給我們的是對於如下現象的清醒領悟：即應然的人類秩序與實然的人類秩序之間的差別。這裡，我們發現了宗教倫理式的超驗存在的明確證據──可以說它是所有高等文明軸心時代的

標誌,即對於先前的高等文明發展持有的批判精神」。[10]

　　這裡關鍵的問題是:軸心期各大文明體系幾乎同時「感知」到了一個與自身日常生活秩序迥異的那個「應然的秩序」。希臘蘇格拉底的「無知」,希伯來摩西的「上帝」,印度釋迦摩尼的「真如」,中國老、孔聖人的「道」和「天」等等,都已通過各種方式表達了存在著一個人間所無法企及,乃至無法理解,甚至無法言說的那個非人間的層面,如果硬要給這個層面起個名字,那就姑且叫做「超越」(transcendence)或者「奧秘」(profound mystery)。有了這個「大音希聲」和「大象無形」之絕對真理的存在,人(以及由其後裔所構成的「人間」)自身,除了光輝璀璨的一面以外,其無法擺脫之局限性(即「幽暗」)的另一面,才能被揭露出來。在「光明」(light)與「幽暗」(darkness)的強烈對比的反差中,「人」之種種根深蒂固的醜陋和罪性,就會顯現無遺。這樣,人才能懂得「敬畏」之必須,知曉「慎戒」之必要。否則,按照現代思潮之絕對理性主義的思路發展,「人」就成了可能僭越甚至替代超越(無論怎樣定義「超越」的詞義和意義)這一絕對「中心」,憑藉自己的願望、意志和能力去改造一切,甚至主宰宇宙。正因如此,我們才能理解,為什麼在各大文明體系中,「謙卑」和「誠實」都無一例外地成為一種衡量文明人的最低要求。顯然,在這裡「謙卑」(包括「克己」,即人的本能欲望)和「誠實」(不作偽,不欺騙),其內涵即包括了人世間的德性,但又還遠遠超出了世俗的範圍,而成為應然秩序的一條鐵律。這樣理解「超越意識」,我們再讀張灝先生對這一

10　參閱:史華慈,《古代中國的思想世界》,程鋼譯,江蘇人民出版社,2003,頁53-54。

概念的界定，就會感到十分的深刻、準確和親切：

> 所謂超越意識是指相信在這個經驗世界之外，還有一與此世界有著基本性格上不同的、真實的存在。因此，它是一個經驗世界所用的語言與意識很難狀述與表達的存在。
>
> 當現實世界的人想到這超越的真實，常有三種感覺：一種是「終極感」，也即超越被認為是經驗世界的萬事萬物的終極源頭；其次是「無限感」。經驗世界的萬事萬物都是具體有限的，而超越則是無限的；再其次是「神聖感」。當人們想到超越的時候，總是帶有崇高敬畏的感覺。[11]

　　關於史華慈先生和張灝先生的詳細論述，這裡無法展開，起碼我個人從中受到了莫大啟發，由此有時我甚至冒昧地推想，能否把有沒有「超越意識」，當作衡量某種思想體系和思想家深度的準則之一？因為對於「超越」的謙卑與誠實，標誌著某種穿透世俗迷霧與致命誘惑之種種幻象的洞見和能力。

四

　　自然而然，以這樣的視角去觀察20世紀之中國思想現象，張灝先生的名作〈扮演上帝：20世紀中國激進思想中人的神化〉就相當中肯和深刻地凸顯出了問題的結症之所在。他把當代中國種

11　張灝，〈重訪軸心時代的思想突破：從史華慈教授的超越觀念談起〉，載張灝著，任鋒編校，《轉型時期與幽暗意識：張灝自選集》，上海人民出版社，2018，頁31。

種不可思議的狂妄和愚昧之舉，稱之為「人極意識」，亦即喪失、
那怕是淡漠了「超越意識」之後，所必然釀成的人禍。我後來也
進一步認為，關於由誰來「扮演上帝」的問題，還不止於當權者、
聖人、精英等等層面，普通大眾其實也有一個期待「人間上帝」
之功利主義的安全感和幸福觀的需求。一方面，是大眾腦子裡期
待的是那個「應當所是的領袖」；另一方面，是領袖心目中幻想
的是那些「應當所是的人民」。姑且不談那些極端自私的個人野
心和無限膨脹的權力支配欲，僅就這兩種遮罩了超越意識限制的
應然幻象拼湊在一起，在一個實然的世俗世界中，其欲代言真理
而導致的偽先知幻覺，其因鑄造「新人」而實施的精神壟斷，其
為顛覆乾坤而引爆的巨大破壞力，等等，其影響範圍和滲透深
度，都不是一般的理性分析可以輕易穿透的，只能借助於超越意
識的維度才能予以澄清。我個人以為，這正是張灝先生晚年深入
討論「超越意識」這一「無用之用」的重大歷史、理論和現實的
意義之所在。

　　張灝先生仙逝，內心悲傷的情感是自然和當然的，但這也是
超越意識之無可迴避的規定之一。值得慶幸的是，有張灝先生的
深刻的著述在，它會啟迪和影響一代又一代的思想者和學術人。
誰也無法預判和想像他的這些珍貴思想將來會在中國大地上激
發出怎樣的豐碩結果。

　　蕭延中，華東師範大學政治學系退休教授，主要從事中國傳統政
治思維、毛澤東時代精神史等領域的研究。著有《巨人的誕生：「毛
澤東現象」的意識起源》、《中國文通志‧政治學志‧近代部分》
《中國思維的根系》等。

思想
評論

被風沙掩埋的《一秒鐘》：
時代症候與記憶寓言

李公明

一、聯想到《芳華》以及致敬的共同理由

　　幾年前我在關於電影《芳華》的評論文章中寫過：「群體性的歷史失憶，人為的代際隔膜，天鵝絨式的創作禁忌，使歷史無法成為走向未來的借鑒。因此，僅僅是為了那些被遮蔽的青春記憶和人性，那場被遺忘的戰爭與犧牲，我們就有理由向《芳華》致敬。」[1]近日在爾克的推薦下看了電影《一秒鐘》，[2]產生同樣的感受，只要把「戰爭」改為「年代」，我認為有同樣的理由向電影《一秒鐘》致敬。

　　之所以聯想到《芳華》，首先是因為它們有共同的特徵：內生於強烈的時代政治症候群之中。《芳華》表現的歷史背景是文革的第二階段（1972-1976年），《一秒鐘》的故事也發生在1975年，最

1　李公明〈從《芳華》進入歷史──時代政治症候群：美化時代還是反抗遺忘〉，《澎湃新聞》2018-01-02。
2　導演：張藝謀；編劇：張藝謀、鄒靜之；中國大陸上映日期：2020-11-27；英文片名：*One Second*；獲得第69屆柏林國際電影節金熊獎提名和第69屆聖塞巴斯蒂安國際電影節金貝殼獎提名。

後結尾跳到1977年，在相同的歷史語境中有相同的時代政治症候。只不過《芳華》的政治視角和事件場面要宏大得多，時代議題的碰撞也激烈、鮮明得多，而《一秒鐘》則是通過一場電影的放映故事講述一個卑微人物的命運與情感，是時代症候中極為微末的個體經驗。另外，在《芳華》所表現的時代症候中，側重表現的是在群體「變化」中的複雜性與異質性；而在《一秒鐘》裡則是聚焦於從時代症候中切割下來的剖面，揭示的是個體命運與情感的衝突悲劇。但是，由於這兩部都力求在重返真實歷史語境中講述各自的故事，在共同的時代政治症候之中必定有許多相類似的事件、行為、心態和話語方式。就像在共同的惡劣天氣之下，不同地方的人所受的影響總有很多相同之處。

據說這部電影的靈感來自嚴歌苓的小說《陸犯焉識》，書中有勞改犯陸焉識逃出農場去看女兒紀錄片的情節。這部小說我沒看過，但又是嚴歌苓——《芳華》也是根據她的小說改編的。其實應該說，把《一秒鐘》與《芳華》連結起來的首先是張藝謀、馮小剛和嚴歌苓共同擁有並且珍惜的來自那個年代的生存記憶與時代反思，以及張、馮在電影虛構之中重返歷史真實語境的共同追求和成功的努力。從這個角度來看，這兩部電影被有些評論稱作「年代片」不無道理，它們的確都力求真實地表現那個特殊的年代。

更為重要的是，從《芳華》到《一秒鐘》，給觀眾提出的最關鍵的問題是共通的——關於這個問題是什麼以及什麼是它的最好表述，我認為索爾仁尼琴的這段話應該是很有啟發性的：「在我們國家經受的殘酷的、昏暗年代裡的歷史材料、歷史題材、生命圖景和人物將留在我的同胞們的意識和記憶中。這是我們祖國痛苦的經

驗，它還將幫助我們，警告並防止我們遭受毀滅性的破裂。」[3]那麼，我們面對《芳華》和《一秒鐘》要思考的共同問題就是：那些歷史材料、歷史題材、生命圖景和人物等痛苦經驗是否還能保存在當下的時代意識和文化記憶之中，成為抵禦歷史倒退、命運災難的精神力量？ 在當下的電影生產語境中能夠甚至只是嘗試提出這樣的問題，難道還不是值得致敬的理由嗎？

值得一提的是，在兩部電影中都出現了《英雄兒女》的鏡頭和歌曲，這不僅僅是因為電影《英雄兒女》正好是在上世紀70年代中期流行的，而且更重要的是它的確是有關那個年代的審美記憶中最有感情力量的亮點。我承認甚至到了今天，有時仍然會被它的旋律所打動，我想原因很簡單，在人類音樂中總有一些審美要素會掙脫政治的壓抑而具有真實美感，更何況那是在我們的青春歲月中不斷迴響在耳邊的旋律。在今天的歷史反思中，不應該把這些稀有的審美亮點極端固化地與那個年代的政治暴力捆綁在一起。

還有一個令人感到遺憾的理由把這兩部電影連結起來，那就是對於有些觀眾（包括上了年紀的和年輕的）來說，在談論這兩部電影的時候往往也會表現出相同粗糙乃至粗暴的有關時代背景的「再敘述」。假如是從籠統、膚淺的「時代」認知出發去評價這兩部影片的話，無論是持肯定還是否定的態度，都同樣會顯得似是而非。

二、作為時代症候與記憶寓言的「一秒鐘」

影片《一秒鐘》講述了從勞改農場逃出來的張九聲（這個名字

3　索爾仁尼琴在2007年接受俄羅斯國家榮譽獎的獲獎感言，轉引自 new.qq.com/rain/a/20201220。

在影片中並沒有出現）為了在《新聞簡報》的電影鏡頭中看到女兒而展開的一段發生在兩天裡的故事，圍繞著電影膠片、放映與揭發逃犯的情節，把觀眾帶回到那個特殊年代的生活氛圍之中。

整部影片的情節所圍繞的核心焦點就是第22號《新聞簡報》中的那一秒鐘鏡頭，我們就把《新聞簡報》這個鏡頭作為重返影片中的那個年代的路徑吧。

《新聞簡報》指的是在電影正片放映前的新聞短片集，作為一種新聞傳播媒介在20世紀上半葉流行於西方各國，在電視開始普及後逐漸消失。在中國，各種專題的新聞紀錄片與《新聞簡報》直到90年代初都在放映，是新聞傳播的重要組成部分。在那個年代，新聞紀錄片與《新聞簡報》是官方新聞和政治意識形態最權威的視聽結合傳播媒介。雖然其時效性與覆蓋面無法與無線電臺廣播的「紅色電波傳喜訊」相比，但是時效性的損失以宣傳與娛樂的結合、影像與音樂的視聽效果的結合以及觀看的集體儀式感獲得彌補，從而把意識形態的新聞宣傳與娛樂生活捆綁在一起。在那個年代看過電影的人大概都會記得，《新聞簡報》肯定是在正片之前播放的，就像今天在正片之前先是廣告片一樣。影片《一秒鐘》為了情節的需要，以《新聞簡報》的膠片還在修復作為向在場觀眾交待的理由，先播放了正片《英雄兒女》。

影片中的逃犯就是為了在第22號《新聞簡報》中看到女兒的鏡頭而從勞改農場逃出來。這故事發生在1975年，地點是內蒙古自治區某地農場。前者是「兩年後」那個高考招生的鏡頭告訴我們的，後者來自那只寫著「內蒙古自治區電影放映公司」的膠片鐵盒子。在影片中得知「新聞簡報」第22號的長度是275米。現從網上可以查到中央新聞紀錄電影製片廠攝製的《新聞簡報》1975年第22號的四條短片分別是「群策群力鬧革新」（遼寧）、「廠小貢獻大」（上

海）、「多為社員造鐵牛（廣西）」和「高原盛開大慶花」（西藏），並沒有影片中所播放的、也就是逃犯張九聲要反復看的第一條「全心全意為人民」（河北）。在影片中的《新聞簡報》也有「群策群力鬧革新」（遼寧），但尚未查到「全心全意為人民」（河北）是否在該年或其他年份的其他「新聞簡報」中。從影片中的歷史真實（中央新聞紀錄電影製片廠「新聞簡報」，1975年，第22號）來看，「全心全意為人民」（河北）應是因情節需要而在其中虛構的內容。作為故事片電影的真實性與虛構性問題，這個真實與虛構混合的細節或許還可以討論，但是從歷史真實性的宏觀視角來看，這條新聞內容、敘事手法等方面並沒有違背歷史語境的真實性。

　　當年的《新聞簡報》除了宣傳黨和國家領導人的重要活動、全國各條戰線的大好形勢，還有一個重要內容就是報導各地方出現的好人好事，作為學習先進人物的宣傳手段。影片中的《新聞簡報》「全心全意為人民」（河北）這則新聞講的是河北某市東風路糧店向第19糧店學習，全心全意為人民，帶動了前來「學工鍛煉」的學生也掀起了「人人爭先進，個個當標兵」的熱潮。畫面上一個女學生爭先和大人一樣扛起糧食，她就是張的女兒。放第一遍的時候他沒有認出來是他女兒，因為他被勞改的時候她才8歲，拍進電影鏡頭的時候已經是14歲。放第二遍，張看完之後淚流滿臉，他終於把她認出來了。有關他女兒的全部鏡頭就是一秒鐘，她是作為爭當先進的熱潮中的群眾形象而進入鏡頭，進入了被記錄的歷史。但是現在這個被刪減的版本沒有交待的情節是，她女兒就在這次爭當先進的勞動中因發生意外車禍死去，也就是在進入鏡頭之後就離開了這個世界。這也是為什麼當劉閨女在與張九聲的爭執中說了一句「大米怎麼沒把你女兒壓死？」的氣話，張就氣得一腳把她踢翻在地。「新聞簡報」與年輕生命的悲劇性關聯是影片全部故事的起因，作為父

親的他必須看到被迫分離6年之後女兒留在這個世界上的最後形象。被刪去之後在情節上就失去了一種觀眾容易看明白的邏輯關係：張九聲為什麼要從勞改農場逃跑、為什麼要不顧一切地奪回和放映第22號新聞簡報。

很顯然，影片中的「一秒鐘」帶有十分鮮明的時代症候。在前述有關《新聞簡報》的歷史語境就可以知道，《新聞簡報》宣傳好人好事其實就是單位宣傳壁報的最高級別版本，是意識形態宣傳下的倫理學與傳播學的形象結合。其實，第22號「新聞簡報」在影片中的第一出場是在范電影與張九聲、劉閨女在小飯店裡相遇的情節中，當張九聲說女兒出現在《新聞簡報》中的時候，范電影馬上就說《新聞簡報》是傳達上級指示和宣傳大好形勢的，是要組織大家學習的，難道也要向你女兒學習嗎？其實當年即便是一般觀眾也都知道有太多的普通群眾會出現在《新聞簡報》的鏡頭中，但是《新聞簡報》這塊近乎神聖的招牌使普通人的進入成為一種特殊的光榮與幸運。這是一個值得研究的時代症候議題：《新聞簡報》與普通人是什麼關係？倫理與傳播的結合曾經如何改變了個體的命運？

在第22號《新聞簡報》那一秒鐘的畫面上，一個小女生和大人一起扛著沉重的一麻袋糧食，笑容滿臉地走向鏡頭。這是那個年代最常見的宣傳形象敘事手法，但是在被挑選的形象背後的真實個體卻有著不同的境遇與命運。在看著這個鏡頭的時候，張九聲與范電影的一句對話揭示了在「爭先進、當標兵」的時代症候中的個體經驗的真實性與殘酷性。做父親的看到女兒扛著沉重的麻袋就說「14歲，跟人家大人爭什麼呢」；范電影馬上說：只有爭才能有好表現，才能消除你對她的影響。這是那個年代非常重要的一條政治正確倫理，對於家庭出身不好的，或者家屬中有犯了錯誤、被判了刑或被鎮壓的，一是要「徹底劃清界線」，二是要努力表現、爭當先進模

範，才能把受到的歧視減少到最低程度。這是在「一秒鐘」的光榮
鏡頭中包含的時代症候與個體命運的複雜性。

在這《新聞簡報》中那「一秒鐘」的畫外音當然是那個年代最
流行的官方語言，在那個年代的日常生活中，這種話語從詞語到音
調都是普通人極為熟悉的。但是對於此時此刻已經把全部精神與情
感寄託在這「一秒鐘」的張九聲來說，這種話語聲音在他內心是如
何與他對女兒的思念、哀痛等情感產生衝突的，恐怕是今天的觀眾
難以想像的，也是值得思考的問題。人們在日常生活中熟視無睹的
政治話語，在特定情境中由於與個人體驗的衝突產生了陌生感與背
離感，這也從一個側面揭示了那個年代中的視聽暴力下的集體性與
個體性的差異。

在這樣的時代症候中，這一特定的「一秒鐘」新聞鏡頭必然產
生了它的記憶寓意：個人的命運也像那一秒鐘的鏡頭，被挑選的幸
運的結局卻是死亡，如果不是為了這一秒鐘，女兒可能不會遭遇死
亡。當死亡發生之後，力圖進入記憶的生命只有這官方的一秒鐘，
但最後還是徹底湮滅在沙漠與風中。生命中的一秒鐘與記憶中的一
秒鐘，時代暴力之下的個人命運即便在最好的機遇（被選上「新聞
簡報」）中也只是生命的悲劇和記憶的悲劇。

這「一秒鐘」對於張九聲來說，是有關女兒的最重要的記憶；
對於今天的觀眾來說，無論是否經歷過那個年代，這「一秒鐘」則
是不應被抹殺的民族記憶的象徵。「一秒鐘」在那個漫長的年代中
連一個瞬間也說不上，但是在那位失去女兒的父親心目中卻是最綿
長、最有分量的時間概念。這種反差不僅僅對於影片中的父親有真
實意義，它同樣也是那個年代最有象徵性的時間概念——對於每個
個體來說，在動盪、荒誕與暴力碾壓下的歲月，最微不足道的時間
刻度都有可能是最為刻骨銘心的，而且必定要遭遇被歲月的風沙徹

底淹埋的命運。

　　從影片的情節來說，故事實際發生的時間就是兩天，對於一部被稱作「年代戲」的影片來說，需要在簡短的故事情節、相當有限的場景運用以及人物表演等方面都有更大的張力。但這恰好正是挖掘和表達「一秒鐘」的歷史記憶這個核心主題最恰當的講述方式：它需要的是在瞬間的、微觀的、個體的經驗中揭示那個年代的時代症候，需要的是濃縮的、精煉的視覺與聽覺藝術中直抵歷史深處的靈魂。

　　這部影片的「一秒鐘」的深刻涵義也可以在薩義德關於記憶與遺忘的論述中得到闡釋。他在把歷史與現實緊密聯繫起來作為政治判斷的基礎上，以文化作為「記憶」抵抗「遺忘」的武器，他對拯救歷史記憶的堅執達到了這種地步：關於巴勒斯坦人的「喪失與剝奪的歷史」，他說「這是一段必須解救出來的歷史——一分鐘一分鐘、一個字一個字、一英寸一英寸地解救」。[4]這部電影的關鍵字和核心情節簡直就像是對這段話的詮釋：對一秒鐘的兩格膠片所代表的刻骨銘心的對歷史記憶的爭奪、解救和保存。這「一秒鐘」或許就是電影史上最短的、同時有著最豐富涵義的記憶鏡頭，它極為巧妙、同時也極為真實地把電影膠片中的「一秒鐘」提升為足以代表「歷史記憶」的「瞬間即永恆」。

　　在該影片的第一個版本（柏林的退賽版）中，除了講述張的女兒死於那次爭先進的勞動之外，影片的結尾是沒有「兩年後」的，最後的情景就是在風沙中的押送父親與被淹埋的兩格電影膠片。據稱該影片歷經兩年多的波折才終於「驚險上映」，柏林版與國內公

4　薩義德，《文化與抵抗》，梁永安譯，上海譯文出版社，2009年5月，頁1。

映版的總時長只是相差一分鐘，因為在刪減之後的國內版增加了「兩年後」的內容。對這個國內公映版，有評論認為缺了前面的情節使人難以理解一個逃犯對第22號《新聞簡報》的瘋狂執著，而增加的「兩年後」則成了一個光明的尾巴。但是在我看來，前面的懸念反而使情節邏輯增加了一種張力，增加上去的「兩年後」則更凸顯了對歷史記憶的追尋所遭受的失敗。「兩年後」的第一個鏡頭就是熙熙攘攘的勞改農場空地上，張一身新棉襖在辦理離場手續，管理人員對他說「落實政策」了。然後又是在風沙沙漠中的行走，接著就是一分場禮堂上的大幅橫額「搞好大學招生是全國人民的希望」。平反之後的父親仍然要回到風沙之中追尋那「一秒鐘」的鏡頭，明確暗示了女兒顯然早已不在人世；追尋的結局則使對個體歷史的追憶成為一個寓言：在那個流行「忘記過去就意味著背叛」的革命導師名言的年代，歷史記憶反而是最不可能的。補拍的結尾情節或許還有更深的一層涵義是，「平反」之後的追尋反而徹底粉碎了自以為保存有「一秒鐘」鏡頭的想像，個體記憶被無情掩埋在歷史的風沙之中。

由此進而想到刪減與補拍在生產這個記憶寓言的過程中所增添的寓言：就這種電影生產語境而言，最具有典型性的特徵是，審評、刪減和補拍是完整意義上的電影創作不可缺少的環節，那些完全順利通過審評的影片實際上也只是自我完成了這個環節。在這個意義上，《一秒鐘》這個關於歷史記憶的寓言最後反倒是由於「平反」之後拯救記憶的失敗，而得到更完整和更深刻的表述。最後這個增補情節的設計似乎陷入了關於記憶的新時代症候的悖論之中：抹殺記憶反而使對記憶的追尋更加刻骨銘心，記憶禁忌反而成了挖掘記憶最鮮明無誤的路標。聯繫到這部影片的拍攝與最後終於「驚險上映」的時間，更使人感到這一記憶寓言所具有的令人恐懼的現實感。

審查使電影只能以抹掉記憶痕跡的鏡頭（風沙中對膠片的掩埋）召喚記憶，正如影片中那張本來用來小心翼翼地包著電影膠片的小塊報紙，永遠提示著承載歷史與記憶的膠片早已遺落在沙海之中。

三、時代症候中的人與電影

影片中的張九聲、劉閨女和范電影這三個主要人物，有各自完全不同的經歷、處境和利益訴求，但是在影片所設置的故事邏輯（對電影膠片的爭奪與放映）中被緊密連結在一起，實質上這也是在那個年代中人與人關係的真實反映：在利益衝突中彼此傷害，但是在共同面對的惡劣環境中有時又互相取暖。這個故事的直接背景是那個年代的集體性精神貧瘠與政治文化的暴力，是那個荒蕪年代中的個體命運的傷痛與無奈，置身於其中的人物故事無疑是時代症候最真實的反映。

逃犯張九聲是影片的核心人物，整個故事因他而展開。但是「張九聲」這個名字始終沒有在影片中出現，在片尾的「演員表」中張譯扮演的是「逃犯」，連名字都沒有。我是在「豆瓣」上看到「張譯飾張九聲」的，在一些影評中也都這樣叫他。影片中這位「逃犯」的無名也不無寓意，小人物的個體性在時代症候中無疑是被儘量抹平的。劉閨女、劉弟弟、范電影這樣名字顯然也都表現出類似的症候。張九聲在影片中的分量最重要，但是他說的話並不多。他在進勞改農場之前的身分沒有正面交待，我們只是從洗膠片過程中他對范電影說做過沖洗和放大以及范對他的操作手勢感到放心這一情節中，可以認為他曾經是技術部門的專業人員，最後在勞改農場獲平反的情節也有助說明他的身分。逃犯張九聲在影片中要做的只是一件事，就是要在第22號《新聞簡報》中看到女兒的鏡頭，寄託對女

兒的思念。他趕到一分場的時候電影已經散場，因此他要趕去二分場看第二次的放映，由此展開的故事以及與其他人物的關係都比較簡單，他對女兒的感情通過對「一秒鐘」鏡頭的無比堅韌的執著而構成整部影片的情感底色與高潮，而且還建構了他與劉閨女在衝突中發展起來的關係，最後成為與紀念女兒緊密相連的情感。

　　劉閨女的角色無疑是故事情節的推手，一出場的偷膠片就把觀眾視線聚焦在電影膠片上，直到最後被埋在風沙中的兩格膠片，她始終是電影膠片這條情節主線的推動者。但是在情節推手之外，她的另一面是影片的真正內涵——那個年代中的家庭命運與人際情感——的重要承載者，她與張九聲的關係變化給觀眾帶來的情感慰藉難以言傳，但是十分感人。劉閨女和張九聲在禮堂圍毆之後被捆綁在一起，背對背地扭著頭看著銀幕上的王芳喊出一聲「爸爸」，兩人的神情之哀痛令人難忘。但是就我個人在觀看中的體驗來說，劉閨女最後目送張九聲被押送遠去的那種神情才是淚點幾乎失守的瞬間，那種感覺就像是嚴寒沙漠中的最後一點溫暖。細心想想，這一點的溫暖感應該來自於這兩個在命運交叉點上以爭奪、搏鬥而相識的人，終於在最後的瞬間相互讀懂了，這是比在黑暗中被捆綁在一起的時候那種隨著銀幕上的一聲「爸爸」而觸發的人間父女情更為堅實的、無礙的交流。當她以高舉的燈罩在艱難跋涉中向他致意的時候，他感到的是寬慰；當他因為那一秒鐘的兩格電影膠片被丟棄在風沙中而爆發出吼叫掙扎的時候，她讀懂了他的吼叫與動作，因而追過去撿起那張紙。她以為這張紙就是他要的，而他看到她高揚這一張紙就以為她撿到了膠片，但是這種令人揪心的錯位，反而使兩人的交流提升到心靈相通的高度。

　　在劉閨女這個角色的身上，更值得思考的是折射出時代政治症候中的一些重要特徵，它們是在《新聞簡報》的「一秒鐘」之外同

樣值得保存和反思的時代記憶。影片中的故事發生在一個物質生活
貧瘠的年代。沒有刻意的情景描述，只是幾句關於家庭矛盾的對話
中就把生活貧瘠的程度揭示出來。影片前面一段，張、劉二人在戈
壁灘上路遇司機那一幕就告訴你，那個年代的物質生活不是一般的
貧瘠，而是普遍性的饑餓。劉閨女跟司機編造的故事內容是真的，
她父親在外面有了相好之後把全家本來就不夠吃的糧食拿給了小
三，家裡就「活不下去」了。司機聽了之後說「叔叔家裡的情況一
模一樣」，他說的當然不是他父親在外面也有一個相好，而是指家
裡糧食不夠吃，活不下去了。因此他才會狠狠地斥罵張九聲「喪盡
天良，豬狗不如」。細細想來，這連帶該罵的還不定是誰。在小飯
店裡，一聲「出事了」的吆喝把眾人引出飯店，劉閨女趁機趕緊把
桌上的麵條倒進飯盒裡；回到家裡給弟弟吃的時候，弟弟懂事地說
要姐姐也吃。這些情節和表情鏡頭很微觀地把饑餓年代的常態真實
地揭示出來。

　　另外，用電影膠片做的燈罩是影片中劉閨女偷、搶電影膠捲的
動機，也折射出物質貧困年代的另一種追求，其要義是自己動手、
廢物利用、實用與審美結合等等。在我的記憶中，在那個年代的日
常生活中類似的微觀物質文化現象還有一些，比如在脖子上套一個
襯衣領子、用彩色塑膠帶把自行車的三角鐵通纏起來、要結婚的年
輕人自己動手打傢俱等等。在劉閨女這裡還多了一層倫理與反倫理
的具體動因：弟弟燒毀了別人借給他的膠片燈罩，被追賠償，劉閨
女面對根本無法賠償而弟弟因害怕被打而不敢上學的困境，只能鋌
而走險，去偷、去搶。

　　那個年代的時代政治症候中的暴力文化在影片中也有很鮮明的
表現。劉閨女的男性化外表和粗野、暴力的動作不能簡單看作是被
那個風沙荒漠的自然環境所磨礪的性格，實際上更多是在那個充滿

暴力文化的年代中一個弱女子為求生存而被改造出來的。在影片開頭她與張九聲多次為爭奪膠片而糾纏搏鬥，在黑暗中、在荒漠上宣洩的兇猛，實際上是對時代的暴力症候的個體反抗。其中一個情節是劉閨女請一個男孩幫她圍堵張九聲，要搶回電影膠片，這時劉閨女掏出的是一把閃著寒光的小彈簧刀。這個瞬間令我想起的是上初中一年紀的時候（1971年）所見過的個別在褲兜裡有小刀的高中女生——那時的小刀都會用一條鏈子鉤在皮帶上，從外面就能看出來。後來劉閨女的小刀被張九聲奪走了，她走在路上撿起一塊戈壁灘上的獸骨，趁張不備狠狠砸在他的後腦勺上，也能把他暫時砸暈。應該注意的是，在那個年代中的「群眾專政」裝備簡陋，沒有職業服裝，除了紅袖章就是棍棒，後者是最基本的打架傢伙。那個幫助劉閨女的男孩扛的就是一根棍棒。有意思的是，小刀永遠首先出自反派人物之手，無論如何不屬於革命群眾專政隊伍。

張九聲在逃離了追捕之後毅然重返禮堂救助劉女的情節是很感人的。本來這時候他歷經艱辛終於達成了願望，完全可以隱身在黑暗中離去，但是令他不忍心的是劉閨女為他而挨打，而且他的現實經驗更有可能讓他擔心當那夥人發現打錯人之後會怎麼折磨她，強迫她講出她不可能知道的他的行蹤。這是那個年代的黑色暴力症候在現實中最真實的情景，在「群眾專政」的口號下對無辜者施暴同樣可以獲得合法性。因此他返回禮堂的暴力現場，以一句在影片中少有的豪言「衝我來！」就投身到被圍毆的處境之中，這是良知與正義在黑色暴力時代中稀有的閃光。

從劉閨女被一群少年圍毆，到保衛處的人大打出手，都是在日常生活中由不同層面的威權所豢養的「平庸的惡」的常規敘事。還應該注意的是影片中那些毆打的鏡頭，無論是少年團夥還是保衛科人員都是一哄而上，都是拳腳棍棒齊下，從氛圍與動作看都是兇猛

的暴力敘事。但是對於被圍毆的張九聲和劉閏女都沒有強調身體的
慘狀，顯得似乎都扛得住打，因而突出的是一種精神上的抗爭力量。
應該說，在這裡呈現的暴力敘事更多是一種時代政治症候的象徵，
集體性的盲從與兇猛是其基本特徵。在這樣的關於時代症候的象徵
式敘事中，任何暴力反抗的快意和對肉體慘痛的渲染反而容易是錯
位的，都會遮蔽了那個年代中的政治暴力敘事的普遍性與常態化的
本質。

這種政治暴力的常態化在影片的對話中也能折射出來。最典型
的就是對陌生人的懷疑、不信任，在一句「壞分子，搞破壞」中就
充分表現出來。這六個字是最通俗的身分政治與行為政治中的負面
象徵，是那個年代鋪天蓋地的「階級鬥爭」教育、宣傳中最濃縮的
話語，因而是婦孺都能明白、都知道該怎麼面對的正義教條。當劉
閏女衝著張九聲說「壞分子，搞破壞」的時候，是一種在利益衝突
中的攻擊武器；當弟弟面對氣急敗壞衝進家裡找那盒《新聞簡報》
的張九聲的時候，他嘴裡說出這句話則是為了自我保護。

范電影是遠比張、劉二人複雜得多的角色。他的故事雖然不是
影片的核心，但卻是故事進展的重要推手、大部分場面情景的調動
者；更重要的是在他身上折射出更多、更值得研究的時代症候中的
政治文化、社會關係和心理意識。同時他也是這部影片中的「電影
文化奇觀」的締造者，從「電影放映」的角度揭示了那個年代的精
神文化症候。

關於農村的電影放映隊，也是我的知青歲月記憶的一部分，但
是我插隊落戶的小山村連電都沒有，要用手扶拖拉機帶動小發電機
來供電，因此看電影的時候伴隨著柴油機聲。記憶中放映隊一年才
來兩、三次，而影片中是兩個月就有一次。影片相當細心地交待了
農村放映隊的真實的歷史背景：在二分場禮堂外面的壁報欄上貼著

放映《英雄兒女》的通知，旁邊是一張被遮住一半的宣傳文章，題目是「大力普及革命樣板戲電影」，是出自「新華社武漢電影」；內容說黃陂縣22個公社都成立了電影放映隊，有500多個電影放映點，還提到了放映員的思想認識和關於「陣地」的責任。就連環境場景的設計也是很用心的，是歷史語境的真實再現。例如發生放映故事的禮堂門口掛的牌子是「毛澤東思想宣傳站」，非常典型的文革概念（在兩年後黏貼著大學招生標語的這個禮堂外立面上方寫著的是「影劇院」三個字）。這才是「范電影」出場的真正歷史背景。

嚴格說來，范電影的第一次出場是由負責送電影膠片盒的楊河帶出來的。楊河在一分場電影散場後出來把膠片盒裝在摩托車的袋子裡，說姓范的緊盯著他，因此不敢在晚上送影片去，怕出事。接著在小飯店裡的對話透露了分場的楊場長就是他哥哥，極為精簡的兩、三句看似不著邊際的對話，已經把楊河與范電影之間嚴酷的競爭關係作好了鋪墊。在二分場這邊，當范電影從禮堂的門裡出來，馬上就受到急切盼望看電影的群眾的歡呼，甚至有人遞煙，有老大娘塞花生到他口袋裡，他則是一臉「呵呵」的愉悅。這是他的群眾基礎，是這個「陣地」給他帶來的光環。他一走進小飯店，一個正在吃的中年人馬上起身，「您坐，我到那邊去」，范大大咧咧地就坐下來。他因為取回一盒電影膠片而要掌櫃的加兩碗面皮，特意喊說是請客，掌櫃上來麵條時討好地對他說加了一勺油辣子，並且要他留個好位置，范回答「好說」。然後他對張、劉二人說他是深受革命群眾歡迎的「范電影」，因為他從未出過事故，而這裡的人盼星星、盼月亮，兩個月才盼到看一次電影。

范電影就是靠技術吃飯的，他的第一次專業形象在小飯店裡就已經表現出來，當他拿到那盒電影膠片之後，小心翼翼地打開盒子、掏出手絹來取出膠片查看的動作。但是他絕不是只懂技術、不關心

政治的「白專」。在處理他兒子趕大車時發生的膠片事件中，范電影表現出驚人的政治處置能力。先是以一句「大家想不想看電影」就把全部革命群眾緊緊地團結在自己身邊，然後連下三道金牌：一是推卸兒子的責任，把全部責任都推到楊河身上，這是他最重要的利益訴求，不能因為這次事故就失去放映員這份工作；二是消息封鎖，讓在場所有人不得走漏風聲。別說當時沒有微信視頻，就憑大家對看電影的那種絕對忠誠就是可靠的保證；第三才是從張九聲說還能救的一句話中受到提醒，立即精準地佈置人力、物力清洗膠片。這種站位、把控、落實，這種話語、邏輯、情理，那真是不應該僅僅發生在一個農村放映員的身上。比如范電影在佈置完任務之後對大夥說，楊河的問題由組織解決，膠片的問題我來解決，「由組織解決」真是一個非常典型的政治話語。「由組織來解決……問題」是那個時代症候中最正確的問題論與解決論，甚至在今天許多人對於類似「組織上幫他解決了婚姻問題」這樣的陳述也沒有違和感。那個年代中的「組織上」成了一個無處不在的正義與權力的化身，但是在那個年代的無數個體命運悲劇中，這三個字卻往往是製造災難的化身。

接下來就是通過熱烈的場面表達了膠片沖洗過程中的儀式感、技術的神聖感。一團亂麻似的膠捲放在用老百姓家裡的幾張大床單做成的擔架上，被眾人前呼後湧地抬進禮堂的舞臺上，接著是一面空白大銀幕拉了起來，爆發一陣歡呼和鼓掌，亂膠片由此進入了一個半封閉的工作空間。在小飯店前，搭起了七、八個火爐，架起了燒蒸餾水的大鍋，一時間火光熊熊。蒸餾水出來後用各家的大臉盆裝著，眾人排著隊端進禮堂，全場則是夾道歡呼，這時的背景音樂是「石油工人之歌」，豪邁而浪漫。

洗、擦、搧膠片的過程是關於電影膠片的本體論高潮，在范電

影來說是技術絕活與權力訴求的完美結合。在向大家講述擦片子的技術難度的時候，他特意強調了技術之外的權力與保住自己的位置的關係：那個楊河只是養豬的，竟然想通過哥哥是場長的關係來「惦記」我的這個位置，決不能讓他得逞！大家連聲說「對！」。另外，在范電影的技術至上的專業要求中，還能夠把正確的政治話語結合進來。例如他對一個大媽用手觸碰了膠片的批評：《新聞簡報》上面都是各行各業的先進人物，不能沾上你骯髒的手印。一句話就把技術活中的政治要掛帥的道理講清楚了。對眾人來說，這既是關於電影的知識啟蒙、技術實踐，同時也是一次帶有自豪感和娛樂感的參與行為。每一個步驟的完成都會引來一陣由衷的歡呼與掌聲。最後當范電影向全場宣佈「電影可以放映了」的時候，歡呼與掌聲達到高潮，范走下舞臺的時候受到英雄般的夾道歡呼的禮遇。

在把被大車拖拉成一團亂麻的電影膠片重新救活的過程中，范電影成了說一不二的范指揮，沒有受到任何來自其他方面的權力干預。對於范電影在影片中指揮一切的權力，我們容易把它看作是觀眾對看電影的熱切期待壓倒了一切，為了看電影就一切聽他的。但是再想想，在那個年代裡真的有過這種單憑底層群眾的期待就能辦成一切事情的奇蹟嗎？組織哪裡去了？領導在哪裡？雖然這是一個特殊的年代、群眾專政的年代，但是僅僅一個電影放映員就能把權力與技術結合得如此緊密和強大嗎？在這裡可不能想到詹姆士·斯科特（James C. Scott）的「逃避統治的藝術」（"the art of not being governed"），這裡不是東南亞高地，與無政府主義也扯不上任何關係。實際上在70年代起初幾年的語境中，「批判無政府主義」才是我們熟習的政治話語。實際上，影片中呈現的是一個合乎現實生活邏輯的權力真空瞬間。兩個月一次的放映是常態化的，看電影的行為是非組織性的，時間則是休閒時段，管理權力的確只能下放到與

這場電影相關的兩個點上面，一個是放映員，另一個是在場內維持秩序的戴著紅袖章的保衛科。面對突發的膠片事件，范電影行使指揮大權是合乎邏輯的，問題是這個邏輯要成為現實，還需要在影片中徹底撇除生活中的可能性——家家動員、人人出力是很大的動靜，這二分場的幹部們能不知道嗎？在知道了之後會對這樣熱火朝天的群眾性場面視而不見嗎？他們難道不怕萬一出了什麼事自己要擔責嗎？因此，影片中范指揮的權力或許更應該看作是一種以技術權力抵禦政治權力的寓言，是對一個合乎邏輯的權力真空瞬間的合理想像。

范電影是那個時代中相當典型的小人物，在極力以專業技術謀生的過程中既有順應權力甚至會為了保住飯碗而告發別人的一面，同時也保存一點善良的情感，表現出人性的複雜。在播放《新聞簡報》的時候，看到張九聲的痛苦表情，他是真的憂傷；在最後把那「一秒鐘」的電影膠片塞進張的口袋的時候，他是真的同情。而且，把《新聞簡報》中的兩格剪了下來，明顯是一種「破壞行為」，如果上綱上線的話就是「破壞、阻撓傳播……的聲音，反對無產階級文化大革命」。這個情節的合理性在於以范電影的專業剪輯技術可以儘量把剪輯痕跡弄得不明顯，而且這盒經過洗擦恢復的膠片本身就不完美，下一場的放映員和觀眾由於沒有看到原版片子，應該不會注意到少了這一秒鐘。但即便是這樣，在極力要保住工作崗位的范電影身上也是需要有非凡的勇氣。

范電影的政治敏感性很高，也是那個年代的政治症候的反映。在把《新聞簡報》的膠片捲起來的過程中，范、張二人的衝突高潮突然產生，原因是范電影發現張九聲的口袋裡有劉閨女撿起來的空白膠片。這時他的政治警覺性突然上升，其實是受他心裡與楊河競爭的陰影所驅使，他質問張九聲是否由楊河派來搞破壞的，而且馬

上想到要喊人來。對於張九聲來說，這等於要他失去看簡報上的女兒的機會，於是也立即圖窮匕首現，掏出劉閨女的彈簧刀緊緊地抵住范的脖子。在這時候非常重要的一個情節是張九聲一把脫下帽子、露出光頭，范電影立即就問你是勞改放出來的嗎？張九聲惡狠狠地回答說是跑出來的。放出來的與跑出來的當然不是一回事，而光頭竟然就成了一個標注政治身分的通行符號，張的脫帽和范的脫口而問都說明了在那個年代存在這種符號共識。在那個年代中，光頭這個形象特徵是流行讀物中常見的視覺形象，其身分大都是負面的，如勞改犯、特務、地主等等。在生命的威脅之前，范電影迅速地調整了對張的態度，詢問他被勞改的原因。張九聲說是因為與造反派頭頭打架，范電影馬上就說是被人整了，光打架是不會被勞改的。張九聲是6年前當女兒8歲時進去的，那就是發生在1969年的事情。這時「文革」進入第四年，「九大」在這一年的4月召開。在「鬥、批、改」全面鋪開和全面備戰的形勢中，派性武打在許多地方仍在延續發生，造反派衝擊社會的動亂仍然很嚴重。在這樣的氛圍中與造反派頭頭打架當然不是小事，被整幾乎是必然的。范的判斷很敏銳和準確。當張九聲說妻子因他勞改而離婚、女兒也不想要爸爸的時候，范電影說女兒是不想被你的政治問題影響了；更重要的是他接著說：這樣的事情不止你一個。在這裡會讓人馬上想到在前面的卡車司機說「我們家也一模一樣」，這兩句話都揭示了發生在個體身上的命運悲劇不是個別現象，說明掉落在劉閨女和張九聲這兩個個體身上的時代灰塵是普遍性地覆蓋著更廣大的人群。從「整人」到「影響」，這個范電影兩次隨口就準確地說出了那個年代普通人命運中所承受的政治暴力。這也不是范電影有多麼厲害，這是那個年代大凡心裡有點明白的人都自然會產生的認識。

　　范電影在一邊幹他的絕活的時候，就一邊打電話給保衛科，告

發這個勞改農場的逃犯。他的同情心並沒有壓倒面對無產階級專政中的逃犯必需有的政治立場，同時這個逃犯為他提供了一個立功機會，可以在與楊河的競爭中給自己加分。從現實心態來說，前者只是一種政治話語，使告發行為獲得倫理合法性，後者才是與個體利益緊密相關的真實動機。果然，當他溜出禮堂迎接帶人前來的保衛科崔幹事的時候，抓住時機問崔幹事：我這算是立大功了吧，要崔向場部領導彙報，崔幹事當然點頭答應。范電影的動機和行為中的心態，在那個年代中是太普遍的現象了，是時代症候中最值得研究和反思的對人性的改造與摧殘。

由此想到了電影《芳華》中的「擁抱事件」導致「活雷鋒」劉峰被組織審查，原因主要是女兵林丁丁本人的揭發，更嚴重的是她在揭發中不僅誇大、而且捏造了事實。但是，在之前何小萍偷她的軍裝去拍照的事件中，有人提議報告上級領導，卻被作為「受害者」的林丁丁阻止了，她的神情也使人感到這個上海來的女兵本性還是善良的。所以她在揭發（或交代）中的誇大與捏造只能解釋為強調自己是受害者而不是「腐蝕」「活雷鋒」，出於自保是根本原因。這是那個時代的揭發與被揭發、自保與犧牲他人的政治迫害文化的真實反映，在這種政治文化中，善良的人往往為了自保而會主動揭發別人。很顯然，《一秒鐘》裡的范電影的告發逃犯也是同樣性質，區別在於林丁丁是在劉峰擁抱她時剛好被別人撞見，她是為了阻止對於自己不利的發展而揭發（交代），而范則是主動揭發，他的自保是為了爭取立功以保住自己的放映員位置。

在搶救膠片的洗、擦、晾過程中，構成影片中的電影技術特殊奇觀有三個要素：一是土法上馬，從工具到方法都是前現代的，床單、筷子、繩子、扇子，是一種絕對國粹的物質奇觀；二是全民動員與人海戰術，人民戰爭思想在電影技術過程中的作用，是人的集

體性奇觀；三是滲透在上述兩個方面之中的傳統信仰與感情，在眾人的一次次歡呼、一直高漲的情緒和無限期盼的眼神中，有某種儀式感和神聖感的成分，這是一種更重要的精神性奇觀。對於西方觀眾來說，這些土辦法、群眾運動場面、膠片的懸掛、清洗、擦拭和掮乾的過程，都構成一種有關電影的視覺奇觀，是對源自西方的現代工業與藝術產物成為「他者」景觀之後的驚異與感歎。在這方面，導演張藝謀是調動、把控的一流好手。有些影評似乎容易被他在多部影片的景色、色彩、光線中營造的視覺效果所吸引，其實他的影片中更重要的視覺奇觀總是與人緊密聯繫在一起，在這部《一秒鐘》中可以得到更有說服力的證明。另外，在范電影把《新聞簡報》片子裝上放映機的過程表現很細膩，機器與技術的質感很豐滿。最後的電影奇觀是「大循環」，為了滿足張九聲反復看第22號《新聞簡報》中的女兒那僅有一秒鐘的鏡頭，范電影使出了他的絕活，他為此感到自豪的是「從一分場到四分場沒人幹得了我這個活」。我感到在這裡既是對寄託在作為劇情關鍵字的「新聞簡報」中的倫理力量的強調，同時也未嘗沒有導演者自身的電影技術情結的釋放。

　　時代的政治症候同時還表現在坐在電影銀幕前面和背面的黑暗中的觀眾身上。我們比較容易看到的是影片中的觀眾專注看著銀幕的神情、他們隨著正在放映的電影情節的變化而產生的笑聲或感動的神情，但是也還有可以再深入思考的問題。在比較昏暗的放映空間中所有人的面目只能在影片的光感中得以辨認，所有人的眼神、表情也是隨著影片情節、對話而有相同的呈現，這種關於觀看的視覺經驗本身是普世的，但是把它放在那個年代的生活語境中的時候，或許還有其特殊的意味——只有在這樣時刻之中，光天化日之下人與人之間的身分歧視、話語暴力等常態氛圍得以短暫低緩下去，在昏暗中的相同視聽感受給人以短暫和虛幻的安全感。對於那

些「黑五類」、正在被改造的「壞分子」來說，能夠混在人群中同
呼吸、和大家一起與影片中的人物共命運，那種內心感受恐怕是今
天的人們難以真切體會的。這在世界電影史上恐怕也是很有獨特性
的一種影場心理空間，是值得研究的影視政治學議題。

在《芳華》中，林丁丁和文工團員是在部隊駐地演唱《英雄頌
歌》，演唱與整個環境氣氛從審美效果而言無法與電影《英雄兒女》
中原唱相比；它令人感動的因素主要是與受冤屈的劉峰聯繫在一
起。在《一秒鐘》裡，影片中的觀眾情緒的最高潮是跟著影片《英
雄兒女》一起唱英雄頌歌的時候，全場男女老少一起高唱，滿場都
是閃爍的淚光，歌聲與神情中透露的是英雄主義的審美政治的感染
力量和那個年代的精神生活的某種特殊性質。在後來重放的時候，
剛從圍毆張九聲與劉閨女的兇猛暴力中平靜下來的保衛科幾個人也
對著銀幕淚目，如何看待這種被感動的真誠？順帶要說的是，電影
《英雄兒女》是1964年上映的，在1973年為紀念抗美援朝20周年，
周恩來指示重新上映，但是剛開始的時候在片頭沒有寫改編自巴金
的《團圓》，現在影片中的看到的《英雄兒女》片頭卻是有寫著這
個，說明到了1975年這盤拷貝是修訂過的。

四、在電影中重返歷史的「思想實驗」

美國著名歷史學家、新文化史研究的先行者娜塔莉·澤蒙·戴
維斯（Natalie Zemon Davis）在她的專著《電影中的奴隸：再現歷史
真相的影像實驗》[5]中指出，與歷史學家書寫的歷史一樣，電影裡的
歷史也完全可以、並且應該努力追求再現歷史的真相。她的具體分

---

5 姜進譯，上海教育出版社，2022年9月。

析是：

> 故事片，在其通常所採用的故事形式中，是以歷史傳記或是「微
> 觀史」（microhistory）模式來重現過往的。在微觀史中，歷史
> 學家深入探索一個意涵豐富的案例——也許是一起引人注目的
> 法庭案件或犯罪，一個村莊裡的戲劇性決裂或長期爭執，或是
> 一個奇怪的謠言及伴隨而來的恐慌——並用它來發掘那一個時
> 代裡典型或非同尋常的社會歷程。電影能夠借微觀史揭示一個
> 特定時間與地點的社會結構和社會符號，揭示結盟與衝突的淵
> 源及其方式，揭示傳統與新事物之間的張力。電影能深入挖掘
> 過往年代的家庭生活，而家庭生活正是20世紀晚期社會史最重
> 要的研究領域之一。（同上書，頁12）

這樣就把歷史學與電影可以相通的一種方式和功能講得比較清
楚了，尤其是說到電影能夠借微觀史揭示一個特定時間與地點的社
會結構和社會符號、能深入挖掘過往年代的家庭生活，這兩點對於
觀眾來說也是很好的提示。在《一秒鐘》這部電影中，過往年代的
兩個家庭（張家與劉家）的命運正是特點時空中的社會結構所決定
的，充滿於其中的社會符號更是那個年代的鮮明象徵。

戴維斯還繼續分析了歷史寫作與拍攝歷史題材電影的區別：前
者更多是史學家個人的事情，後者則必須是集體合作的產物。因而
她把電影拍攝的所有參與者看作是參與到一場關於過去的思想實驗
中去：「歷史電影可以是關於過往的思想實驗，吸引了眾多的參與
者，甚至包括住在實景地周邊的人民」。（頁21）而對於觀眾來說，
「歷史電影將思考、影像和聲音的實驗拓展到廣泛的觀眾群，引起
他們的迴響。」（頁22）因此她繼續追問道：「我們是否可以將製

片人、演員和觀眾看作關於過往的集體性『思想實驗』的共同參與
者？」（頁6）這種視角把參與拍攝者與觀眾看作是一個共同回到歷
史中去的集體，他們的感受和思考都是面對過去年代中的真實生
活，而用「思想實驗」來表述那些感受與思考是相當準確和深刻的。
關於集體性與「思想實驗」的這段論述放在《一秒鐘》的拍攝與觀
看過程中更是適合，影片中的電影觀眾的集體性參與是整個故事的
基本支撐面，他（她）們本身既是群眾演員，所表演的又是電影中
的觀眾角色，這種一身二任的集體性更能凸顯了「思想實驗」的雙
重性質。對於觀看《一秒鐘》這部電影的觀眾來說，也被帶進了同
樣的思想語境，參與了對放映電影的故事以及故事中的人的命運的
思考。

　　最後，從「記憶寓言」更想到了「現代性的文化寓言」這個議
題，在這裡只能簡單說兩句。根據美國學者蘿拉・布朗（Laura Brown）
的闡釋，所謂「文化寓言」提供的是一種閱讀文學文本與歷史敘事
之間關係的方式，並且與物質文化的某些具體方面緊密相關；「歷
史變遷的經驗濃縮在物質現象中，而文化寓言則在想像的層面上塑
造、記錄並反映這一經驗。」[6]她同時指出，這個「文化寓言」所論
述的「經驗」實際上指的是「現代性經驗」，而她的「現代性」概
念是寬泛的，指的是社會結構、經濟形式的變遷在人類生活各方面
產生的變化，尤其是產生於這些變化中的複雜性。（同上，頁6-7）
把「現代性的文化寓言」這個概念放在通過影片重返歷史語境的「思
想實驗」之中，其思考的維度與路徑將有助於我們對影片中的時代
症候進行經驗與思辨層面上的分析，是有其真實意義的理論框架。

6　蘿拉・布朗，《現代性的寓言：英國18世紀文學與文化》，牟玉涵
　　譯，華東師大出版社，2019年4月，頁3。

電影無疑是現代性文化的象徵之一，「一秒鐘」的時間概念更具有現代性系譜的線性特徵。在這兩個現代性範疇的視角中，這部影片的歷史語境、故事、人物、景色等等可以建構出一幅「現代性文化寓言」圖像。真實與虛假、進步與倒退、想像與現實、統一與差異等一系列反義意涵，都在經驗與思辨中構成寓言性的悖論。在我們面前的銀幕，與銀幕上的觀眾面前的銀幕之間，電影技術的視覺經驗奇觀既是現代的又是前現代的，前現代的政治話語在後現代媒介的毛細管裡奔流，語言的真實性與世界觀的虛假性如同聲傳譯般相隨，電影工業的物質性與在貧困中消費的精神性，成為崇拜對象的蒸餾水與被掩埋在風沙中的電影膠片，集體主義和英雄主義審美感動的虛假性與真實性，人性在善良與邪惡之間的急速跳盪——全部經驗在某種意義上都是「現代性的文化寓言」。甚至在我所看的這部電影的國外版本中也顯示出某種怪異的現代性，從在國情語境中出現的刪減、上映、下架到在國外版本中出現的英文字幕。有意思的是，我竟然也對影片中某些對話聽不明白，下意識地借助英文字幕來幫助聽力，結果又發現了文革時代的中式政治英文的官方版本的有趣與妙處。這讓我想起1978年剛進大學的時候，在操場上看電影《閃閃的紅星》的英文版，影片中講的語言是英語，字幕卻是中文的。相距40多年，同樣是中國電影的文化輸出，相互錯位的聲音與文字感受經驗似乎更為傳神地表現出「現代性文化寓言」的意涵。

可以說，從影片中重返70年代到在今天的「思想實驗」，無論《芳華》還是《一秒鐘》都是力圖「在想像的層面上塑造、記錄並反映」我們所經歷過的、並且至今仍然備受拷問的現代性經驗。

2022.10.8，流溪河畔

　　李公明，廣州美術學院美術史系教授，主要研究領域是中國近現代美術史、歷史圖像學和當代文化研究，主要著作有《廣東美術史》、《奴役與抗爭：科學與藝術的對話》、《歷史的靈魂》、《在風中流亡的詩與思想史》等。

在辯證法與生存論之間：

張旭東的文化政治學

陳 純

　　上世紀90年代，在中國知識分子群體之中，80年代的啟蒙共識宣告結束，知識分子逐漸分化成「自由主義者」和「新左派」兩個陣營。新左派大多是留洋回來的學者，他們與老左派的共同點是對改革開放持批判態度，對在改開過程中受到損害的工農群體時常表達同情；與老左派不同的是，他們大多是學院派，所掌握的理論工具也不僅僅有傳統的馬克思─列寧主義，還包括批判理論、後殖民主義、比較政治學和西方馬克思主義等。他們與自由主義者圍繞著「中國往何處去」，就中國近代以來，也包括改開以來的一系列的理論和實踐問題展開激烈的論戰，一時之間好不熱鬧。

　　值得一提的是，在新左派之中，關注弱勢群體、批判自由市場只是一個面向，另一個面向，是關注國家將自己的意志、目標轉化為現實的能力，亦即從國家能力的角度挖掘中國體制的優越性，王紹光、胡鞍鋼是這一面向的代表。除此之外，還有一個隱藏得比較深的面向，是循著「另類現代性」的指引，致力於將中國體制詮釋為可與自由民主體制分庭抗禮的「中國道路」。這一面向的代表人物有甘陽、汪暉和張旭東。

　　按理來說，這一面向與一般說的「左派」並不相關，而更接近文化上和學術上的「民族主義」，在中國以外，尤其是在歐美，有

如此問題意識的學者，大多都被歸為右翼，比如日本戰前的京都學派。然而考慮到中國的特殊歷史，「馬克思列寧主義」與「救亡圖存」的關切自始自終都緊密相連，且在49以後的中國，「西方」與「資本主義」基本可以劃等號，那麼，中國左派追求一種能與西方體制對抗的道路，且將這種道路視作某種類型的社會主義道路，也就在情理之中了。改開以前，這樣的道路的存在是不言自明的，即便中蘇分裂以後，蘇聯式的社會主義道路被中國批為「修正主義」，但這樣一種理想中的社會主義道路的存在是毫無疑問的。80年代以來，中國逐步引入了市場機制，社會主義的定義變得模糊，蘇東劇變發生以後，法蘭西斯·福山宣告「歷史終結」，更讓「中國道路」的定位變得搖擺不定，鄧小平說，中國走的是「中國特色的社會主義」，只能暫時壓制住對這一問題的廣泛討論，但意識形態合法性危機的種子早已種下。

甘陽的思路是「通三統」，儒家、毛澤東和鄧小平，分別代表傳統中國、新中國和改開後的中國，一種完善的政治哲學或意識形態，要將這三者統合在一起。正是在這一點上，甘陽順勢轉型成為文化保守主義者。而汪暉有所不同，他自始至終對改開持批判態度，或者說，他並不認為改開可以成為一「統」，他要做的是，將傳統中國和現代中國詮釋為一個連續的整體，在這種詮釋之中，中國共產黨作為中華文明的新的「擔綱者」，通過人民戰爭和全方位的革命，讓這個民族涅槃重生。

甘陽的思路，始終難以抹去的問題是，儒家一統與毛澤東一統如何打通？毛澤東一統和鄧小平一統又如何打通？這三統又如何彙聚在當下的中國共產黨身上？汪暉的思路也有類似的問題，且由於其視改開為歧出，他的思路說不說得通，很大程度上取決於中國共產黨接下來的走向。與上面兩位學者相比，張旭東提供的並不是一

個明確的思路，或者說，他的「文化政治」，抽象程度更高，可以
與多種現實的轉向相匹配。他並不是一個指導者，或者說，即便他
的理論中帶有指導，那種指導也是生存論意義上的：要去鬥爭，要
有決斷。

　　本文將從張旭東的《全球化時代的文化認同》入手，輔以《文
化政治與中國道路》，對張旭東的文化政治做一個「文化政治」的
辨析。「文化政治」的概念需要先加以澄清；這個概念，以及黑格
爾的「普遍性」和「特殊性」，構成了張旭東展開論述的關鍵。我
們會對其由上述概念構造的論述進行一個整體的展示，再進一步對
其拆解，然後指出其細節論證的一些謬誤，尤其是對康德和黑格爾
的一些誤讀和誤用。最關鍵的是，我們將揭示張旭東的文化政治背
後的意圖，這種意圖隱藏著強烈的政治指向，而非其表面看起來的
那樣，僅僅是學術性的。這本書與前後在中國知識界湧現的各種學
術政治籌畫之間的關係，以及這些籌畫在新時代中有何種待遇，是
一個相當有趣的議題，我們或許也可以在此作一個淺層的探討。

文化政治

　　我們首先來了解一下張旭東所理解的「文化政治」。在第三版
的序言中，他下了一個定義：

> 「文化政治」並不指對文化的泛政治化理解，或對政治的泛文
> 化主義理解；當然它更同文化和政治之間彼此的功利性、工具
> 化的相互利用無關。所謂文化政治不過是這樣一個概念，它在
> 意識層面標誌和指示出這樣一個樸素的認識：文化在終極意義
> 上是生活世界和生活形式的自我表達；就這個生活世界和生活

形式具體的存在形態而言，它本身具有一種固有的、但卻是隱而不彰的政治強度，即像任何生命體一樣保存自己、肯定自己、伸張自己、捍衛自己的意願和意志。文化政治乃是這種存在的政治在生活形式及其自我表達方式領域的自我意識。借用黑格爾「量變到質變」的辯證概念，它在常態下僅僅作為文化存在，但是在特定條件下卻可以顯露出其內在的政治強度甚至戰鬥精神。[1]

乍看起來，張旭東這個對「文化政治」的定義，與這個概念在西方的流行定義差別不太大，後者一般指的是權力關係經由理念、價值、符號等文化元素被主張、被接受、被挑戰、被顛覆的過程。[2]但我們通讀全書，會發現張旭東所說的「文化政治」的主體，是民族、國家甚至文明層面的大型社會共同體，而非一般的以族群、性別和階級為基礎所構成的社會群體。比如在這個序言的另一個地方，他說：

在此，決定競爭結果的往往不是古典史詩英雄式的生死搏鬥，而是現代意義上的創造力和想像力的系統比拼，所要較量的，是在物質和非物質領域最終「誰比誰生產了更多」（who outproduces who），也是在這樣長期的社會系統和文化系統的「生產力」的競爭中，誰更具有認識自己、通過自我否定去肯定自己的意志和能力。這種自我否定和自我異化的意願與能

1　張旭東，《全球化時代的文化認同》，上海：上海人民出版社，2021，第三版前言，頁9。
2　Nina Glick Schiller（1997）, Cultural politics and the politics of culture, *Identities: Global Studies in Culture and Power*, 4:1, 1-7.

力，就其最終擴大了它自身普遍性訴求和自我認知疆界的效果
而言，無疑是一種健康、強大、自由的自我肯定的意志的體現，
而不是對這種意志和認同的懷疑、限制或背叛。[3]

　　如果是一般的社會群體，談論「誰比誰生產了更多」，或者談
論「長期的社會系統和文化系統的『生產力』」，那就太奇怪了，
只有在大型的社會共同體裡，才會考慮其物質和非物質的生產的總
量，以及其與另一個大型社會共同體的總量對比。

　　有時，他表達得已經呼之欲出，比如下面這句：「文化或文化
政治意義上的『個性』，實在是一種要求很高的東西，因為它就是
一個民族、一種文化或文明傳統的根本氣質，是它以自己不可替代
的特殊方式展現出來的某種無可抗拒的普遍價值和精神魅力。」[4] 這
裡除了「文化」相對比較模糊，「民族」和「文明」都符合我們前
面所說的大型社會共同體，而且基本上，他所的舉的「文化政治」
的例子，都是和某個主權國家有關，尤其是和美國或中國有關，比
如：「從這個角度看，中國近代以來的『文化危機』實際上是文化
政治的危機，因為現在的中國『文化』要在西方的『法』面前為自
己辯護，要把一套文化語言翻譯成一套法律語言，不然就講不通。」
[5] 以及：「這個新的普遍性的平臺，在它最終的普遍意義上，是向
一切非西方價值體系的開放——而堅持這種開放性，堅持自己參與
界定這種新的普遍的東西的權利和義務，應該是當今中國文化政治
意識的第一步。」[6]

3　《全球化時代的文化認同》，第三版前言，頁4。
4　同上，頁10。
5　同上，頁9。
6　同上，頁13。

　　這樣的例子不勝枚舉，由此基本可以斷定，張旭東說的「文化政治」的主體，就是民族、國家、文明這樣的大型社會共同體，尤其指的是中國和美國這樣的，有自己一整套獨特的價值和生活方式，能夠在國際舞臺爭奪霸權的主權國家，這也是張旭東的「文化政治」的第一個特徵。中國讀者對這樣一種所指並不會感到特別驚奇，因為他們習慣了大一統敘事和以國家為單位來談論「文化」，但此種所指會影響到張旭東論證邏輯的展開，我們留待後面細談。

　　張旭東的「文化政治」概念的第二個特徵，就是強調鬥爭性。上述引文已有不少處存在類似的暗示，比如第一個引文中的「在特定條件下卻可以顯露出其內在的政治強度甚至戰鬥精神」，第二個引文中的「比拼」、「較量」和「競爭」。除此之外，全書遍佈「鬥爭」的字眼，相當一部分與文化政治有關，比如在導論裡的「作為問題意識的文化政治」一節中，他寫道：

> 在這個新的歷史關頭，中國文化的自我認同不在於如何勘定同現代性和「西方文化」的邊界，而在於如何為界定普遍性文化和價值觀念的鬥爭注入新的因素。[7]

　　在第一講裡的「普遍性問題的方法論反思：文化政治與觀念史批判的雙重視角」一節，他又說：

> 我們今天同樣需要強調，與這種不均衡發展相對應，在文化政治的意義上，任何試圖把這種普遍性據為己有的價值論述，都只能僅僅是一種話語。雖然這種話語必然同普遍因素發生具體

7　同上，頁15。

的關係，但只要它是立足於具體、特定的生活世界、價值體系的特殊性的──或不如說，只要特殊的生活世界、價值體系本身沒有把自己完全「揚棄」在普遍的領域，它就必然被鎖定在與他人的、為爭取承認的鬥爭中。在這場鬥爭中，「普遍性」是作為一種話語、一種權力形式出現的，因此不能同樸素的（歷史唯物主義的）普遍性概念相混淆。[8]

　　這裡必須公平地說，張旭東大部分時候所說的「鬥爭」，並不是不擇手段地、只求「東風壓倒西風」的鬥爭，而是建立在「自立自強」之上的鬥爭，表現在文化政治上，便是對主體性的堅持，這也是他的「文化政治」的第三個特徵。

　　主體性和鬥爭的關係最好地體現在導言的這句話：「比較問題背後就是文化—政治體系的自我定位、自我理解和相互交往、競爭的問題，也就是說，是一個文化政治的問題。」[9] 所謂的「自我定位」、「自我理解」，包括別的地方說的「自我主張」，就是「確定主體性」，亦即，先確定主體性，再去和對方鬥爭。鬥爭的其中一種形式，是「比較」。從主體性的角度，也比較能理解文化政治的重要性：「文化政治之所以在現代性問題中占有一個突出的位置，是因為它關係到每一個文化群體的自我定位、自我理解和自我主張。」[10] 所以大部分時候，群體的主體性在張旭東那裡，主要是「文化主體性」。

　　張旭東的「文化政治」的第四個特徵，是與黑格爾的「普遍性」

8　同上，頁38。
9　同上，頁4。
10　同上，頁253。

與「特殊性」概念緊密相連,他借助這兩個概念,將文化政治的重要性又推上一個層次。

在黑格爾的《邏輯學》裡,關於「普遍性」和「必然性」的關係,他有如下的說法:

> 普遍的東西,因為它畢竟是它的特殊的東西的總體,所以並不自在自為地是一個規定了的特殊的東西,而是通過個別性才是它的諸屬之一,它的其他諸屬通過直接外在性便從它那裡排除出去。另一方面,特殊的東西同樣也並非直接地和自在地是普遍的東西,而是否定的統一剝去了它的規定性,從而把它提高為普遍性。[11]

張旭東把黑格爾的普遍性和特殊性的辯證法用更直白的語言進行解釋:

> 普遍的東西存在於而且僅僅存在於特殊的東西的內在矛盾之中,存在於特殊的東西的不穩定、非永恆狀態之中。換句話說,**普遍的東西是特殊的東西自己克服自己、自己超越自己的過程中被呈現出來的東西**——它可以是一種現實的力量,也可以是一種有關人類遠景的理想,但它必須是一種貫穿於特殊的東西之中,在此時此地的存在中生生不息、最具有活力和生產性、最具有打動人的力量的因素。用黑格爾的話說,普遍性對特殊性的克服,必然是特殊性的自我克服,而且在這個意義上毋寧

---

11 同上,頁5。

說是普遍性對特殊性的「承認」。[12]

　　普遍性和特殊性，如何與文化政治相關聯？這裡面的邏輯是：文化政治主張不同的文化要伸張自己，要和別的文化進行鬥爭，鬥爭的結果就要有勝負，勝負的象徵就是勝者成為「普遍性」，敗者仍是「特殊性」：

> 在這種歷史動力學的場域裡面，任何一種文化意識，若不有意識地、批判地參與界定「普遍性」的新的含義，就是放棄為自己的作為文化和生活世界的正當性或合法性作辯護。這裡並沒有「退守」（為）特殊性的餘地，因為文化或價值的特殊性只能存在於它同普遍性的關係當中；它同樣是一種哲學的「發明」。

　　一言以蔽之，文化政治就是一種文化要爭取上升到「普遍性」，而文化政治學就是把普遍性還原成特殊性，把特殊性上升為普遍性的學問。

　　張旭東的這個理路來自於科耶夫（Alexandre Kojeve）對黑格爾的「主奴辯證法」的解釋：

> 在黑格爾看來，特殊性（Einzelheit）和普遍性（Allgemeinheit）的對立是根本性的對立。他認為，如果歷史可以被解釋為一種主人奴隸的辯證法，那麼歷史也可以被理解為一種人的存在中的特殊與普遍的辯證法。這兩種解釋能相互補充，因為主人對

12　同上，頁10。

應於普遍性，奴隸對應於特殊性。其含義如下。

最初，人尋求得到承認（Anerkennung）。他不滿足自己給與自
己一種價值。他希望這種特殊的價值，即他自己的價值，能得
到所有人的普遍承認。[13]

　　是科耶夫將普遍性和特殊性的辯證法和主奴辯證法結合在一
起。在科耶夫所解讀的主奴辯證法裡，為了得到承認，兩個自我意
識陷入你死我活的鬥爭，獲勝的變成主人，其持信的價值也上升為
普遍性的價值，而失敗的變成奴隸，其持信的價值依然是特殊性的
價值。兩個自我意識之間的這種為了獲得承認的鬥爭，與張旭東的
「文化政治」裡不同文化為了獲得承認和主宰權的鬥爭極為類似，
所以他通過科耶夫所解讀的主奴辯證法，將文化政治與普遍性和特
殊性的辯證法聯繫起來。

　　在回應蕭高彥和高全喜的批評時，張旭東提到了對《全球化時
代的文化認同》的一些常見誤解：「這本書並不鼓吹用『特殊』去
代替『普遍』，或僅僅把『普遍』簡單地視為『特殊』的自我擴張，
從而取消普遍性的概念，而是旨在重新提出特殊與普遍的辯證法，
並把它確立在文化最根本的自我意識的展開過程中。這個展開在近
代西方文化政治主體性的自我論述、自我再生產機制中表現得最為
充分。」[14]也就是說，張旭東並不是一個「普遍的特殊主義者」，
他不否認文化政治領域的普遍性的存在，也不是要主張多種特殊性
並存的圖景，具體到現實語境，把他和那些鼓吹「中國特殊論」或

13　同上，頁27。

14　張旭東，《文化政治與中國道路》，上海：上海人民出版社，2015，
　　頁237。

「美國有美國的國情,中國有中國的國情」這樣的立場等同起來,
或許對他有失公允。

然而張旭東的「文化政治」並非不存在問題。正如我們前面所
說,張旭東的「文化政治」的主體,主要指的就是主權國家,所以
一旦他用科耶夫的解讀來拓展自己的文化政治學的理論空間,一旦
用文化政治來框定「普遍性」和「特殊性」概念,就會面臨一個問
題,那就是這兩個概念,在他的框架之內,只能在以民族、國家、
文明為單位的文化的層面來理解,且將帶著一種自我伸張的特質,
這將會使得這兩個概念缺乏黑格爾原初意義上的彈性,甚至會走向
僵化。就像單世聯在對《全球時代的文化認同》的評論文章中所說:
「在近代德國,並不只有一種與德意志政治主體相關聯的『特殊
性』,同時還有一種努力超越『德國特殊性』的『特殊性』,這就
是認肯普遍人性、理性主義和世界主義的歌德傳統。」[15]

另一個與之相伴的問題是,儘管張旭東一再強調並非追求一種
「彼可取而代之」的立場,但從其文化政治自身的邏輯來說,那些
具備「文化政治意識」的國家和文明,勢必會為了得到承認,去進
行爭取普遍性的鬥爭,即使其鬥爭形式並非只有戰爭一種,這也同
樣也限制了不同的國家、文明之間的關係形態,陷入了一種比施米
特主義還要狹隘的國際鬥爭哲學,畢竟施米特說區分敵友,除了敵
還有友。張旭東自己說,他並不想像亨廷頓那樣,「從文化或文明
的視角來劃定全球衝突的戰線」,但考慮到文化政治的上述特徵,
張旭東或許難以在自己與文明衝突論之間劃個清楚的界線。

還有一個與普遍性和特殊性有關的文化政治問題,那就是如何

---

15 單世聯,〈拒絕「普遍」的悲劇——讀張旭東的《全球化時代的文
　　化認同》〉,刊於《文藝研究》2006年第5期。

看待中國內部的特殊性？張旭東的文化政治，強調的是中國的文化
主體性，關注的是如何將中國的特殊性上升為一種涵括、超越西方
現有普遍性的更高階的普遍。這似乎忽略了一個問題，那就是作
為一個總體，中國當下已經存在著相當多的特殊性，如少數民族、
宗教派別、LGBTQ、貧富差距、地域分化等，這些特殊性在中國內
部尚未獲得一個合理的位置，或者說，中國內部的普遍性和特殊性
的關係尚未處理妥當，中國便以「特殊性」為委屈，要去競逐更大
的普遍性。換個角度說，「文化政治」在理論上否認這些特殊性的
存在，或者否認這些特殊性沒有得到公平對待，正好呼應了中國官
方對這些特殊性在現實層面的壓抑政策。這似乎也是某種類型的「學
術不正義」。

康德：思想的語境性與其普遍性

　　文化政治學的任務之一是要將原本宣稱自己具有普遍性的理
論、價值和觀念還原為特殊性的論斷，這也是張旭東的《全球化時
代的文化認同》的論述目的之一，如他所說：「要歷史地分析當今
世界占主導地位的普遍性話語是如何通過具體的步驟，在現實和想
像、形而下和形而上兩個層面上，把一個特殊的生活世界和倫理世
界，一步一步地展開、論述成普遍性，同時把這個普遍性強加於非
西方世界的。」[16] 而他重點「解構」的對象，就是德國觀念論的代
表人物，康德和黑格爾。
　　蕭高彥在對該書的批評中提出疑問：處理西方普遍主義，為什

16　《文化政治與中國道路》，頁237。

麼只討論德國思想家？[17] 與此同時，單世聯恰好從反方向理解張旭東這樣的安排：「張著要強調的是，從歷史和文化上看，這種普世主義理想、這種對普遍性的追求，恰恰是一種特殊的德國現象。在一系列抽象的、普遍的、理性化的論述後面，是德意志歷史主體和政治意識的價值論表述，它與『』西方」現代敘述有著非常激烈的文化政治的衝突。」[18]

　　張旭東沒有直接給出自己的解釋，其論述裡最接近答案的話來自〈尼采與文化政治〉一文：「近代德國的民族文化在其自身的理想狀態中恰好是建立在一系列普遍觀念的基礎上，其核心是啟蒙的觀念，而其特殊性的展開則有賴於『理解每個文化的內在的關係與必要』（尼采）。在這裡我們甚至可以看到日後共產主義普世理想那種『只有解放全人類，才能最終解放無產者自己』的遠大抱負的略帶喜劇色彩的德國哲學版。這就是：只有理解全人類，才能最終理解德國人自己；只有擁有人類的最高文化，才能擁有一種德國文化。」[19] 這裡與單世聯的意思也相近，但單世聯的文章大多在講德國過分強調自身特殊性所造成的悲劇，似乎偏離了張著的論述重點。

　　不管如何，有一點是確定的，那就是張旭東將康德和黑格爾的普遍性理論還原成了「歐洲資產階級的利益、訴求和觀念」。在第一講的「觀念史批判與文化政治的介入：從康德到黑格爾的普遍歷史理念及其內在矛盾」一節，張旭東對康德有如下論斷：

　　康德關於「意志自由」和「人的原初能力」的假定是批判地進

17　蕭高彥，《「文化政治」的魅力與貧困》，《思想》第3期，頁208。

18　單世聯，〈拒絕「普遍」的悲劇──讀張旭東的《全球化時代的文化認同》〉，刊於《文藝研究》2006第5期。

19　張旭東，〈尼采與文化政治〉，刊於《讀書》2002第4期。

入問題的切入點。康德的理性的起點很莊嚴肅穆，也很天真浪漫：一個資產者如果有財產，為了保護財產，就要動腦筋建立一套社會制度來保證自己的幸福。有財產才有理性，因為有財產才會願意承認別人的財產，因而自己的幸福就同他人的幸福發生了理性的、建設性的關係。他整個關於國家、永久和平、歷史理性的看法都基於一種理想化的自然狀態，即作為私有財產的社會單位的個人及其內在的理性。[20]

　　張旭東這裡說的「起點」，「意志自由」一詞應該是來自《法的形而上學原理》（《道德形而上學》的一部分）中的「權利的普遍原則」：「任何一個行為，如果它本身是正確的，或者它依據的準則是正確的，那麼，這個行為根據一條普遍法則，能夠在行為上和每一個人的意志自由同時並存。」[21] 至於「人的原初能力」，或許是指同書中「道德形而上學總導言」裡的所指的「人類心靈能力」：「人類心靈中活躍的能力（作為願望的最廣義的能力）是一個人具有的，通過他的心理表述出來的能夠把外界對象的根據和這些表述取得一致的能力。一個人能夠按照自己的表述去行動的能力，就構成這個人的生命。」[22]

　　將這兩者作為理解康德法的形而上學或權利科學的起點，也問題不大，但他筆鋒一轉，突然蹦出了個「資產者」，並說康德整個關於國家、永久和平、歷史理性的看法都基於「一種理想化的自然狀態，即作為私有財產的社會單位的個人及其內在的理性」，那就

20　《全球化時代的文化認同》，頁50。
21　康德，《法的形而上學原理》，北京：商務印書館，2005，頁40。
22　同上，頁14。

讓人覺得匪夷所思了。在《法的形而上學原理》中，所有權或財產權雖然是「私人權利」的第一部分，這並不能證明康德的問題意識或者理論出發點就是圍繞著資產者的。

　　類似的論斷還有多處，比如在第二講的「康德政治哲學中的個人、理性與國家」一節，張旭東說：「康德並不是看不到現代社會自身的結構性衝突和矛盾，但由於他極為專注於市民階級同貴族和僧侶階級的歷史衝突，所以不自覺地把市民階級的政治理想作為道德形而上學的普遍原則來闡述。」[23] 在同一節，還有：「康德實踐理性或道德哲學的起點是個人，其核心是怎麼從作為私有財產的社會人格的『理性的個人』推出法律狀態下的公共領域。」[24] 第二講的第二節是單獨關於康德的政治哲學的，裡面找不到任何論證康德的政治哲學是以私有財產或資產者／市民階級的利益和關注為基礎的內容，第二講其他部分也沒有，導論和第一講也找不到任何論證。在第二講第三節，有一句「把不可避免的歷史進程『內在化』為自我意識，是布爾喬亞思想的一個核心特徵」[25]，似乎是在解釋，但這句話本身也需要更多解釋才能理解。

　　如果要說佐證的話，那倒是有的。比如李澤厚在《批判哲學的批判》有這麼一段話：

康德〔「人是目的」〕這個倫理學命題的重要意義倒恰恰在於：它實際上並不「純粹」，而是強烈地反映了一定社會時代階級的要求和動向，反映了法國資產階級革命時代的課題和德國資

23　《全球化時代的文化認同》，頁127。
24　同上，頁140。
25　同上，頁157。

產階級的進步呼聲。康德打出這個純理性的作為目的的「人」的旗號，實質上是向封建主義要求「獨立」、「自由」、「平等」的呼聲。當時統治階級的君主、諸侯把下層人民視同草芥、牲畜、工具，如康德所指出，甚至為個人細小事務或愛好而可以隨意發動戰爭，殘殺人民，士兵完全被當做工具一般使用。康德為此曾慨歎：「許多統治者認為他們的人民好像只是自然王國的一份」即不是自由─目的王國的成員，把理性存在者（人）僅僅當做自己欲望的工具。正是在這種背景下，康德才提出「人是目的」的理論。它具有人權、民主的資產階級的實質內容。[26]

在《德意志意識形態》中，馬克思和恩格斯也寫道：

〔康德〕把**法國資產階級意志**的有物質動機的規定變為「自由意志」，自在和自為的意志，人類意志的純粹自我規定，從而就把這種意志變成純粹思想上的概念規定和道德假設。[27]

如果張旭東認為，因為馬恩和李澤厚曾經有過這樣的說法且已被廣泛接受，那自己就可以不經論證地表述同樣的內容，那就失之草率了。張旭東自己也承認，康德在西方理性秩序的「普遍性」的自我論述上，占有一個非常突出的位置，將康德的政治哲學中的普遍性還原為特殊性，這是整本書的基本論旨的重要構成部分。馬恩和李澤厚，對康德的論斷都是基於階級分析法的理論框架，即便他們的論斷同樣未經直接論證，但它們可以通過與本人同一時期的其

26　同上，頁132。
27　同上，頁137。

他論述實現融貫而得到證成。然而張旭東的文化政治學並不等同或涵蓋階級分析方法，即便文化政治學可以在階級的層面來討論，但如前所說，張旭東的文化政治學是以民族、國家、文明等為主體，階級並不是其理論的主體，因而階級分析法並不能「合法地」（legitimately）作為其論述的前提。這種「理論無意識」很好地體現在第一講第二節的下面這句話中：「文化政治問題是人類歷史最基本、最核心的問題之一，同物質生產、階級鬥爭這樣的問題糾纏在一起，也深深植根於人類的欲望、恐懼、自由、驕傲、自我創造和自我實現等本體論範疇之中。」[28] 這說明，在張旭東那裡，階級鬥爭的問題是與文化政治的問題並列的，而不是被涵括在後者之中。

與之相關的還有另一個問題，那就是就算能夠證明康德思想背後的「階級性」，對於張旭東來說，這種階級性並不直接能轉化成他所需要的文化「特殊性」，因為這完全可以是一種帶有普遍性的階級性，或者說，在其他文化裡面，這種帶有階級性的思想在某一個歷史階段一樣能成立。事實上，這正是多數馬克思主義者的立場。馬克思主義同樣是一種普遍主義的理論，按照馬克思主義的觀點，階級分析方法，對所有的文化、民族、文明都適用，歷史發展的整體趨勢，在所有文化、民族、文明裡都是相似的。它們的資產階級都會聲稱自己代表本社會的普遍、也是人類的普遍。但張旭東要想證明的特殊性（康德思想的特殊性），不僅是階級性，還有「文化特殊性」，而且後者對他來說才是更關鍵的，所以張旭東的「拿來主義」不僅在方法論上是不合法的，而且還是徒勞的。

最重要的是，即便我們承認，包括哲學在內的社會思想都能找到與其對應的社會存在，或者說，*思想的出現有一定的歷史條件*，

28　同上，頁30。

那也不意味著，該思想只代表著某種特殊性，或者說，該思想只能
在某個特殊範圍內適用。也就是說，即便康德的思想，與當時歐洲
資本主義的發展或資產階級意識的發展有某種聯繫，那也不能證明
他的思想只具有特殊性。如果張旭東想做的只是證明康德的思想有
著某種歷史起源，那一方面，他並沒有做到這種證明，另一方面，
這種證明也達不到他想要的效果。他應該在規範性層面上證明，康
德的理論在某個文化之中，或者某一類群體之中，或者某些特殊環
境之下不能成立，或者說，在某個特定的歷史文化條件下才能成立。
從產生的因果解釋的層面來做的任何證明，都與思想的普遍性和特
殊性無關。

　　那麼，研究思想的「語境性」（contextuality）是不是沒有什麼
意義？當然不是，但除了比較極端的歷史主義，一般探討思想的語
境性的研究，並不是為了將其還原為什麼「特殊性」，而是為了更
好地理解該思想。如果某個語境是某個思想產生的必要條件，或者
某個思想在被提出時，其作者對其語境有一定程度的自覺，那談論
思想的語境性，就是相當合理的；反之，如果談論思想的語境性時，
大而化之，公式化，即便換了個人，換了一種思想，差別也不大，
那這樣的「語境性」就沒什麼學術意義（在某種情況下倒是有一定
的政治意義）。

　　在這一方面，施特勞斯學派（Straussians）是個最典型的例子。
雖然施派不使用「語境性」這樣的詞彙，但他們時常提醒偉大作品
的研習者，要區分作者的「顯白教誨」和「隱微教誨」，不能簡單
從字面意思去理解作者的意圖，而要結合其當時的社會政治語境、
作者本人的處境、他所可能面對的讀者。在一些社會裡，作者為了
逃避迫害（來自政權或者大眾），並不會把他的意思直白地表達出
來，而是會採用一些特殊的寫作技巧，把真實的意圖塞進字裡行間，

只有特定的讀者才能撥雲見月。然而，施派從來不否認偉大的作品具有普遍性意義，或者說，他們認為對作品的語境的揭示並不會削弱作品的普遍性意義，施特勞斯本人對那些展現「相對主義」傾向的思想家的批判和蔑視是顯而易見的，這裡面甚至包括了韋伯和海德格爾。[29]

剣橋學派對思想的語境性的研究更為有名，其中的代表是昆廷・斯金納的《觀念史中的意涵和理解》（值得一提的是，他在裡面反駁了施特勞斯的「隱微教誨」說和馬克思主義的還原主義）。斯金納借助約翰・奧斯丁（J. L. Austin）的語言哲學，將文本理解為在特定語境下的言語行為（act），而且他認為，歷史學家可以通過研究作者所處的廣泛的歷史語境，揭示出行為背後的意圖。然而，斯金納在講到自己所使用的「譜系學」（genealogy）時曾經提到，尼采運用譜系學方法時有一個信念，就是「如果你能夠追溯思想的起源，你就能推翻它的權威性」。他覺得在這一點上，尼采言過其實了。[30] 斯金納說的「權威性」和張旭東說的「普遍性」相近，但連斯金納這樣對思想的語境性極其敏感、在這一方面作出了巨大的學術貢獻的人，都意識到對語境的揭示無法削弱思想自身的有效性。張旭東或許需要重新考慮一下自己那些斷言在多大程度上站得住腳。

29　參見列奧・施特勞斯的《自然權利與歷史》和《相對主義》等著作和文章。

30　參見《剣橋學派與思想史研究：昆廷・斯金納訪談》，https://mp.weixin.qq.com/s/N_R_dbnk__PNMlAOXmEp4A

黑格爾：誤讀與矛盾的辯證法

仔細研究可以發現，張旭東談論康德和黑格爾的思想的語境性或階級性的時候，在表達上的差別都不大。但有這一段他對二者的語境差別進行了對比：

> 在康德寫作的時代，理性和啟蒙的思想仍然要在國王和大主教面前為自己爭權利，因而不免在謹慎下帶著一種自我肯定、自我辯白的衝動，有時候話說得有點武斷，有點絕對，有點自我中心。而黑格爾寫作的時代在拿破崙戰爭之後，資產階級國家的歷史必然性已經昭然若揭，擺在哲學家面前的工作變成了把康德那個天真爛漫的「永久和平」的和諧狀態理解為「世界歷史」時空裡的持續不斷的衝突：「主人與奴隸」的衝突；「自我與他人」的衝突；「一與多」的衝突；自由與秩序的衝突，等等。[31]

這確實讓我們看出了差別，但這種差別的根據何在？「有點武斷，有點絕對，有點自我中心」，這樣來形容康德是否合理暫且不說，但用它們來形容黑格爾，好像也還是不行。拿破崙戰爭的結果，勝利的國家如英國、奧地利和俄國並不比法國更能代表資產階級的立場，怎麼「資產階級國家的歷史必然性」就昭然若揭了呢？要是說耶拿戰役的時候倒還合理。

31　《全球化時代的文化認同》，頁142。

　　如果說張旭東所寫的康德和黑格爾有什麼明顯的差別，那最大的差別在於：他寫康德是缺乏論證，寫黑格爾則是一連串的謬誤。在第二講第三節「黑格爾法哲學裡面的普遍、特殊和同一性」，張旭東提到黑格爾下面的一段話：

〔法學〕作為科學的一個部門，它具有一定的出發點，這個出發點就是先前的成果和真理，正是這先前的東西構成對出發點的所謂證明。所以，法的概念就其生成來說，是屬於法學範圍之外的，它的演繹在這裡被預先假定著，而且它應該作為已知的東西而予以接受。[32]

張旭東對這一段做出了這樣的解釋：

如果我們在這裡把「法」（Recht）讀作資產階級市民的「權利」（Recht），我們就明白黑格爾在這裡說什麼了：財產、所有權和用它們來定義的「自由意志」有一個先於資本主義政治制度的史前史，這個不成文的史前史，加上近代以來對這個史前史的思想和理論上的闡發，就構成了資產階級法權的（歷史）出發點和（哲學）證明，就是康德的道德形而上學的全部內容。黑格爾謙虛地把自己的工作稱為「演繹」，意思是這種工作沒有什麼創造性，只不過是按照必須承認的假定，把「已知的東西」接受下來。而實際上，資產階級法學或法哲學最自信、最傲慢的地方，恰恰就在於這樣一種理解或自我理解：資產階級

32　黑格爾，《法哲學原理》，北京：商務印刷館，1982，頁2，轉引自《全球化時代的文化認同》，頁151。

的法權概念，「就其生成來說，是屬於法學範圍之外的」。這
種觀察是日後資產階級實證法的所有條文和程式的道德基礎和
「自然史」基礎。[33]

這一段對黑格爾法哲學的解讀，實在可以說得上是天馬行空。
如果張旭東的解讀是說得通的，那黑格爾豈不是成了歷史法學派？
居然會把「不成文的史前史，加上近代以來對這個史前史的思想和
理論上的闡發」作為自己理論演繹的出發點。如果看了《法哲學原
理》的上下文，斷然不可能作出如此解讀。在劍橋的英文版的同一
頁，那段引文有一個「補充」：「哲學形成一個圓圈。它有一個最
初或最直接的點——因為它必須從某處開始——一個沒有被證明的
點，也不是作為結果的點。不過哲學的起點是直接相對的，因為它
必須作為結果出現在另一個終點。哲學是一條序列，但這條序列不
是懸在空中，它不直接開始，而是自己繞成一圈。」[34]如果從這句
話去理解張旭東所引的那段話，那裡面所說的「先前的成果和真理」
指的是哲學的其他部分（比如邏輯學）的成果和真理，並不是什麼
「不成文的史前史，加上近代以來對這個史前史的思想和理論上的
闡發」。馬克思就曾經批評過黑格爾的法哲學說，他的邏輯推論並
不是從「現實的社會政治制度的特徵或特殊本質」出發，而是從他

---

33 《全球化時代的文化認同》，頁152。

34 G. W. F. Hegel, *Elements of the Philosophy of Right,* Cambridge:
   Cambridge University Press, 1991, p. 26. 在德語版中，這條補充在
   Suhrkamp版的頁30。Glockner版和英譯本參照的另一個版本
   Karl-Heinz Ilting's edition裡也有。張旭東所引用的商務印書館的中
   文版是根據德語Lasson版翻譯的，裡面沒有這段補充。

的邏輯學的抽象範疇來考慮的。[35] 這更加說明了，黑格爾的法哲學
是以其邏輯學的概念和原則為出發點的，跟張旭東無中生有的「資
產階級法哲學的傲慢」，沒有一丁點關係。

　　基於這樣的低級錯誤，張旭東在後面竟然言之鑿鑿地說：「今
天我們讀黑格爾這段話（上述頁151的引文），是要強調，在看自由、
個性、私利和『特殊性』的權利和必要性時，雖然不應忽略所謂『不
成熟國家』的問題，更要看到，無論不同國家形態的普遍性宣稱如
何，在其內在構成性因素中，總保持著一個歷史的、階級的起源，
一種價值上的具體性和特殊性。」[36] 他進而哀歎，「今天中國的一
些經濟學家、社會學家」一味鼓吹私有財產為基礎的個人權利和個
人自由，忽視了「法律之前」和「法律之上」的東西，並將這些學
者稱為「歷史虛無主義」，「根本上割斷了當前中國的現實和它的
歷史生成之間的關係，既沒有把自己的歷史作為『已知的東西』接
收下來，更推卸了自己作為歷史繼承人的道德責任、政治責任和理
論責任。」

　　如果張旭東只是一個段落的誤讀，我們倒沒必要窮追猛打，但
嚴重的是，他後面又引了一段，恰好是《法哲學原理》第2頁那一段
（「〔法學〕作為科學的一個部門……」，英文版在這後面還有「哲
學形成一個圓圈」一段）後面的第二段（英文版位置稍有不同），
而且是接著前面那段的理解繼續說：

　　不過定義大多從語源演繹而來，特別是從特殊事件中抽象出

---

35 Karl Marx, *Critique of Hegel's Philosophy of Right,* Cambridge:
　　Cambridge University Press, 1970, p. xxxiv
36 　《全球化時代的文化認同》，頁152。

來，所以是以人們的感情和觀念為基礎的。於是定義的正確與
否就看他是否與現存各種觀念相符合而定。〔但〕採用這種方
法，就會忽略科學上唯一本質的東西，即在內容方面忽略事物
本身（在這裡就是法）的絕對必然性，在形式方面忽略概念的
本性。[37]

　　針對這一段，張旭東的理解是：「這裡我們又一次看到，黑格
爾法哲學的真正矛盾在於如何把習俗性的、在歷史中自然生成的社
會生活形態和價值觀念──資產階級市民社會──『在哲學的高度
上』表述為『概念』和『絕對必然性』。」[38] 很明顯，他是順著他
對前面那一段的理解來說的，所以才會把黑格爾說的「特殊事件」、
「人們的感情和觀念」以及「現存各種觀念」，想當然地與「習俗
性的、在歷史中自然生成的社會生活形態和價值觀念」和「資產階
級社會」聯繫起來。
　　然而，他又一次忽略了上下文，在引文的前面講的是在羅馬法
裡，無法對「人」（human being）下一個定義，因為奴隸不能被算
在內，「財產」（property）和「財產所有者」（proprietor）一樣也
很難下定義。緊接著引文的後面，是：「可是在哲學的認識中主要
關注的是概念的必然性，概念生成結果的過程是其證明和演繹。」[39]
從此來看，引文裡明明說的是與「哲學認識」相對的認識方法，即
「形式的、非哲學的科學方法」（formal, non-philosophical method of
sciences）的弱點。而且明明在他的引文裡就有「採用這種方法，就

37　《法哲學原理》，頁3，轉引自《全球化時代的文化認同》，頁 154。
38　《全球化時代的文化認同》，頁154。
39　G. W. F. Hegel, *Elements of the Philosophy of Right,* p. 27.

會忽略科學上唯一本質的東西，即在內容方面忽略事物本身（在這裡就是法）的絕對必然性，在形式方面忽略概念的本性」這個轉折，不知道張旭東為何視而不見。

這裡關鍵的不是他對上述的兩段引文（「〔法學〕作為科學的一個部門……」和「不過定義大多從語源演繹而來……」）的理解完全錯誤，而是這兩段在這一節裡（「黑格爾法哲學裡面的普遍、特殊和同一性」），乃至在整個第二講（「『普遍性』的歷史語境：從康德到黑格爾的自由和權利觀念」）裡，是對黑格爾思想的「特殊性」的主要論證。張旭東想要證明：黑格爾所使用的法哲學的概念，有著特定的歷史來源，而且黑格爾本人對此有著深刻的自覺，所以在方法論上有足夠的合法性談論黑格爾思想的「特殊性」。然而他的這個理解是錯的。黑格爾不僅沒有那個意思，而且從第二個引文可以看出，他是把張旭東的那種理解作為與真正的哲學方法的對立面來談論的。把這兩個（錯誤的）理解摘掉，張旭東的特殊性論證就基本垮了，因為他在談論康德那一塊也沒有提供任何論證。

在論述黑格爾的部分，還存在一個他自己有可能意識得到，也有可能意識不到的問題，那就是儘管他認為自己在論證黑格爾思想的特殊性，但他在抽象和具體的層面都對黑格爾思想的普遍性進行了實質的肯定（即超越口頭的肯定）。

從抽象層面上，張旭東無疑是承認黑格爾辯證法的普遍性的，或者說，他自認為自己這本書就是建立在黑格爾辯證法的基礎上的，只不過他比黑格爾看到了更高的辯證發展的可能，也就是西方與非西方之間的辯證關係。至於他的黑格爾辯證法運用得是否地道，我們後面再談。

這樣在黑格爾思想的普遍性和特殊性之間躥來躥去有沒有問題呢？照張旭東自己的說法，是沒有問題的，這也是一種辯證法：「我

們眼下的任務是，一方面，要論證普遍性的自我假定的正當性，不可輕率地站在一個『特殊性』的立場上否認普遍意義的存在。另一方面，要對一切普遍性的具體表述提出質疑，努力在其出現的具體的歷史語境裡辨析它們的特殊性和局限性。」[40] 在後面他馬上接著說：「在捍衛普遍性觀念時，我無意支持普遍理性、人權、理性或公共交往等要求。像康德、黑格爾、哈貝馬斯都在不同的場合、針對不同的問題，宣稱有一種絕對的、形而上學的律令、規律或規範性，它們界定了普遍性，構成了一個明確的、不容置疑的意義場和價值的仲裁所。這種立場我們不能贊同。」

這裡的意思是，張旭東可以認同西方的某些普遍性觀念，但那些規範性層面的觀念，普遍理性、人權、理性或公共交往，張旭東基本都不能認同，理由是它們「既沒有為文化和生活世界的多元性提供任何概念上的可能性，也沒有對它自身同其具體歷史中的價值衝突和利益的特殊性之間的關係做出令人信服的說明。」

於是我們產生疑問，除了前面說的辯證法，張旭東所認同的西方「普遍性觀念」有哪些呢？和他對黑格爾的論述來看，至少還有兩個，那就是「主奴辯證法」和「主權」觀念。

前面我們說到張旭東借助科耶夫對黑格爾主奴辯證法的解讀，將其與普遍性和特殊性的辯證法聯繫了起來，但即使不在科耶夫的意義上，張旭東對主奴辯證法也是認同的。這與主奴辯證法裡包含的「承認」有關：

　　人首先是一種「自在」的存在，並不一定意識到自己是什麼。但最後人要變成自為的存在，變成具有自我意識、並且又超越

40　《全球化時代的文化認同》，頁32。

了狹隘的自我意識的「概念的實體」。在這個過程中，人不斷
吸取別人的、異己的、外在於我的東西來豐富其自我意識，但
這樣做卻是為了自我的確證，為了得到他人的承認；只有得到
他人承認的自我才是實體。[41]

正如我們前面說到，「承認」的這個概念，與文化政治中蘊含
的「主體性」概念有一定關聯，所以張旭東認同主奴辯證法，倒也
在情理之中。但除了辯證法和主奴辯證法，張旭東還認同黑格爾的
另一個概念以及與之相關的論證，那就是「主權」。其實黑格爾在
《法哲學原理》裡，大部分時候講的不是「主權」（sovereignty），
而是「主權者」（sovereign），也就是君主。

張旭東為什麼喜歡「主權」概念呢？因為它的「一個基本方面
就是它是最高的、絕對的、不可分割的權威和自主性」，或者說，
是「主體性的最高的自我認識和自我確認」[42]，同樣和文化政治中
的「主體性」有關。在這一部分張旭東有這麼一句話：「黑格爾雖
然強調對內主權的唯一合法形式是『人民主權』，但他同時又強調
國家意志的『具體的客觀性』，即作為『國家的自我確信』的『國
家人格』，即『君主』。」[43] 黑格爾並沒有說過對內主權的唯一合
法形式是「人民主權」（popular sovereignty）；恰好相反，他覺得
「人民主權」這個概念是基於對「人民」（the people）概念的歪曲
性應用，真正的主權只能在君主那裡。因為主權必須存在於一個人
格（person），只有君主才有人格，抽象的「人民」並沒有，或者

41　同上，頁163-164。
42　同上，頁172。
43　同上，頁173。

說，即便有，那也是在君主那裡。如果要講「人民主權」，那是把
「人民」當成整體，意思和「主權在國家」差不多。[44]

　　然而，這不妨礙他對黑格爾的以下表述產生認同：

> 每一個民族的國家制度總是取決於該民族的自我意識的性質和
> 形成；民族的自我意識包含著民族的主觀自由，因而也包含著
> 國家制度的現實性。[45]

　　同樣地，這與非西方民族的「主體性」有關。從上面的分析可
以看出，除了辯證法，張旭東對黑格爾思想的其他部分的普遍性的
確認，似乎只有一個標準，那就是能否「為我所用」，或者說，能
否為「文化政治」所吸納。結合其前面所說的，他認為那些西方觀
念「既沒有為文化和生活世界的多元性提供任何概念上的可能性，
也沒有對它自身同其具體歷史中的價值衝突和利益的特殊性之間的
關係做出令人信服的說明」，我們同情地理解，他的意思似乎是說，
是否能容納非西方民族的主體性，也是普遍性的一個標準。這個標
準似乎能解釋，為什麼張旭東對黑格爾法哲學的其他部分，和黑格
爾的歷史哲學，始終不願意承認其普遍性，因為前者論證的是一套
與中國歷代制度完全相異的政治制度，而後者如此描述中國：

> 中國很早就已經進展到了它今日的情狀；但是因為它客觀的存
> 在和主觀運動之間仍然缺少一種對峙，所以無從發生任何變
> 化，一種終古如此的固定的東西代替了一種真正的歷史的東

44　G. W. F. Hegel, *Elements of the Philosophy of Right,* pp. 316-319.
45　《全球化時代的文化認同》，頁174。

西。中國和印度可以說還在世界歷史的局外，而只是預期著、等待著若干因素的結合，然後才能夠得到活潑生動的進步。客觀性和主觀自由的那種統一已經全然消弭了兩者間的對峙，因此，物質便無從取得自己反省，無從取得主觀性。所以「實體的東西」以道德的身分出現、因此，它的統治並不是個人的識見，而是君主的專制政體。[46]

然而如果把「是否能容納非西方民族的主體性」作為普遍性的標準，那張旭東的許多論斷恐怕也是站不住腳的，比如康德的學說，並非不能容納非西方民族的主體性，因為他並不像黑格爾，既沒有對非西方民族的明確貶低，也沒有認為歷史只在西方才到達頂峰。同樣地，「普遍理性、人權、理性或公共交往」，不知道為何就「沒有為文化和生活世界的多元性提供任何概念上的可能性，也沒有對它自身同其具體歷史中的價值衝突和利益的特殊性之間的關係做出令人信服的說明」？西方學界早已經發展出多元文化主義（multiculturalism）、交叉性（intersectionality）理論等應對文化多元性的學說，這些學說也並沒有排斥「人權」、「理性」和「公共交往」等概念。換個角度說，辯證法也好，「土權」概念也好，裡面包含的西方文化元素恐怕不比上面幾個概念要少，為何張旭東卻厚此薄彼？

這又回到前面說的，除了辯證法，張旭東對黑格爾思想的其他部分的普遍性的確認，如果只有「能否為我所用」一個標準，那這種標準如何取信於人，尤其是那些對西方文化存在認同的人？本書論述的目的之一，就是要破除對包括黑格爾思想在內的西方普遍主

---

46 黑格爾，《歷史哲學》，上海：上海書店出版社，2001，頁117。

義話語的迷信，而迷信是無法被主觀性和任意性破除的，如果真的
存在這樣的迷信的話。

尼采、韋伯與施米特：生存論的啓示

　　如果說張旭東的康德黑格爾部分是將普遍性還原為特殊性的過
程，或者說「破」的過程，那尼采、韋伯和施米特的部分就屬於既
「破」又「立」。一方面，張旭東借助這幾位思想家對西方普遍主
義的批判和反思，進一步給西方思想祛魅；另一方面，從他們的「教
誨」中，張旭東汲取了文化政治學的靈感，為中國文化確定主體性
和普遍性的道路指明了方向。因此，這個「立」的過程，雖然遠未
完成，但藍圖似乎在此已經畫好。

　　尼采等幾位後黑格爾的德國思想家對於文化政治學的作用，具
體來說，體現在以下三個方面：一是對西方普遍主義的批判，二是
教導置之死地而後生的覺悟，三是對決斷和鬥爭的召喚。第一個仍
是「破」，後面兩個則是「立」。

　　如果說前面張旭東對康德和黑格爾的普遍性的還原是失敗的，
那尼采和施米特則為批判西方普遍主義提供了絕佳的彈藥。在第三
講的「尼采的歷史批判和文化批判：《不合時宜的觀察》」一節，
張旭東如此說道：

　　　換句話說，尼采站在一種存在論[47]的特殊性立場上抵抗市民社

47　張旭東所說的「存在論」（existentialism）也就是我所說的「生存
　　論」，因為ontology也可翻譯成「存在論」，為避免混淆，我便不
　　用「存在論」翻譯existentialism。

會的普遍主義和歷史主義。他認為價值和文化問題無法消解在
康德式的普遍理性和普遍自由概念中，也無法被黑格爾的「世
界歷史」所揚棄。恰恰相反，從尼采的角度看，這些普遍性的
修辭都是現代社會的心理症候和意識形態幻覺，它們被發明出
來正是為了「克服」那種衝突。但在這個過程中，普遍性代表
的並不是什麼真實的、實質性的普遍，而往往是具體的、特殊
的、局部的利益。西方資產階級現代性的積累、擴張、自我認
識和普遍化傾向，對於尼采的超歷史的「價值重估」，都變成
了無意義的量的膨脹和質的粗鄙化。所以尼采的意志論，帶有
很強的重新確立個人和集體認同的欲望。這在客觀上挑明了現
代性的普遍性修辭無法解決的人的價值取向和自我理解，從而
使得問題又一次從「過程」回到了「本質」，從「變」回到了
「存在」。尼采必須同時（為）這種存在和文化政治的特殊性
立場發明一種形式上的整體性，不過它必須是一種拒絕理性、
道德和審美的普遍主義的或「否定之否定」邏輯的整體性。[48]

尼采有一半以上的作品都可以歸入「對西方普遍主義的攻擊」，
只不過這個「西方普遍主義」有著不同的名字。在《悲劇的誕生》
中，它叫「蘇格拉底主義」：

人們不妨設想一下沒有神話指引的抽象的人，抽象的教育，抽
象的風俗，抽象的權利，抽象的國家；設想一下藝術想像力不
受本地神話約束而胡亂遊蕩；設想一下一種沒有堅實而神聖的
發祥地的文化，它注定要耗盡一切可能性，發育不良地從其他

48　《全球化時代的文化認同》，頁226。

一切文化吸取營養——這就是現代，就是旨在毀滅神話的蘇格
拉底主義的惡果。[49]

「所謂『蘇格拉底主義』，是指哲學或『科學』變成了人生的
最高目的和唯一使命，從而導致了知識的氾濫和極端化，『求知欲』
導致了整個世界被籠罩在『一張普遍的思想之網』裡面。」[50] 雖然
在《悲劇的誕生》中，尼采提到康德和叔本華對科學蘇格拉底主義
的限制[51]，但康德和黑格爾的思想，在某種程度上都可以算是「蘇
格拉底主義」的變種，而「抽象的人」、「抽象的權利」、「抽象
的國家」，用來批評黑格爾他或許不承認，但用來批評康德則不算
無的放矢。

在《道德的譜系》中，它叫「奴隸道德」：

道德上的奴隸起義開始於怨恨本身變得具有創造性，並且產生
價值的時候；這種怨恨來自這樣的存在物，他們不能用行動做
出真正的反應，而只會通過幻想中的復仇獲得補償。一切高尚
的道德都來自一種凱旋般的自我肯定，而奴隸道德從一開始就
對「外在」、「他人」、「非我」加以否定，這種否定就是奴
隸道德的創造性行動。這種顛倒的價值目標的設定——其方向
必然是向外，而不是反過來指向了自己——正好屬於這種怨
恨。[52]

49　《悲劇的誕生》，頁100，轉引自《全球化時代的文化認同》，頁
　　291。
50　《全球化時代的文化認同》，頁293-294。
51　《悲劇的誕生》，孫周興譯，北京：商務出版社，2012，頁145。
52　尼采，《論道德的譜系·善惡的彼岸》，桂林：灕江出版社，2000，

「奴隸道德」是尼采對基督教道德體系的蔑稱。基督教從誕生之初便是一種普遍主義，康德的道德哲學有著深厚的基督教淵源，而黑格爾的哲學甚至被洛維特（Karl Löwith）稱為「宗教哲學」。在《敵基督者》中，尼采對當時歐洲流行的道德觀念批判道：「道德不再表達一個國家生活和成長的狀態，不再是一個國家最深層次的道德直覺，而變成了抽象的、生活的對立面──道德是生活想像力的退化，是監督所有事物的『惡毒眼光』。」[53] 這怎麼看都像在抨擊康德。

雖然，尼采對蘇格拉底主義和奴隸道德的批判，目的不是為了將西方思想的普遍性還原為特殊性，但它們同樣也對這些思想的有效性產生了衝擊。對於張旭東來說，只要那些普遍主義的思想的有效性產生動搖，那它們相對於別的文化裡的思想的權威性也就自然減弱。要說最能震撼這些普遍主義思想的，那當屬尼采的真理觀。尼采的真理觀，一言以蔽之，就是打破「真理」和「謬誤」的界線：「真理並不表示謬誤的對立面，而是某些謬誤對於另一些謬誤的位置，比如它們更老、更深地被同化了，沒有它們我們不知道怎樣生活，以及諸如此類。」[54] 張旭東對此解釋道：「真理的用處決定真理的有效性，而真理的有效性僅僅來自生活世界，來自人的『這個真理對我有沒有用』的考慮，來自人的存在的決斷，來自人的根本的價值指向，來自『強力意志』。」[55] 如果真理的有效性在於其用

（續）

　　頁20-21。

53　李・斯平克斯，《導讀尼采》，重慶：重慶大學出版社，2014，頁
　　68。

54　尼采，《權力意志》，孫周興譯，北京：商務印書館，2007，第11
　　卷，頁35。

55　《全球化時代的文化認同》，頁330。

處，那其特殊性或相對性就是題中之義，因為對你有用的對我未必有用，對西方有用的對中國未必有用。這也是尼采的「視角主義」（perspectivism）的一部分。

除了尼采，施米特對自由主義的批評，也可以視作一種對西方普遍主義的抨擊，至少在張旭東看來可以。施米特對自由主義的批評集中在其議會民主制上：

> 施米特對這個時代政治生活的基本看法是，議會民主制在相當程度上已經被「大眾政治」──通過現代傳媒進行的宣傳、廣告式的競選語言、煽動性的傳單、滿足大眾「最直接的需要和衝動」的種種廉價的保證和主張──架空和取代。這進一步威脅到市民階級在議會民主的框架內凝聚社會共識、揭示和發揮社會政治力量的主流、控制和行使國家權力的可能。簡單地說，魏瑪共和國的自由主義憲法有可能為憲法的敵人打開通向國家權力的道路，這是施米特的核心論點。[56]

施米特對自由主義的批評當然不僅限於此，篇幅所限，不多贅述。我們只需知道，在張旭東看來，西方普遍主義，最實在、最具體的呈現就是西方的自由民主制度，所以如果施米特對議會民主制的批評是站得住腳的，那西方的普遍主義就要遭受嚴重質疑：一種在西方國家都存在重大隱患的制度，其背後的思想又如何取信於非西方地區的人民呢？

在削弱西方普遍主義的威脅以後，張旭東試圖從尼采等思想家那裡找到重新起航的要義，那就是「置之死地而後生」：

56　同上，頁504-505。

尼采對西方文化的歷史批判和「價值重估」是超歷史的、形而
上的，是一種存在論的再奠基。但在具體的社會文化框架裡，
他所做的卻的確是西方市民階級生活世界的內部危機和斷裂的
超越和重建，是用西方歷史文化的內在的連續性去「克服」西
方現代性內在的非連續性。反觀近代中國的歷次社會革命和文
化革命，往往是用現代性內部的連續性（如「科學和民主」的
進步觀；「歷史發展規律」和「生產力」等普遍的、自我同一
的概念和價值體系）去推進和促成中國歷史文化整體形態內部
的非連續性和斷裂，比如「傳統與現代」，「感情與理智」的
二元對立。尼采把西方現代性的特殊性放在普遍性的框架裡來
思考，從而完成了這種特殊性內部斷裂的超越；而現代中國知
識分子似乎卻一直把中國文化世界的普遍性問題放在特殊性的
框架裡來思考，結果只能離這種普遍意識的自我確證越來越
遠。[57]

在尼采看來，當時的西方面臨空前的精神危機，這個危機就是
「虛無主義」。這種虛無主義與前文說的「蘇格拉底主義」有一定
聯繫，其問題「不是一般意義上的空虛、無所事事、缺乏內容，而
是當人從價值、文化和信仰的本原中『抽象』和游離出來後的那種『注
定要耗盡一切』和『吞食一切都不能使他饜足』的歷史狀態。」[58]尼
采的做法，一方面是治重病下猛藥，對這種虛無主義進行更加激烈
的攻擊，另一方面，是嘗試從古希臘尋求精神資源，以再次啟動西
方文化的生命力。古希臘文化的精要在於：

57　同上，頁252。
58　同上，頁292。

希臘人的文化概念——它和羅馬人的文化概念截然對立——就
向人展示了它的本來面目：這個概念就是，文化是一個新的、
改善了的自然（physis），它沒有內部和外部，沒有偽裝和常
規。根據希臘人的概念，文化就是生命、思想、外表和意志的
和諧一致。[59]

用張旭東的話說，這是「通過『變』再一次明確了『不變』，
通過『自我的超越』又一次建構起西方文化的更具有活力的自我認
同」。[60] 與之相對，中國近代的知識分子，他們面對所謂的「三千
年未有之大變局」，不能從中國傳統的精神傳統裡尋找資源以應對
危機，而是將西方思想如「科學與民主」等援引進來，力圖走捷徑
來實現民族的「救亡」，雖然最後取得了反帝的勝利，但也為後來
中國的「普遍性」在西方的「普遍性」面前低人一等埋下了伏筆。
    從尼采的「置之死地而後生」來評價中國近代思想的演變，是
一個頗有見地的思路。然而張旭東這裡的說法，與他在別處所說的
有一點矛盾。他在書中幾次表達過對竹內好的魯迅研究的欣賞，而
竹內好所理解的魯迅，恰好就是「置之死地而後生」的典範，或者
說，他正是作為中國文化「置之死地而後生」的媒介：

近代中國，不經過魯迅這樣一個否定的媒介者，是不可能在自
身的傳統中實行自我變革的。新的價值不是從外部附加進來

---

59 Friedrich Nietzsche, *Unfashionable Observations.* Trans. Richard T.
    Gray. Stanford: Stanford University Press, 1995, p. 167. 轉引自《全球
    化時代的文化認同》，頁251。
60 《全球化時代的文化認同》，頁219。

的，而是作為舊的價值的更新而產生的，在這個過程中，是要
付出某種犧牲的；而背負這犧牲於一身的，是魯迅。正是魯迅
才承受住了這重負，沒有絲毫的媚骨。[61]

　　作為一個「否定的媒介」，魯迅在新文化運動中將傳統中國文
化稱為「吃人的文化」。正是有魯迅的存在，中國文化才能實現「回
心」，實現「割裂過去以新生」，在這個基礎上，張旭東才能談論
竹內好對日本的批判和對中國的讚賞。但有趣的是，張旭東在著作
中提到尼采和魯迅的聯繫，提到竹內好的魯迅研究，尼采之於19世
紀末的西方文化，與魯迅之於民國時期的中國文化，其「置之死地
而後生」的相似性已經呼之欲出，但他就是沒有說出來，而更多是
在強調他們在「反啟蒙的啟蒙」上的共通性。那麼問題就來了，在
張旭東來看，近代先賢的路究竟是走對了呢？還是沒走對呢？
　　在《文化政治與中國道路》一書中，他應該是覺得走對了的。
如在〈五四與中國現代性文化的激進詮釋學〉一文，他如此評價五
四運動：

　　只有通過這樣的文化與政治的融會貫通，「中國」落實到中國
　　人的文化—心理本質的基礎上，不過這已經不是舊文化，而是
　　文化革命所帶來的新文化和作為歷史主體的「新人」。也只有
　　通過這樣的文化與政治的融會貫通，中國才成為普遍歷史的一
　　個有機組成單位，不是作為殖民地或半殖民地，而是作為文化
　　主體和價值主體的新的主權國家，加入世界歷史的辯證運動中

61　竹內好，《近代的超克》，北京：生活・讀書・新知三聯書店，2005，
　　頁151。

去。自此，現代中國才具備了既「中國」又「現代」的可能，
也就是說，它終於在理論上有可能克服非西方世界在面對近代
西方的興起和全球擴張時所面對的深刻的自我認同的斷裂，即
那種「要中國就不現代，要現代就不中國」的兩難境地。[62]

　　這裡的理解，和前面批評近代知識分子製造非連續性和斷裂已
經相距甚遠，一下變成「克服非西方世界在面對近代西方的興起和
全球擴張時所面對的深刻的自我認同的斷裂」。在這一點上，與其
說是因為時移勢易，張旭東的認識水準有所提高，不如說是這些以
中國文化為本位的當代知識分子，在面對近代啟蒙先賢的時候，呈
現出一種複雜而矛盾的心態：一方面，他們認為當今中國的政治、
文化與這些先賢的智識努力無法完全割裂開來，另一方面，他們對
近代先賢否定中國傳統文化、造成了傳統和現代的斷裂始終難以釋
懷。這也可以解釋，為什麼汪暉會欣賞章太炎和杜亞泉這類從傳統
中國尋求超克現代性的精神資源的思想性人物。
　　尼采和魯迅有一點不同，那就是尼采是從古希臘，也就是在自
己的傳統內部尋找資源，而魯迅等啟蒙先賢是從西方那裡尋找資源
（雖然魯迅對這些思想資源，尤其對它們在當時中國的適用性也提
出過一些質疑，但我覺得將魯迅「反啟蒙」的一面作為主流是言過
其實的），這裡又引出一個問題，為什麼一種文化的自我更新，借
助自己內部的資源就可以，借助外來的資源就讓後來者覺得情難以
堪？原因恐怕不是從這種差別本身來找，而是要從結果來找，我們
下節再談。
　　在「生死存亡」的語境下，張旭東呼籲中國文化的「擔綱者」

62　《文化政治與中國道路》，頁9。

學會「決斷」，也就不奇怪了。「決斷」（decision）的說法，現在讓中國思想界的人很自然地就想起施米特，然而尼采和韋伯談論「決斷」，都比施米特要早。

從前面的引文可以看出，對於尼采來說，真理的有用與否也部分地要依靠「決斷」，但最根本的是「決斷」是「價值的決斷」：

這是一種基於根本的價值觀和自我認同所作的決斷和選擇。這種選擇本身就是一種「所有價值的重新判定」；它本身就要求人在思想和意識形態上超越那種早期市民階級和基督教關於普遍秩序的說教。你是什麼，不是什麼；最終你要什麼，不要什麼；在歷史重大關頭怎麼走；在困難的或者說是兩難的處境中抱住什麼、守住什麼、割捨什麼、放棄什麼，這些都不是靠議會辯論或立法，不是靠新聞自由，更不是靠人均國民生產總值就能解決的問題。在這些根本問題上，很少有協商和妥協的餘地，說服的力量顯得很蒼白。「理性」在這裡看上去好像是功利計算，經常被拋在一邊用。[63]

韋伯的「價值的決斷」發生在德國的帝國主義時期：

德國要做一個什麼樣的國家；德國人要做什麼樣的國民；德意志民族在當代世界競爭中如何自我定位；它有什麼樣的世界歷史的抱負。具體說，就是德國是滿足於講求實惠、放低姿態、韜光養晦、只圖小康安逸的生活，還是要堅持、追求和實現做一個有世界歷史意義的大國的權利。韋伯從正反兩方面論述了

---

[63]　《全球化時代的文化認同》，頁222。

前者的不可能和後者的必要性。[64]

尼采的決斷者是具備「超人」潛質的智識人,韋伯的決斷者是
資產階級政治家,而施米特的決斷者則是主權者:

> 所謂「主權者」,就是能在法律之外和之上,在一切成文法都
> 失效了的時候做出最後仲裁和決斷的那種權力主體。法律不能
> 約束主權者,因為主權者代表「社會政治生活的實際連續性」,
> 而法權只是它的「一個部分」,即它的所謂「正常狀態」。施
> 米特說「主權者決定什麼是例外情況」的意思是,國家權力的
> 最根本的基礎和最高形態,在社會政治生活的「按部就班」
> (routine)的常態中是隱蔽在法律的規範形式裡的,它只有在
> 自己的「邊界情形」(borderline case)中才會出現,所以「國
> 家理論的一般理論」,必須考慮到這種「例外」情況。[65]

從篇幅上可以看得出,儘管施米特的「決斷主義」名聲在外,
但張旭東更加看重尼采那種在價值和文化上的決斷。按照張旭東的
意思,「決斷」並不是任意的:

> 「決定」或「決斷」的含義並不是非理性的冒險,不是唯意志
> 論,而是說要透過日常生活的瑣碎領悟到自己是誰,要做什麼
> 樣的人,是由此而來的對自己的生活世界的理解、肯定,以及

64　同上,頁375-376。
65　同上,頁538-539。

為此目標而行動的勇氣。[66]

　　在此，張旭東為「決斷」增添了文化政治的色彩。因此可以說，當年面臨三千年未有之大變局的中國知識分子，對於中國文化乃至中國的未來，紛紛做出了決斷，他們各自的決斷和大的形勢的相互作用，彙聚成了後來的文化格局。在張旭東看來，如今又到了需要做決斷的時候，這種決斷一樣是「文化政治」的決斷：雖然中國人不再面對「生死存亡」的問題，但是一百多年過去，中國文化在西方文化面前，依然只是一種特殊性，而西方文化卻在普遍性的位置上屹立不倒，所以如今的決斷，是為得到進一步承認的決斷，是要追求更高的「普遍性」的決斷。

　　張旭東認為普遍性和特殊性的辯證法是自己的著作的基本方法論，在後續的討論中，他提到了辯證法與生存論（張旭東所說的存在論）這「兩條路線的鬥爭」：「本書處理這一主題線索的方法是將它（尼采—韋伯—施米特一脈）放進同德國古典哲學構建的世界歷史和世界歷史主體的普遍性追求的『大敘事』和『辯證總體』的對話、衝突和鬥爭中去，把它的存在論和生命哲學的『肯定性』作為黑格爾—馬克思式的歷史辯證思維自我否定、自我生成之『否定的精神』的『否定之否定』，以便重新打開『普遍與特殊』的辯證法。」[67] 也就是說，他認為，尼采—韋伯—施米特部分是作為普遍性與特殊性的辯證法的「否定」和「否定之否定」的環節出現的。否定的部分容易理解，前面說到尼采對西方普遍主義的某種形式的

66　同上，頁223。

67　張旭東，〈當代普遍性論述的知識譜系、文化政治與歷史決定——《全球化時代的文化認同》（第三版）筆談〉，發表於《東方學刊》2021年3月春季刊。

批判，都可以算作「否定」，而否定的否定，則相當於前面說的「置
之死地而後生」：

> 經過尼采和韋伯的「堅持」，基督教──市民世界在現代世界整
> 體性的蕪雜、混亂、斷裂中看到了自身價值世界的完整性和單
> 一性，在「他人」──非市民階級和非西方世界──的生活世
> 界的非連續性中把自身生活世界的連續性重新虛構出來。這個
> 新的現代西方主體的真理性，如今已經不再需要上帝或任何外
> 在權威（自然、傳統、王權，等等），而是來自市民階級的世
> 俗價值上的自我肯定和自我實現。[68]

然而，將尼采等人的生存論涵蓋在辯證法裡，或許存在一些問
題：

尼采第二講的最後一節，「消解與自我肯定：後現代主義文化
政治裡的尼采主義」，重點講的是德勒茲對尼采的解讀一樣。德勒
茲認為尼采最大的貢獻在於對黑格爾的批判，「對肯定與否定，普
遍與特殊的辯證法的批判」；黑格爾在同一性裡面加入了許多差異
性的環節，然後通過克服這些差異性而達到同一性的更高階段，但
尼采通過「價值重估」、「永恆復歸」和「權力意志」，將辯證法
徹底取消了。這一節對黑格爾的辯證法的批判極其詳盡，但生存論
是如何被辯證法涵蓋的，卻只有寥寥數筆，這便讓人感到疑惑：如
果德勒茲這部分的批判是成立的，那張旭東後面還有什麼理由將尼
采等人的生存論納入「普遍與特殊」的辯證法之中呢？如果他的批
判是不成立的，那反駁的論證在哪呢？

68　《全球化時代的文化認同》，頁370。

　　這種解讀還存在另一個問題，那就是按照張旭東的說法，前面對康德和黑格爾的論述，應該是闡述西方普遍主義話語如何建立起來的過程，作為普遍性和特殊性的辯證法的肯定的環節，如此後面尼采—韋伯—施米特那部分才能作為「否定」和「否定之否定」的環節。但實質上我們看到，在康德和黑格爾部分，他論述的重點變成了「這種普遍性如何可以還原為特殊性」，且不說要同時做到「如何建立普遍性」「將普遍性還原為特殊性」有多麼困難，這裡的關鍵在於：倘若後者的論證是失敗的，那前者又如何真正建立起來呢？亦即，如果康德和黑格爾的思想的普遍性沒有先被張旭東還原為特殊性，那這個「西方普遍主義話語如何通過康德和黑格爾來建立」的問題便無從說起了，因為他們的思想一開始就是普遍主義的。

文化政治與中國道路

　　我們應該將張旭東與他一些同時代的學者放在一起看，這樣才能從更全面的角度理解文化政治學的籌畫。

　　張旭東選取尼采、韋伯和施米特，這或許並非偶然。在2000年前後，劉小楓發表了〈尼采的微言大義〉、甘陽發表了以韋伯為主題的〈走向政治民族〉，而劉小楓和中國法學界的強世功等人正在努力紹介施米特的著作。他們彼此之間的問題意識是呼應的，也就是張旭東在《全球化時代的文化認同》裡一直強調的，將西方的普遍性祛魅，將其還原為某種特殊性。

　　這裡有兩位實踐者最值得一提。在投入這個籌畫的學人裡，劉小楓是最用功的，也是產出最為豐厚的，儘管他並不是新左派的一員，但他通過另一條進路和新左派的裡的「中國道路」派會合到一起。由於劉小楓在瑞士巴塞爾大學攻讀博士，而尼采曾在巴塞爾大

學短暫任教並留下深遠影響。他決定師法尼采,跳過現代西方思想,直接向古希臘文化取經。在摸索的過程中,劉小楓接觸到甘陽推薦的列奧‧施特勞斯。作為古希臘經典的解經大師,施特勞斯擁有幾乎一切劉小楓想要的元素:除了對柏拉圖、色諾芬、阿里斯托芬等古希臘作家瞭若指掌,他對自由主義、虛無主義、相對主義的批判,也頗有分量和別具一格。最重要的是,施特勞斯將蘇格拉底從尼采的「蘇格拉底主義」裡解放了出來,他用自己的「顯白教誨」和「隱微教誨」的區分,塑造了一個深得保守主義者歡心的蘇格拉底,將柏拉圖傳統納入與西方現代性對立的陣營。用張旭東的語言來說,劉小楓的思路是:通過對古代西方思想的拔高,將現代西方思想貶為「特殊性」,或者貶為古代西方思想的「歧出」,而通過對古代西方思想和古代中國思想的「比附」,將中國思想整體拉高到「普遍性」的高度,以形成對現代西方思想的精神優勢。這就是將「中西之爭」置換成「古今之爭」。這樣的策略,給《全球化時代的文化認同》的作者提供了一條操作性相當強的實踐路徑參考。

2000年以來,劉小楓不僅主編了數十本以施特勞斯學派的詮釋為主的《經典與解釋》,而且在多所高校掛職,帶研究生和博士生。他和甘陽等人,見縫插針地在各種假期舉辦「古典學研習班」和「古典學研討會」,2010年前後,他基本實現了,讓中國思想界的學徒們「言必稱希臘」。最難得的是,劉小楓不僅能做軍師,也能做大將,他讓自己門下的學生去注經,每個人鑽研一個經典作者,就像經營好糧草一樣,他自己去衝鋒陷陣,開疆拓土。他的著述量,同輩學人無人能比,後輩學人更是望塵莫及,幾乎是一年一本。關於施特勞斯他出過《施特勞斯的路標》,關於施米特他出過《現代人及其敵人:公法學家施米特引論》,關於儒家他出過《儒教與民族國家》,關於盧梭、柏拉圖、熊十力、劍橋學派、海德格爾、世界

歷史、阿里斯托芬⋯⋯他都單獨出過書。

　　另一個是在文章一開頭出現過的汪暉。汪暉是從魯迅研究起家的，他的魯迅研究在許多方面與竹內好不謀而合，但他更側重魯迅反思啟蒙的那些面向。他是個標準的新左派，甚至可以說，他是新左派裡最面面俱到的人物，各個面向都能發現他的身影：弱勢關懷、國家能力、文化政治⋯⋯他的研究裡有兩塊為他贏得巨大聲譽，一個是他的《現代中國思想的興起》，另一個是他的中國革命研究，以《去政治化的政治》和《世紀的誕生》為代表。他的問題意識和上述幾位人物類似，而且跟劉小楓剛好互補：劉小楓的專長是西方思想史，對中國近代以來的政治史和現實政治探討較少，而汪暉甚少就西方思想史的問題進行撰文，即便他專門以韋伯為題目，後面扣緊的也是中國的現代性問題。正如我們在文章開頭所說，汪暉最終的關注和那些以中國文明為本位的知識分子很像，他也確實批評過自由主義，但當時甘陽也在被批評之列（甘陽的立場有過多次變化）[69]。相比劉小楓，汪暉對自由主義的批評比較貼近中國的現實，比較少就抽象的理念本身進行批評（比如虛無主義），他對貶低西方現代性的興趣似乎也不大，他的批判是以防禦性為主。但他是當代中國的一個堅定的捍衛者，也對中國共產黨寄予厚望，他認為這個從革命黨變成執政黨的組織是中華文明繼往開來的承擔者，這一點和劉小楓不謀而合。不同的是，他們兩人對中國革命有著不同的理解。在汪暉看來，所謂的革命，看似對傳統中國進行了徹底的否定，實際上卻讓中華民族重獲新生，也就是說，竹內好用來概括魯迅和近代中國的許多內容，似乎都被汪暉用在中國共產黨身上。與

69　參見汪暉，〈當代中國的思想狀況與現代性問題〉，收於《去政治化的政治》，北京：生活・讀書・新知三聯書店，2008。

此相對，劉小楓是從「儒家革命論」的角度來理解中國革命，這也
導致了他對文化大革命持基本的否定態度，而汪暉則將文化大革命
視作中國革命的延伸，並賦予其超越國別的意義。

　　如果說張旭東的文化政治學是一種元理論，那劉小楓和汪暉的
論述就是更為具體的理論框架。這當然不是說張旭東比劉小楓和汪
暉高明，而是說，相比後兩者，他更擅長進行方法論上高屋建瓴，
或者說，描繪藍圖，在事情還沒做成之前，意義就已經先想好了，
但在對文化政治的實踐上，他本人的成果——如我們從《全球化時
代的文化認同》可以看到的——乏善可陳。尼采的兩講寫得很出色，
但那是站在了盧卡奇的肩膀之上。

　　我們將劉小楓、汪暉、甘陽，和張旭東一起作為文化政治學的
代表人物，並不是對前三人的貶低，而是說，他們四人確實具有共
同的問題意識和克服問題的共同願景（vision），那就是要恢復中國
文化的普遍性和連續性，對作為「西方文化殖民」之陣地的中國的
自由主義進行徹底的否定，至於在具體的實踐上，每個人都有各自
的擅長和偏好。張旭東自己擅長的當代中國文學的分析，也是他人
甚少涉獵的。

　　作為一個共同的路徑和願景，他們有一些問題也是共通的：其
中一個就是如何看待晚清以來中國的「啟蒙」。劉小楓說當代中國
有一種「精神內戰」，其實在這些以中國文明為本位的學者裡，何
嘗不存在「精神分裂」？2000年以來，文化保守主義者勢頭日盛，
但熱鬧的聲勢背後散發著一股很強的怨氣，對近代中國的啟蒙運動
（不僅僅包括新文化運動），對80年代以來的新啟蒙運動，一言以
蔽之，對啟蒙。他們怨恨啟蒙打倒了儒家和孔子，讓中華民族變得
遊魂無依，他們怨恨啟蒙將西學奉為圭臬，讓中國喪失了文化的主
體性。這種對啟蒙的怨恨，很集中地體現在劉小楓在〈如何認識百

年共和的歷史含義〉中的這句話：「我們的困境在於，為了救國圖存不得不用西方啟蒙觀念搞動員，啟蒙與救亡成了一回事，徹底救亡等於徹底啟蒙，結果是徹底掉進啟蒙觀念不能自拔。」[70]

　　甘陽對啟蒙有過多個角度的批判，在1989年的那篇〈自由的理念：五四傳統之闕失面〉中，他站在以賽亞・伯林的「消極自由」的角度批評五四「時時、處處把社會、民族、人民、國家放在第一位，卻從未甚至也不敢理直氣壯地把『個人自由』作為第一原則提出」[71]。2011年，他就站在文化保守主義的角度，號召「破除對第二次啟蒙的迷信」[72]。汪暉沒有特別直接地對啟蒙進行抨擊，他對啟蒙的態度，可以體現在他的魯迅研究之中，也就是前文所說的，他更側重魯迅反思啟蒙的那一些面向。在《世紀的誕生》的〈預言與危機（一）：中國現代歷史中的「五四」啟蒙運動〉一章中，汪暉認為，五四啟蒙運動存在三組悖論，分別是「個體意識的覺醒與民族主義的前提」、「人的發現與人的分裂」，還有「個人的自由與階級的解放」，[73] 而魯迅是新文化運動中對這些悖論感受得最為深刻的。雖然張旭東本人在〈文化政治與中國道路〉裡明確說到自己的立場和文化保守主義者並不一樣，但從上一節看來，近代以來的啟蒙無疑是帶給他文化政治上的困擾的。

　　這些人對近代以來的中國啟蒙的不滿，在相當大程度是忽略了

70　劉小楓，《百年共和之義》，上海：華東師範大學出版社，2015，頁77。

71　甘陽，〈自由的理念：五四傳統之闕失面〉，刊於《讀書》1989年第5期。

72　甘陽，〈從西方迷信中解放出來〉，刊於《東方養生》2012年第1期。

73　汪暉，《世紀的誕生》，北京：生活・讀書・新知三聯書店，2020，頁318-342。

思想發生的語境（這才是「語境」一詞的正確用法）。晚清以來，
中國也並非沒有固守傳統文化的人物，或者說，這種人物應該是占
多數，但最後產生深遠影響、被載入史冊的是那些思想上的變革者，
這是為何？與其說是他們做了決斷，不如說是時代替他們做了決斷。

約瑟夫・列文森在《儒教中國及其現代命運》的第三卷第七章，
相當「辯證」了解釋了這個悖論：

> 民族主義者保護傳統，這樣他就可以作為一個民族主義者來攻
> 擊傳統。一個需要保護但卻不能提供有吸引力的信念的傳統是
> 越來越容易遭受攻擊的。在近代中國，要尋找一個可以將特殊
> 和一般的需求都放進一個智識邊界的信條，使得那些不可替代
> 的、無法拒斥的部分，免於遭到激烈對抗，就這些來說，單純
> 的民族主義無法為此提供一個最終的棲身之地。因為民族主義
> 自己也一直處於動盪不安的狀態，它曾經攻擊儒教，把後者取
> 替了，但如今卻想要維持儒教日漸衰落的儒教的權威。[74]

這段話說得很拗口，但卻包含了大量資訊。它的意思是，那些
最初攻擊儒教的，正是章太炎等「民族主義者」，他們攻擊儒教的
目的是為了「保國保種」，因為儒教本身已經喪失思想上的吸引力。
但他們用民族主義取代了儒教以後發現，民族主義本身缺乏深厚的
根基，不足以作為安身立命之所，於是他們又想重新扶持儒教。正
是在這一過程中，中國從「天下」變成「國家」，而儒教從一種「普
遍主義」變成一種「文化相對主義」（cultural relativism）；「文化」

---

74 Levenson, J. *Confucian China and Its Modern Fate, Volume One,*
   Berkeley and Los Angeles: University of California, 1968, p. 108.

本身已經不再是忠誠的對象，「民族」才是，儒教作為中國這個民族獨特的「文化」保存了下來。這說明了，近代這些先賢在面對變局的心態比想像中要更複雜，他們與中國、儒教的關係，也並不是後世這些中國道路派所想的那麼簡單。儒教普遍主義的喪失，是進入「民族」的世界，或者說現代社會的必要代價。因為儒教本身對於世界秩序的理解跟現代社會相距甚遠，如果它還想保持一種普遍主義，那要麼創造一套新的世界秩序，要麼對其學說進行一個激進的修改。

　　然而「中國道路派」似乎沒有想得那麼深入，他們對「啟蒙」的怨念和不滿，很快就走向了一種扭曲和狹隘的，對啟蒙、自由主義、現代性和西方現代文化，尤其是對中國自由主義者的攻訐。因為在他們看來，啟蒙、自由主義、現代性和西方現代文化是一回事，而自由主義者是這些事物的無條件捍衛者（這顯然不完全是事實，畢竟有相當多的自由主義者也對歐陸啟蒙運動和近代中國的啟蒙運動都缺乏好感）。從寫尼采開始，劉小楓對上述對象就開始冷嘲熱諷。比如在《尼采的微言大義》中，他就這樣寫道：「那種可以被稱為貴族制理由的自然秩序，近代以來、尤其啟蒙運動以來被顛覆了。」「這一所謂『現代性』事件導致的後果是：『高貴的謊言』的正當基礎不復存在，國家的基礎根本變了——『廢銅爛鐵』也可以統治、至少參與管理國家。『卑賤者最聰明』不再是胡言，而可能成為國家道德秩序的理由。」[75] 這篇文章裡的語言極具挑釁色彩，以至於有人寫了一篇〈廢銅爛鐵如是說〉來回應。2013年，在劉小楓致鄧曉芒的公開信中，他用帶著極強黨派性的語言，稱鄧曉芒為

<hr>

75　劉小楓，《刺蝟的溫順》，上海：上海文藝出版社，2002，頁101。

「啟蒙的教士」。[76] 他甚至將當代中國的「精神內戰」,以及他所憎恨的文化大革命,統統歸咎於啟蒙。[77] 任何和「啟蒙」沾上邊的事物,都難逃他一頓奚落。

甘陽屢次轉向,每次轉向都找了一些靶子,都和上述對象有關。他在90年代頂著「新左派」的頭銜時,就寫了一篇〈自由主義:貴族的還是平民的〉,批判中國知識界的「集體道德敗壞症」,矛頭直指中國自由主義的知識分子,認為他們不懂民主和平等在現代社會的意義。[78] 但諷刺的是,轉向文化保守主義以後,他又開始抨擊西方現代性無視人的差異,要用「平等」將所有的人「齊平化」:「西方現代性則顛倒了這一道德基礎,越來越不尊重祖先和老年,因為『現代觀念』本能地只相信所謂『進步』和『未來』,尼采認為這是因為西方現代性起源於『奴隸』反對『主人』亦即『低賤反對高貴』的運動,因此現代性要刻意取消『高貴』與『低賤』的區別,而用所謂的『進步』與否來作為好壞的標準。」[79] 似乎只要是能攻擊到上述對象的,甘陽都願意順手拿來做武器,不管這些武器之間如何「自相矛盾」。

汪暉在〈中國「新自由主義」的歷史淵源〉一文中,將「新自由主義」與國家的利益集團聯繫在一起,並暗示前者要為改革開放

76　劉小楓,《致80年代的熟人鄧曉芒教授的信》,https://www.aisixiang.com/data/69754.html

77　劉小楓,《如何認識百年共和的歷史含義》,收於《百年共和之義》,頁68。

78　甘陽,〈自由主義:貴族的還是平民的〉,https://m.guancha.cn/ganyang/2020_07_31_559575_2.shtml?ivk_sa=1024320u

79　甘陽,〈政治哲人施特勞斯〉,收於列奧·施特勞斯,《自然權利與歷史》,頁9。

帶來的一系列社會不公負責。[80] 而張旭東對中國自由主義者的諷
刺，在《全球化時代的文化認同》和《文化政治與中國道路》中隨
處可見，比如在前者，他多次奚落「庸俗自由主義」，說他們只講
「消極自由」，只知道「維護私人利益、拒絕社會集體性的行動意
志和烏托邦理想的東西」[81]，而在後者，他嘲笑中國自由主義者「只
拾到了西方既得利益集團及其意識形態代言人的牙慧」[82]。

　　所以，雖然張旭東在《全球化時代的文化認同》一書中偶爾故
作大度，說並非反對西方的「普遍性」，但「中國道路派」對於西
方現代性和本國自由主義的敵視態度已經毫不掩飾，這歸根到底，
還是和第一節所提到的文化政治的特徵有關中，也就是對「鬥爭性」
的強調。這種「鬥爭性」從四人對施米特不約而同的挖掘就可以看
出。在《政治的概念》中，施米特強調「政治」就是要區分「敵友」。
雖然施米特的「區分敵友」主要並不是文化政治意義上的，但不妨
礙這些中國的施米特主義者將其用於文化政治之中，因為「鬥爭」
和「決斷」都和區分敵友有關。既然西方的「普遍性」及其在中國
的衍生物（中國的自由主義）在文化政治中被定位為「鬥爭的對象」
或「敵人」，那對它們就不能講什麼「多元共存」，和它們的鬥爭
更加不是學術意義上的論爭，而是要分出生存論上的勝負的。

　　我們上一節留下一個問題，為中國文化尋求出路，重新走向普
遍性，為什麼從自身傳統尋找資源就可以，借助外來的資源就不行？
一千年前，面對佛教在中國的強勢傳播，唐宋的儒家知識分子一樣
懷有深刻的危機感。一般的說法是，他們將佛教的優點逐漸消化吸

80　汪暉，〈中國「新自由主義」的歷史根源〉，收於《去政治化的政
　　治》，頁98。
81　《全球化時代的文化認同》，頁386。
82　張旭東，〈知識分子與民族理想〉，收於《讀書》2000年第10期。

收，並從《中庸》、《周易》等傳統儒學經典中挖掘存在論（ontology）
的要素，開創了「新儒學」，也就是後來以程朱為代表的「理學」
和以陸象山為代表的「心學」。但根據余英時先生的考證，其實在
這個過程中，佛門中人也有主動地與儒學共融：

> 在儒學化與士大夫化的過程中，高僧大德往往從自己的觀點出
> 發，選擇適合需要的儒典，進行深入的了解並提出某些看法。
> 這些看法則在他們與士大夫的交往中輾轉傳進儒學的世界。他
> 們的看法不必為儒者所接受，甚至遭到排斥，但僅就儒者的引
> 導至某些特定經典這一事實來說，他們的作用已經很大了。[83]

　　而且余先生甚至進一步提出假設說，《中庸》的發現與流傳似
乎與南北朝以來的道家或佛家的關係最為密切，而不是儒家中人自
己的功勞。不管余先生的說法最後經不經得起檢驗，有一點是確定
的，那就是作為理學的新儒學，其自我更新並不是閉門造車的結果，
而是在與另一種文化充分碰撞之下產生的。
　　換一個角度，宋代的儒家知識分子和以中國文明為本位的當代
知識分子有一個重要的區別，那就是前者的「再普遍化」成功了，
而後者還遠未走通，所以他們的怨憤心態似乎也不是不能理解。但
我們必須再追問：沒有走通的原因，是啟蒙和西方文化帶來的嗎？
　　文化政治學有一個盲區，那就是只看到文化與政治相輔相成的
一面，沒有看到其各自為政的一面，更沒有看到政治壓迫文化的一
面，這樣的警覺性確實是自由主義者更常具備，所以高全喜在給《全

83　余英時，《朱熹的歷史世界》，北京：生活·讀書·新知三聯書店，
　　2011，頁93。

球化時代的文化認同》的書評裡，不厭其煩地強調，文化是文化，政治是政治。[84] 反觀當下現實，到底是文化與政治相互成就的一面更明顯，還是政治壓迫文化的那一面更明顯，我想任何活在中國的人，都很難否定答案在後者。

從2012年以來，國家主導的意識形態在各個文化領域變得逐漸強勢，但有一點相當奇怪，那就是這種意識形態並不具備太多具體性，考究下來，無非是「愛國愛黨」，但就是這種抽象的強制，讓人感到更無所適從，因為完全不知道它的下一個目標是誰。這十年來，輿論場上的公知自由主義被消滅了，行動的女權主義被壓制了，不願成為「三自教會」的宗教團體的領袖被逮捕了，與官方解讀不符的馬克思主義也被控制了。即便對於那些以民族、國家、文明為本位的文化，情況也不一定有什麼不同。

我們不妨問一句：這十年來，這些以中國文明為本位的學者，是不是寫出了比以前更有學術水準的作品？是不是提出了一些更具慧識的洞見？是不是作出了理論水準更高的論述？是不是得到了更多的國際學術界的承認？

自由主義學術被抑制，這個是意料內之事，讓人感到詫異的是，那些為政權為國家搖旗吶喊的學術，似乎也並沒有趁著這個機會獲得多大的發展。這其中恐怕有一個原因在於，抽象的強制將另一邊質疑的聲音都扼殺了，造成了以民族、國家、文明為本位的學術內部形成嚴重的資訊繭房，且同一個陣營裡的為了維繫各自的地位，不得不「內捲」，且只能往「政治化」的方向去捲，這就使得其研究的學術性日益下降，學術也難以再「出圈」了。

84　高全喜，〈文化政治與現代性問題之真偽〉，《思想》第3期，頁237。

　　另外還有一個原因，那就是抽象的強制確實是雨露均霑的。這些學者不妨捫心自問：如今每年國家社會科學基金會申請的課題裡，意識形態主導的占了多少？這幾年來，自己的博士求職，遇到的政治審查有沒有變得更加嚴格？自己或者自己認識的學術界朋友，想要出版學術著作時有沒有遇到更多的障礙？作品被刪改的部分，有沒有增加的趨勢？在發表觀點的時候，有沒有被舉報，或者因為擔心被舉報就乾脆不說了？中國的意識形態機制在有一點上是公平的，那就是對於大部分人來說，它不會因為你是自詡為國家說話的，就對你少一點審查。有些一年出一本書的學者或許有一些特權，但對於其他人來說，整體的感受是不會騙人的。

　　也許是意識到了這個問題，張旭東在第三版的前言中說：「我們也必須注意，不能有意無意地聽任那種『自我肯定』的意志及其內在政治強度無差別地限制和壓抑內部的多樣性、個別性與活力，而是有意識地去激發和發揚自我同一性內部的否定性和超越性因素，以便能夠通過持續的革新與創造不斷地『生產出更多的東西』。」[85] 但這與其說是幫文化政治學解決了這個問題，不如說只是找個補，表個態，以免貽人口實。「文化政治」的弔詭之處在於：它處處以民族、國家、文明為本位，而在現代社會，最能代表這些的，正是主權國家的政府，真正能夠做決斷的，也只有這個政府，但能不能創造出新的普遍性，卻不是這個政府能左右的，或者說，它的「主體性」意識越強，它創造普遍性的能力反而可能就越弱。

　　換個角度來說，張旭東的文化政治學能不能走得通，並不是看政治一邊如何強大，而是要看文化一邊是否繁榮。只有文化足夠繁榮，新的普遍性才有生產的土壤，而不是說，將那些涉嫌傳播西方

85　《全球化時代的文化認同》，第三版前言，頁10。

普遍主義的都捂住嘴巴，安安靜靜地讓文化政治的學者去思考，新的普遍性自己就會冒出來。文化的普遍性，固然和一種文化背後的政治實力有一點關係，但相關性不是必要條件，更加不是充分條件。政治實力可以對外，也可以對內。在一種四處伸張、不受約束的政治實力面前，沒有一種文化是安全的，包括宣稱站在它那邊的那種。毋寧說，如今這種與政治有關的文化凋敝，正是文化政治學的自我挫敗，或者說，是對文化政治學的最大嘲諷。

結語

實際上，《全球化時代的文化認同》存在著兩個平行的結構。第一層的結構是「普遍性」與「特殊性」的辯證法，即書中寫康德和黑格爾部分是論述西方的普遍性最初是如何自我確定的，在普遍性和特殊性的辯證法裡，是「肯定」的環節，而寫尼采、韋伯和施米特的部分，是寫西方的普遍性是如何自我消解又重新自我確定的，也就是「否定」和「否定之否定」的環節。第二層的結構是「文化政治」，即寫康德和黑格爾的部分，論述的是兩者的普遍性如何可以還原為特殊性，意圖摧毀對西方普遍主義話語的迷信，而寫尼采等生存論思想家，一方面是進一步破除那種迷信，另一方面也是指引中國文化將如何建立新的普遍性。

這一層結構是張旭東說得比較明確的（儘管並非一開始就說得那麼明確），但我個人以為這個結構存在諸多弊病：首先便是康德黑格爾部分，找不到太多闡述這個建立普遍性的過程的文字，倒像是對兩人思想的一些鬆散的介紹；其次是尼采第二部分的尾聲，德勒茲的尼采解讀，明明白白地解釋了尼采如何推翻黑格爾的辯證法，但張旭東回頭馬上把尼采納入了普遍性和特殊性的辯證法之

中，對德勒茲的解讀沒有任何反駁；最後是施米特部分，本來韋伯
部分和尼采的第二部分一起，作為西方普遍性話語之重新自我確
立，或者說「否定的否定」（尼采的第一部分是作為「否定」），
已經算是圓滿了，但施米特又是作為「否定」來出現的，於是否定
之否定後面又有否定，這便使得這個結構相當地不工整。

　　第二層「文化政治」的結構，張旭東沒有明確地說出來，但從
他在各處的表達，我們可以重新將這個結構闡述出來。這個結構較
第一層的結構更為合理，雖然按照我們的分析，張旭東將康德黑格
爾部分的普遍性還原為特殊性的努力，依然是不成功的，但拋開這
部分，生存論的部分可以單獨成立。即便這部分有著種種問題，但
這些問題大多是實踐上的和理論細節上的，而不是理論結構上的。而
且，即便按照「文化政治」來理解全書的結構，「普遍性」和「特
殊性」的辯證法依然能夠在裡面找到空間（見第一節），反之，按
照「西方普遍主義話語如何建立─消解─重建」的結構，「文化政
治」在裡面基本是多餘的，至少在尼采以外的部分都可以完全不談。

　　然而，即便是按照第二層結構「文化政治」來理解，「文化政
治學」在理論和實踐上依然是充滿困境的。我們回顧一下張旭東的
「文化政治」的幾個特徵：以民族、國家、文明為主體；強調鬥爭
性：堅持主體性；融入普遍性和特殊性的辯證法。綜合前面幾節，
其問題主要有下面幾個：

　　首先，張旭東的「普遍性」和「特殊性」概念使用得曖昧不清。
這種曖昧不清又至少包含兩個方面：一個方面是，按照他的文化政
治學，這兩個概念應該只能在民族、國家、文明等層面上使用，也
就是說，當我們講一種話語具有「普遍性」的時候，講的應該是這
種話語在各個民族、國家、文明之中具有普遍性，對「特殊性」亦
然；但是當張旭東嘗試將康德和黑格爾思想的普遍性還原為特殊性

時，他說的「特殊性」基本都指代「階級性」，或者說，這個「特殊性」是在階級層面使用的，而不是在民族、國家、文明等層面使用。另一個方面是，在他嘗試論證康德和黑格爾思想的特殊性的時候，我們無法分辨他說的「特殊性」，究竟是在規範層面使用，還是在因果層面使用；按理來說，要破除對普遍主義話語的迷信，那應該是在規範性層面談的（即論證該思想只在某個特殊範圍適用），而不是就導致該思想之產生的原因談的，但張旭東完全是在後者的層面談論。

其次，在民族、國家和文明層面，對鬥爭性和主體性的強調，有可能導致主權國家的政府變成一種富有侵略性和壓迫性的力量。雖然張旭東明確說不希望別人將「文化政治學」理解為「文明衝突論」，同時也主張「有意無意地聽任那種『自我肯定』的意志及其內在政治強度無差別地限制和壓抑內部的多樣性、個別性與活力」，但具體到實踐上，對主體性的伸張和對鬥爭性的拔高，總是難免讓「擔綱者」變得極其敏感，對外擔心「境外勢力」，對內擔心「叛徒、內奸、工賊」，容易上綱上線，以強硬來應對一切問題。這種情況尤其容易發生在那種政治權力不受制度限制的政體，一旦由不受制度限制的權力來決定「誰才屬於我們」和「我們要與誰鬥爭」，那內部的各種特殊性就有可能被強勢抹平，以建立同質化的主體，內部的各種文化也有可能被清除，也免妨礙鬥爭的進行。

最後，張旭東在裡面並沒有說清楚，在文化政治裡，能夠「決斷」的究竟是誰。在他的許多表達裡，讓人總是以為要做出決斷的是知識分子，或者說，知識分子的決斷在文化政治裡也是相當關鍵的。比如在第一講的這句：

在此形成的任何普遍性論述，都是對其自身內部矛盾、衝突和

焦慮的敘事性及想像性解決，是他們在現代的政治選擇和價值
決斷的結果。」[86]

　　這裡既然提到「論述」，那麼做決斷的主體似乎應該是知識分
子。然而正如前面所說，在中國，關鍵性的決斷只有主權國家的政
府才能做出，而生活於其下的智識個體（不僅包括知識分子），他
們的決斷不值一提。這正是「文化政治」的阿喀琉斯之踵：從根本
上說，創造「文化」的是一個個智識個體，而不是那個做出決斷的
政治權力，智識個體的決斷作用被貶低，文化永遠難以煥發生機。
如果要的是一種服從性的文化，或者永遠同質的文化，那這樣的模
式問題不大，但若要像張旭東所說的，要追求一種代表更高的普遍
性的文化，那這樣的「政治」與「文化」的關係，無異於南轅北轍。
「文化政治」裡的「政治」，將永遠壓制著「文化」，「文化」也
絕不可能給「政治」提供新的靈感。

　　從中國和西方的普遍性的碰撞融合中，昇華出一種更高的普遍
性，這是一個值得贊許的理想。但要真正實現這種理想，文化政治
學首先要做出轉變，其中一個就是其主體，要從民族、國家、文明
等大型社會共同體變成包括族群、性別、階級等各種社會群體，以
及包括智識個體，如此才能保證，普遍性是包含了特殊性的普遍性，
而不是吞噬了特殊性的普遍性。除此之外，要從強調鬥爭性和主體
性，變成強調創造性和主體間性，鬥爭不一定能產生新的文化，更
不一定能產生新的普遍性，鬥爭更容易消滅文化，消滅特殊性；而
過分強調主體性，那麼，追求更高的普遍性時，這種普遍性是以我
的普遍性為基礎，還是以你的普遍性為基礎，這個問題就會變得你

86　同上，頁84。

死我活。當然還有一點就是，包含知識分子在內的智識個體確實應該具有決斷的資格，但不是動不動就用來對付外來者，而是更應該用來面對自己所在社會的強權，所有的強權，不管來自政治、資本還是符號，只要它壓抑了文化的自我生長，那智識個體就要有捍衛文化的勇氣。

這才是文化政治學的自我更新之道。

陳純，獨立青年學者，主要研究政治哲學、倫理學與價值現象學，曾經出版《自由主義的重生與政治德性》。

一個外行的紀念：
重溫杜磊

姚新勇

一、衝動

2022年3月的一天，我從一個微信群中得知杜磊先生去世的消息，頗為吃驚，他應該歲數不算太大呀！將相關消息轉發到了另一個有不少海外華人學者的微信群，居然也沒有一個人知道此消息。6月5日，又從微信朋友圈看到「杜磊先生紀念文集」徵文啟示，將啟示發給一位美國華人朋友，他說：「他們讓我寫點，我找時間」。我說：「你的確應該寫點，無論是從責任、身分與資格來說，都應該寫」。我接著寫道，其實我也應該寫一點。那被譯為《新疆工程》的內部書籍，可謂是我真正開始了解新疆歷史、維吾爾的入門讀物。自然還有*Dislocating China*（《脫位中國》）。只是我讀得很粗，也缺乏歷史細節的了解與儲備。朋友回信鼓勵我寫。

我深知，無論從專業、學養、對杜磊先生的了解等各方面來說，我都沒有資格紀念他，甚至都不應該動此念頭。然而，杜磊先生又的確在不經意間給予我以啟蒙，尤其是在新疆、中國穆斯林及中國民族問題等方面給我的啟發相當大，儘管以前我對此並沒有明確的意識。其實在中國，像我這樣沒有清楚意識而蒙受杜磊先生惠澤者

甚多，其中不少可能壓根沒有寫過任何相關主題的文章，有些甚至
還可能與杜磊先生立場相左。這或許說明了杜磊先生影響的廣泛，
在杜磊先生的紀念文集中，或許應該也有這樣缺乏資格者的文字
吧？

　　「紀念」本意含「編入史冊而載之」，自然要求準確、嚴謹，
然而我對杜磊先生的學術記憶極不準確，就是前引發給友人的那段
文字，都存在重要的資訊錯誤，即便成文，又何以刊載？當然，就
更不好說「記念」了。「記念」是魯迅先生特別的用法，有學者考
證，多用於對好友的紀念文字。例如，〈為了忘卻的記念〉、〈記
念劉和珍君〉，比「紀念」包含更真摯而深沉的情感，乃至痛感。
然而我與杜磊先生無任何個人關係，又何能「記念」之？可是儘管
如此，內心又的確有一種衝動，推動著我提筆。模仿魯迅先生的語
式，或可說：無所謂「紀念」，也無所謂「記念」，無所謂準確，
也無所謂含混；就在這「紀念」與「記念」、「準確」與「含混」
間，回尋杜磊，重溫杜磊，relocating Dru Gladney。

二、誤記

　　杜磊（Dru Gladney）這名字第一次進入記憶，應該是緣自
Xinjiang, China's Muslim Borderland（《新疆：中國的穆斯林邊疆》）。
此書在中國大陸以《新疆工程》著稱，完整簡體漢譯本應該完成於
2004年，譯者單位為新疆社會科學院中亞研究所。現在還記得該書
的右上角赫然標著「秘密」二字，可見它的重要、神秘與危險，只
到今天，此書的危險、神秘感猶在。百度一下《新疆工程》，就可
以看見這類標題：〈美國為帝國建設服務的學術：美《新疆工程》

發酵：質疑中國在新疆的合法性〉（2007）[1]，〈揭秘中國邊疆工程：勾結達賴喇嘛佈局中國新疆〉（2013）[2]，〈西方抹黑新疆早有「學術準備」〉（2021）[3]等。《新疆工程》儼然要為美國政府利用疆獨、搞亂新疆、破壞中國穩定負相當的責任，其影響路徑即所謂：「學術論壇—政客清議—高層聽政、議政—總統決斷，新疆工程也正沿著這個軌跡向美國政界滲透」[4]。

　　《新疆工程》是否有這樣的用意或功效，我無從確知，但相信其自稱的目標之一應該是實在的，即「向許多國家受過教育的非專業人員提供一種權威性介紹，使他們了解（新疆）這片土地的過去和未來」[5]。儘管作為一本「秘密」級刊印物，其中國大陸讀者指向不可能是「一般受過教育的非專業人員」，但翻譯它的目的，很可能與馬大正先生的《國家利益高於一切：新疆穩定問題的觀察與思考》（2002）相近，是為了幫助專業學者及政府了解新疆的歷史與現狀，以更好地應對正快速發酵而趨表面化的新疆問題。雖然這兩本書差異甚大，立場、性質可謂截然相反，但它們大約在同時出現，表明了中美學界對時局的敏感，其政策影響指向自然不言而喻。而從學術研究史來說，《國家的利益高於一切》和《新疆工程》的出版與翻譯，共同表徵了一個新的學術時代的來臨：在中國，以前往往被迴避的「新疆問題」、「西藏問題」、「民族衝突問題」等，開始被正視，逐步走向學術和輿論空間的前臺。正如有大陸學者言，

1　https://net.blogchina.com/blog/article/316910
2　http://mil.news.sina.com.cn/2013-07-18/1030731841.html
3　https://www.163.com/dy/article/G7EEH4BS0514R9OJ.html
4　〈美國為帝國建設服務的學術：美《新疆工程》發酵：質疑中國在新疆的合法性〉。
5　轉引自：〈揭秘美國邊疆工程：勾結達賴布局中國新疆西藏〉。

《國家利益高於一切》的出版，開創了歷史研究的新天地[6]。當然，很可能仍然是出於迴避，作者使用的是「歷史研究」而非「新疆問題研究」。我大約就是從那時真正開始了解新疆，這個收留了我的父母並養育了我的土地，並開始了對新疆、西藏、中國民族問題的多重觀察與思考。記憶中，《新疆工程》就是我最早閱讀的一部重要著作。

然而奇怪的是我雖然明知《新疆工程》為多人之著，但卻總感覺它是杜磊獨著，至少主編就是杜磊。然而該書的主編是弗雷德里克‧斯塔爾並非杜磊，當年新疆社科院潘志平先生的序言和以後其他一些中文的介紹性文字，談及該書的作者，也不怎麼提及杜磊。這當然是個人失誤性的印象，但若將其視為一種心理或學術活動的徵候，那麼就可能有更複雜的原因。

約在新舊千年之交，我回家探親，感覺烏魯木齊的氛圍不太正常，於是開始轉移研究方向，由主流當代文學研究轉向中國當代少數民族文學，想將專業研究與中國族群關係現實的觀察聯繫起來。我大約於2003年完成了這一轉型，並約在同期起，開始追尋少數民族網路資訊。所以，我想之所以產生那一誤記，一方面應該是杜磊之名經常出現在我所讀過的某些文章中，另一方面一定與我的關注轉向、新疆情結或焦慮有關。

十多年前讀到《新疆工程》時，我對國外有關新疆及中國民族問題的研究所知甚少，故而書中的作者都非常陌生。後來，《新疆工程》中不少作者的作品，不斷被介紹到中國，或者借助網路，他們的英文原作也更容易獲取，一些作者的名字逐漸也被我所熟悉。

6　英新，〈開創歷史研究的新天地：《國家利益高於一切》評介〉，《中國邊疆史地研究》，2003年第1期。

例如像米華健先生，他是《新疆工程》的作者之一，其所研究的重
點也在新疆或「西域」，但是由於「新清史」在中國的走紅，他自
然被我整合到「著名新清史」學者的記憶庫中，而沒有多想他與《新
疆工程》的聯繫。我曾在紅海邊閱讀過他的《嘉峪關外》。此著體
例似屬於典型的歷史學著述，若非中國大陸對新清史研究的爭訐，
作為外行，真的很難從那些細緻的軍費、財政帳目表中，讀出多少
「肢解中國歷史完整」性的微言大意，所以，還真的有點同情米華
健先生的委曲。或許「新清史」真不是什麼學術流派，更非美國部
分學者有意解構中國的集體性活動[7]。然而，記憶是不可靠的，個人
的感覺可能更不足為憑，在宏大的歷史敘事面前，個人的感覺往往
是無力且不被重視的。即如讀《嘉峪關外》，其中有關「附茶」的
論述留給我的印象，要遠深刻於什麼「新清史」的理解。我是喝著
磚茶長大的，但卻一直不理解為什麼它也叫作「附茶」或「副茶」，
原來是當時因為商人們被允許可以自己附帶銷售一定數量的茶葉而
得名。想想一塊塊磚樣的附茶，由商人們從內地帶到新疆，然後分
散到各處，由一個個姓名不詳者掰成一小塊一小塊，煮成一壺壺滾
燙的茶水，或製成噴香的奶茶，再被一口口愜意地喝下。如果沒有
這些漫長、零散個人行為的歷史積累，新疆的歷史是否會改寫不得
而知，但《嘉峪關外》要重寫或部分的重寫則應該是肯定的。觀察
現實、理解歷史，如果少些世界、國家、民族層面的思考，而多些
具體鮮活的打量，或許會更生動，更祥和。

　　再如李普曼先生也是《新疆工程》的作者之一，但我開始閱讀
《熟悉的陌生人》時，杜磊為工程的獨撰者或主編的印象已經形成。

7　可參閱〈米華健談絲綢之路、中亞與新清史：發掘「被遺忘」的人
　　群〉，原載《上海書評》，2017年7月9日。

即便不是如此,「同治回亂」曾在中國互聯網抄得一塌糊塗,也沒有可能讓李普曼先生專美(或專惡)《新疆工程》。至於說賈斯汀先生與他人合著的《沙中骨:為創造維吾爾民族主義意識形態而奮鬥》,雖然早在1992年就出版了,但我晚至2011年才發現這部著作,而且他還被定位為「胡言亂語」的「偽學者」,所以,他不大可能頻繁出現在我的眼前。我的閱讀範圍主要是簡體中文,四下環顧,好像只有杜磊先生才可能讓我形成那個看似不合情理的記憶之誤。

近二十年來,我的研究和關心主要為當代少數民族文學與中國民族問題,其背後的動因是對新疆族群關係的焦慮。也正因為此,在從事少數民族文學研究的同時,我也花了不少業餘時間關注中國穆斯林問題。從學術方法來看,將這幾個方面聯繫在一起者,主要是「民族(族群)建構」、「文化認同」、「後殖民文化批評」諸點。而這些正與杜磊先生的研究較為接近。杜磊先生以研究當代中國民族問題為主,尤其著力於中國穆斯林社會研究。作為人類學家,雖然田野考察應該是其基本手段,但他也相當重視從國家民族建構、民族(族群)認同的角度來進行觀察與分析。這不僅與我的焦慮和研究相近,也與新千年以來中國大陸民族、族群身分研究熱點相契合。因此,杜磊一名一定會經常出現在我的閱讀中,所以誤將《新疆工程》全歸於他,就不是沒有道理了。不過,更直接的原因應該來自*Dislocating China*(《脫位中國》)。

三、重溫、再定位

我大約是2011年4月發現《脫位中國》的,為方便閱讀,我將這本厚達四百頁的著作一頁頁地掃描到電腦中,讀後還複印了好幾本準備送給同仁。記得好像送出去過兩本,現在書架上還有三本。可

見它當時留給我的印象之深。然而，重新翻閱當時的筆記，進入眼
簾的首先不是肯定，而是商榷。

　　這本書的主題好像與其他幾本當代中國民族建構研究的美國著
作一樣，都是用後殖民理論來解讀中國的少數民族話語所包含的霸
權涵義。首先應該承認這種解讀是犀利的、具有顛覆性的，大有將
中國少數民族話語所努力營造的民族大團結的神話解構、顛覆、翻
轉為不平等的殖民話語的勢頭。所以，無論是出於狹隘的維護國家
統治的目的，還是出於更好地調和中華各民族關係，都必須正視後
殖民理論的挑戰。正視這種後殖民話語挑戰的首要之舉是，不能迴
避、更不能蠻橫地完全否認後殖民話語所揭示出的中國民族話語的
諸多問題。更直接地說就是，不能否認中國的民族話語的確存在內
在的、結構性的權力不平等，無論是在主觀還是客觀上，都將少數
族裔放置在了從屬、被動甚至貶低性的位置。就此而言，中國少數
民族話語無疑是與殖民話語較為靠近的，具有所謂「內部殖民主義」
的性質。但是我們不能夠簡單地認同這種對中國的「東方殖民主義」
性質的解讀。之所以不能簡單認同，不是因為我本身是漢族，而是
的確具有歷史、現實、理論和實際等多方面的理由。

　　首先，所謂中國的「東方殖民主義話語」表面上援引了後殖民
話語的解構、批判性，但卻承襲了西方傳統的二元對立思維模式的
弊端，將複雜的中國多民族關係問題，定位成了漢族／少數民族、
壓迫／被壓迫、殖民／被殖民、主流／邊緣、霸權／宰制、主導／
從屬、支配／被支配等的簡單、粗暴的話語關係。這種二元對立思
維雖然在後殖民主義本身中就存在，但是就後殖民主義話語本身的
解放性、解構性而言，破解殖民話語的西方／東方二元結構神話，
本來是其努力追求的目標，而賽義德《東方學》之後後殖民理論的
不斷發展的一個主要方向，就是對於《東方學》所承襲的二元對立

思維觀的不斷克服。無論是斯皮瓦克的「底層人能否發聲」的思考，霍米巴巴的居間性（in-between）概念，以及後殖民「雜糅詩學」等都是如此。可是熟悉後殖民理論的人都知道，這種二元對立思維所帶來的一個直接效果就是將原本是解構、反抗的後殖民理論，重新歸位於殖民話語中，將所謂西方／東方關係固定化、客觀化，從而走向解構的反面。如果說這一問題在原本的後殖民理論那裡主要是理論的悖論，但在這些西方學者將後殖民理論「東方化」的情況下，可能就不僅是理論的悖論那樣簡單了。

　　其次，漢族／少數民族、壓迫／被壓迫、殖民／被殖民、主流／邊緣、霸權／宰制、主導／從屬、支配／被支配等一系列的二元對立結構，並不是同一層面的多項對位、對等關係，這個二元對立結構系列中的核心的對立項是「漢族／少數民族」。所有這些同類著作，不管它們是薄還是厚，分析得是詳細還是簡單，是同意中國等於漢族還是不同意，最終（實際也是最初）都指向著這樣一個結論：漢族壓迫了少數民族，漢族（中國）通過建構負面的少數民族標誌從而建構了漢族自身，並實施了對少數民族的文化、政治、經濟的霸權、宰制。所以，或者漢族（中國）對少數民族的統治是不合法的，不正義的，或者就是連中國本身的存在都是不合法的，而《脫位中國》則好像更是指向這後一層面。當這樣的結論（或前提性結論）推導出來後，其所指向的實踐動力，也只能是漢族與少數民族的衝突、仇恨、暴力，中國邊疆地區的獨立，中國的分裂。而這些著作之所以推導出這樣的結論，不僅僅是因為對後殖民理論的簡單套用，也不只是因為這一結論本身就是推論的前提，也應該與其具體操作的策略手段分不開。

　　翻閱當年閱讀《脫位中國》的筆記發現，我曾總結出三種策略：一是去歷史的策略，即這些著作在分析中國少數民族話語時，基本

都只是從新中國建立開始談起，而完全不顧及中國的近現代史，也幾乎不顧及漫長的中國歷史。如果說有所顧及的話，也往往不是認為東方主義性質的帝國話語古已有之，就是強調中原漢族政權與邊疆少數民族政權之間的矛盾、衝突性關係。

二是去中國本土複雜語境化策略。這種策略，一方面忽略了少數民族對於中國少數民族話語的承認，忽略了少數民族參與中國民族話語建構的主動性，比如在大陸「十七年」當代文學藝術的發展史上，少數民族上就曾有過相當重要的貢獻。另一方面，忽略了中國在建構少數民族時，對漢族文化實施了的同樣甚至更為強烈的改造。一些西方學者往往注意到了「無特色的」或「西式服裝化」的漢族形象中所包含的將漢族現代化、先進化的功能，卻沒有看到中國國家的「去漢族化」，也不大談論共產主義普世價值之於中國少數民族話語建構的意義。弔詭的是，恰恰在這裡，包含、體現了少數民族話語建構的「平等性」。與此相關，他們也幾乎沒有意識到這兩者在當代大陸不同歷史階段中的不同表現：應該說新中國成立的頭17年間，更多各民族平等關係建構性；文革時期，則體現為對於所有文化、中國文化、各族群文化的全面取消；而改革開放的歷史，既是對於共產主義理念的放棄，也是在更大程度上放棄民族平等觀而接受西方的東方主義話語的開始。

三是去全球語境化策略。新中國少數民族話語建構的歷史（尤其是頭30年的歷史），不是孤立、封閉的「東方東方學」性質建構的歷史，它是作為曾經的半殖民地中國的解放史的一部分，也就是說它是在中國擺脫被殖民命運的歷史的過程中被建構的。因此，放在全球角度看，中國少數民族話語本身就具有解放性意義指向。這種解放性指向，不僅直接體現在毛澤東的「第三世界」的理論與實踐上，而且也體現在亞非拉人民對於中國的親近、學習上，比如恩

克魯瑪對於新殖民主義的批判，建立大非洲國的設想。而正因為取消了中國本土和全球化的複雜語境，也就取消了中國少數民族話語的解放性、平等性、世界性意義。

上面這些當年的閱讀所思，雖然不無道理，但多粗略的印象和抽象理論的推演，並非對《脫位中國》全部的看法，更不能用來概括當時我對杜磊先生的印象。其實在讀《脫位中國》這類著作時，我首先感到的是慚愧，而非是否同意。人家一個美國人，為了研究中國，研究中國的穆斯林，下苦功學習漢語、維吾爾、土耳其語等，反復多次來到中國，深耕田野，了解研究對象的社會、文化、心理等，在此基礎上做出思考、寫成著作。而我生在新疆，在那裡整整生活了31年，但除了幾句維吾爾語的髒話外，就不懂任何少數民族語言了。不獨是語言方面的無能，2005年之前，我就連南疆都沒有去過。就憑這樣，還有什麼資格對別人說三道四呢？還有什麼資格說自己從事少數民族文學研究呢？而在中國，如我這般缺乏基本資質的研究者大有人在！

這裡所關係到的，不只是學術傳統、研究能力的問題，而是對所研究對象有無基本的尊重或重視。這樣說，恐怕會讓不少大陸學者不爽，其實我自己也不喜歡聽這樣的批評。記得有一年在廣州參加一個小型會議，一位來自巴西的學者說到「Xingjian Language」，當時我就激動地用蹩腳的英語反問道：「你說的『新疆語言』是什麼意思？難道我說的不是『新疆話』」」[8]？不錯，相信不少人如我，對少數民族可能並沒有什麼直接的不尊或蔑視，但本能上則缺乏對

---

8 重溫《脫位中國》的閱讀筆記時看到這樣的批語：「『序言與致謝』一開始所描繪的那個國際會議的場景很有意思，它勾畫了一對照鮮明的畫面：一群『非理性』的『中國人』，激動地反駁一個『理性』的西方學者。」現在讀來，感覺自己就是那群「中國人」中的一個。

他們的真正尊重或重視。若非如此，為什麼自己在新疆生活了三十餘年，卻沒有一個維吾爾或哈薩克朋友？為什麼就連「您好」、「謝謝」、「再見」等最基本的維吾爾禮貌用語，也只是在離開新疆之後才去嘗試學的？我從小就被教育得「胸懷祖國，放眼世界」，但為什麼從來沒有動過認真了解身邊少數民族的念頭？所以，當我讀到杜磊對西方學界這樣的批評、自我反省時，不能不感到慚愧：

> 同樣地，我希望通過關注這些群體以及他們提出的問題，可以進一步推動中國研究中的庶民批評。對這項研究而言，「庶民主體」即指那些依然被視為欠真實、更為邊緣化、且更被遠離中國核心傳統的群體、個人和主體。[9]

當然閱讀而來的慚愧感，只是心理的反應，更為直接的所得，是《脫位中國》中所包含的豐富的第一手調查和觀察材料。我觀察中國民族問題、研究少數民族文學，所參閱的更富於啟發性的文獻，基本都是來自網路的英文著作。例如：*Bone in the Sand: the Struggle to Create Uighur Nationalist Ideologies in Xinjiang, China*（《沙中骨：新疆的創造維吾爾民族主義意識形態的鬥爭》）；*Between Mecca and Beijing: Modernization and Consumption among Urban Chinese Muslims*（《麥加與北京之間：中國城市穆斯林的現代化與消費》）；*Buddhism in Contemporary Tibet: Religious Revival and Cultural Identity*（《當代西藏的佛教：宗教復興與文化認同》）；*Communist*

---

9 DRU C. GLADNEY . *Dislocating China : Reflections on Muslims, Minorities, and Other Subaltern Subjects*, The University of Chicago Press. 2004, XIV-XV.

Multiculturalism：Ethnic Revival in Southwest China（《共產主義的
文化多元主義：西南中國的族群復興》）等。當然,我的閱讀相當
有限,零散且不成系統,但它們的確構成了我思考、寫作的重要基
礎。如果沒有它們,僅憑我有限的新疆生活經驗和漢語少數民族文
學作品的閱讀,是難以進行較深度思考的,更遑論寫出有分量的文
字。這當然不是迷信英語學界,更不意味著完全同意這些著作,問
題是在中國大陸,可用來參考的類似中文文獻實在太缺乏。一段時
間內,馬大正先生的《國家的利益高於一切》幾乎是我所唯一可參
考的大陸作者的著述。即便是這樣的著作的確涉及了一般大陸出版
物所極力迴避的民族衝突的現實,但它們所突出的往往是孤立的「暴
恐事件」或「極端主義思想文化表現」,缺乏人類學、社會學性質
的結構分析。借助於中國互聯網的「激蕩十年」[10],一段時間內獲
取中國民族問題資訊的管道擴寬了不少。但網路資訊一來比較雜
亂,二來也常常情緒大於理性,傳聞與實際含混不清。像李小霞老
師的〈新疆宗教事務管理政策分析——以禁止私辦經文班(點)為
例〉(2012)、〈新疆清真寺的數量變化及管理政策分析〉(2014)
這樣的優秀文章,可謂鳳毛麟角[11]。總體而言,我所閱讀過的所有

---

10 這是我杜撰的說法,根據觀察,中國互聯網上轉發、討論民族、暴
   恐、穆斯林、新疆、西藏、內蒙等議題的活躍期,約在2005-2016
   年間;各種更為直面或激烈爭議族群問題的論壇、族裔文化網站也
   大約活躍於同期(如「維吾爾線上」、「東北滿族線上」、「藏人
   文化網」、「中穆網」等。當然,同期也有不少極端族裔民族主義
   的論壇或網站存在,如「漢網」、「皇漢網」等。雖然我將這些網
   站都歸於中國大陸內部,但其中不少的伺服器是在國外);另外中
   國民族問題的專業研究,活躍期也約在新千年的頭15、16年裡。
11 當然,類似的簡體中文優秀之作,並不僅限於此。像馬戎的〈新疆
   喀什地區的民族人口分布〉(2000)、靳薇的《西藏援助與發展》

相關主題的中外文獻，大都屬於單一主題或對象的研究，都不及《脫位中國》那樣全面、綜合。

提及杜磊，人們首先會聯想到的很可能是「人類學者」，他自己也作如是觀。但我以為，《脫位中國》至少包含三種學術維度：後殖民文化批評，影像民族志和人類學。相較而言，它們在《脫位中國》中發揮著三種不同的功能，即「研究方法」、「目標對象」、「實證基礎」三者。三者中，後殖民文化批評作為方法，使得《脫位中國》高度重視影像呈現、文化表徵的作用，尤其是其中所包含的複雜權力關係及其互動結構。影像民族志作為目標對象，使得文化批評層面的表述，不至於流為單純的霸權批判、邊緣呈現，而是指向對中國國家、民族、族群身分及認同的切實考察；同時，文化批評視野，則又避免將影像、文化表徵視為客觀民族志的呈現，使作者始終注意它們之間複雜的話語權力關係及多重的建構功能。相較而言，人類學維度在《脫位中國》中好像不是很突出，相當程度上隱含為作者過往人類學研究的積累。但它卻為整個研究、整本書提供了扎實的田野基礎，使得文化批評避免陷入純話語分析的浮誇，又為影像民族志的書寫提供了切實的田野互鑒。而勾連、整合起這三種學科維度的理論預設則是「國家和組成它們的民族是通過既定的表現路徑來繪製的」。

可以說，正是在這種「一個預設、三個維度」所構成的理論框架中，《脫位中國》對中華人民共和國約50年的國家認同、民族（族群）建構的歷史，進行了系統的梳理；從五個方面逐層推進，做出了犀利而具體的分析，即國家話語、先鋒藝術、漢族、少數民族、具體族群之五者間所發生的既區分又互動的歷史。由此分析我們看

(續)———————————————

　　（2010），都可算是力作，但總數的確相當有限。

到了國家權力、漢族身分話語的主導和宰制性和少數民族身分話語的邊緣被抑制性，但是，主流話語並非絕對的主導或宰制。一方面，在不同的歷史階段，主流話語本身可能是矛盾衝突的，而且要通過少數民族邊緣身分的建構來確定自我；另一方面，主流話語的規約又可能成為少數民族定位自我身分、伸張自己權利的依賴路徑。不僅漢族、少數民族，少數民族與少數民族之間存在差異，就是被視為同一民族群體內部，亦存在不同乃至矛盾，它們既借助異質的文化元素以自我整合，區分他者，又依賴或自覺地將主流文化整合為自己民族特定的有機構成部分，回族就是其中最典型的代表。

　　上述認識當然是此次重溫《脫位中國》時才明晰的，而在當時，它們多是「半意識」的。一方面，由於英文水準的限制，閱讀啟發多零散在不同的章節或段落中，並沒有形成系統、整體認識；另一方面，自以為早已克服了的漢族本位意識，則在暗中作祟，頑固地（常常以全體中華民族的名義）抵抗《脫位中國》給我的刺激。比如認為，杜磊只是在強調先鋒藝術對過往主流民族話語認知模式的沿襲，鞏固和強化了有關少數民族落後、異質、性感的刻板印象，繼續固化著漢族國家與少數民族之主導與邊緣的認知框架，但卻忽略了國家在實施「性管控」時，針對不同民族所採取的不同政策所可能產生的增生意義。在這些增生意義中，問題已經超出了漢／少數民族二元結構，而有了更為複雜的意涵。也即，無論是被嚴格控制了性表現的漢族，還是較為寬鬆甚至被鼓勵的少數民族，當他們在「控制─開放」的場域中，都發生了「意義的彎曲」，那些相對更為鮮明、性感的作品或藝術表現，並不只是少數民族的。譬如17年甚至文革期間，那些與少數民族相關的愛情、風情化的表現，就具有全國性的審美意義。再譬如80年代先鋒藝術的衝擊與反叛，更具有普遍性的解放意義。所以，在這樣增生的意義中，對少數民族

的風情化表現，就不僅表面化、形象地具有了超族群的「全民族性」，而且也有著實質性的「全體中華民族性」。

這種「抵抗」性閱讀之認知，可說是散佈於我當年的閱讀筆記中。但是當時我卻沒有反問自己，究竟是所謂不自覺的「西方偏見」，促使杜磊對中國先鋒藝術等做出諸多所謂「單向性」的解讀，還是自己長期只是不斷地重複「先鋒反叛」之陳詞，而對其所隱含的不平等的抑制性文化關聯式結構盲然不察？也正是因為這樣主流文化的片面閱讀心態，使得當初的筆記有不少地方，明明意識到了杜磊先生的啟發，並專門做了摘錄，但卻未能真正體會它們的意義，甚至在後來從記憶中被抹去。其中有關「對話性」的批注就是明顯一例。當時雖然我分明認識到了杜磊認為，民族識別不是簡單的國家劃分、確定的結果，不可以簡單歸結為由某幾個特定的群體為了特定的功利目的而進行的操作。相反，應該最好將其理解為對話，理解為相互共識著祖先血統和社會政治環境，並在每一個政治經濟的背景下所持續進行的協商。然而，這並沒有妨礙我將《脫位中國》定為西方式的「關於中國的『東方殖民主義』性質的解讀」。所以毫不奇怪，雖然我注意到了杜磊先生有關回族認同複雜性的精彩論述，以及它作為中國族群關係的「對話」、「協商」性的生動證明。但我卻沒有去想：為什麼《脫位中國》副標題第一個與族裔相關的詞是「穆斯林」，但杜磊卻把有關回族身分認同的論述放在書中的第四部分，這遲於對中國國家的民族建構實踐、先鋒藝術對少數民族元素的異質化挪用的論述，而又早於更具對抗性的維吾爾認同的討論。這樣的章節安排難道沒有特殊的論證性意涵嗎？至於《脫位中國》最後一部分將中國穆斯林復興運動或穆斯林問題與海灣戰爭、中東、911聯繫起來討論，則基本被我完全忽略，所以也才有了所謂「去全球語境化策略」的不無粗暴的判斷。顯然，問題並非有

無全球視野，而是怎樣理解全球。

　　行文到此，我應該找到了答案，明白了為什麼我把「東方主義」批判，還給了法農、賽依德、吉伯特；將屬下、對話、雜糅、協商民族主義，還給了斯皮瓦克、巴巴、寶力格；把「文明衝突論」物歸原主於亨廷頓，將「逆寫帝國」、「北京與麥加之間」等還給了幾位名姓已記不清者；將1980年代以來有關中國多種形式的「族群民族主義」表現的分析，還給了《當代西藏的佛教》、《共產主義的多元文化論》等著作。總之，記憶中，這些統統都與杜磊沒有什麼關係，而等待他認領的只是《新疆工程》。或許我正是以這樣的方式，本能地遺忘和記憶《脫位中國》給我的刺激和啟發。

四、緣分

　　中國傳統講緣分，素不相識的兩個同姓者偶遇，也會引出「五百年前是一家」的說辭，以唯物主義觀來看，這純粹是「迷信」。不過迷信也罷，唯物主義也罷，或全球視野等其他什麼也罷，其實從功能上看，恐怕並無本質的差別，都是想找到並解釋事物間的並非必然的聯繫而已。想想，我與杜磊先生本無任何關係，可是不僅發生了關聯，而且此刻我還在紀念他。儘管這或許有點自作多情，但這中間一定有什麼原因，或許冥冥中我與杜磊先生的確真有某種奇特的緣分，或許早自二戰時還未出生的我們，就開始通過父輩結緣了。

　　杜磊先生認為，二戰是第一次全球性的世界大戰。由於二戰，杜磊先生的父親，成了「駝峰航線」飛行隊的一員，來到中國，冒著生命危險，幫助中國人民抗戰，與中國、中國人民、少數民族結下了不解之緣。後來，又通過他的回憶、講述，在杜磊心裡結下了

中國情結，尤其是少數民族情結。

抗戰爆發後，國民政府到東南亞募捐，動員華人回國抗日。當時，出生在泰國的家父欣然響應，回國抗戰，報效祖國。只是召喚他回來的是國民政府，他自然就參加了國軍。後來，抗戰結束，內戰中國民黨戰敗，父親也隨起義部隊參加了解放軍。再後來，他復員去海南農場謀生，在那裡留下了自己第一個兒子的骨殖，然後回到潮州老家種田。潮州終究是人多地少，活人不易，否則也不會有那麼多的人，一代代地下南洋。經朋友的介紹，父母攜帶著兩個還是兒童的姐姐來到新疆討生活。再後來就有了我，這個名字中帶有「新疆」之「新」的我。父親從來沒有主動講過他的生平，快30歲之前，我也幾乎從未主動了解父母的過往，關於父親的往事，基本是零碎資訊的集合。很長時間裡，我都自以為是光榮的保衛邊疆、建設邊疆的「疆二代」，並因此而鄙視那些流竄到新疆的「盲流」。文革中的一天，不知為何，我突然問父親：如果你不回來，在泰國過，哪裡會生活得更好？當時家裡只有我和父親，他仍然本能地四下望望，然後低聲地說：當然是不回來好。父親說，他家門前那條街大半條街的米店都是他們家的。父親說完之後，立即補充到：可不敢這樣說，可不敢這樣說。

不清楚為什麼杜磊先生沒有選擇研究西南少數民族，而選擇了新疆、維吾爾、穆斯林，我也不解，當初怎麼竟然沒有想到過問父親，為什麼抗戰之後他沒有重回泰國。但不管怎樣，第二次世界大戰，太平洋戰爭，抗日戰爭，冥冥中讓杜磊先生之父和家父「走到一起來了」，而接下來的新中國歷史，又將杜磊先生和我與新疆結下了不解之緣。當然，新疆之緣在我是自然的命定，在杜磊則是主動的選擇。新疆對我來說一切都理所當然，所以我並沒有多少真正的「本地知識」，我所需的只是「胸懷祖國，放眼世界」。如若不

是新疆以後的情況，恐怕即便我離開了那裡，也不會發現自己所真正缺乏的恰是新疆知識，也就不可能與杜磊先生結下「新疆緣」。

不過，歷史機緣、現實之情，可能都只是外在的原因，若無對狹隘自我的超越，對他者的尊重，恐怕我與杜磊先生什麼緣分也不會有。雖然，我從小就缺乏對本地少數民族自覺的重視，但畢竟受過不少共產主義、民族團結的教育，具有超越狹隘自我的潛在基礎。當然，這不同於杜磊先生所強調的「人類學情懷」，後者之於我，是更晚近的知識。大約是從上世紀90年代中後期，我才開始真正接觸廣義的文化批判人類學著述，杜磊先生的著作，也是我新知識的來源之一，與我的關心焦點、研究專業關聯度最高、最具切身之啟的知識來源。正是這類新知識幫助我敞開了更多樣的世界，尤其是那曾經被我漠視的家鄉世界，使我意識到，我、我的父母、我們也是「盲流」，而非什麼天然的解放者、邊疆的開發建設保衛者。我們應該感恩收留了祖輩、養育了我們的土地；應該感謝並尊重那裡的人民，先來者。正是這種覺悟的引導和鞭策，使我在近20年來，活得更為充實，當然也更為焦慮而忐忑。

緣分追溯至此，不免過於高遠，甚至迂闊，離「緣分」一詞的本意有點遠了。其實上天本來真的差點給我提供了一次機會，向杜磊先生即面就教。大約是2017年吧，承蒙程兄映虹教授美意，將我介紹給了杜春媚女士。當時她正在籌畫一個小組，準備申請參加亞洲研究協會（AAS）的年會。春媚女士發來了小組申請草案，我興奮地發現，組員中竟然有杜磊先生！然而，很可能是因為我的資質問題，小組未能獲批，那天賜之機，終究還是未竟之緣。當時是感到了遺憾，但似乎並不太強烈；而此刻，獨自默默之際，才覺遺憾之深切！

五、路在何方

　　時間回溯到了2018年，那年我剛好離開家鄉第30年，集中觀察新疆、西藏、中國民族問題也約有十五六年了。那時一切似乎都恢復了平靜、正常。中國的網路世界，雖然不能說已然安靜祥和，時不時也會響起喧嘩、興起波瀾，但深度的觀察、理性的思考、合乎常識和邏輯性的文字，卻越來越少，更不必說那些激烈尖銳的言論了。有關中國民族問題的多種聲音的討論、爭吵之景況也已不再。不僅專業研究者、出版物，都小心翼翼地迴避著新疆、維吾爾、穆斯林等議題，就是網路上，天南海北的網客們，也不約而同地迴避相關話題，諾大的網路世界，幾乎只剩下一些大大小小的「穆黑」們，自覺地擔負起肅清極端主義的任務，不知疲倦地搜尋、曝光「綠化分子」、「兩面人」、「泛清真化」、「極端主義」，報導、抨擊、嘲笑西方「白左」的愚蠢。而在家鄉新疆，高壓打擊、精準反恐、網格化管理、幫扶到戶、去極端化教育等手段的嚴格實施、大膽創新，也使她告別了2016之前的動盪、不安、恐怖，變成了內地遊客所公認的全國最安全的地方。相比之下，進社區、入商店，刷身分證、過轉轉門那點麻煩就不算什麼了。一片祥和平靜、歌舞昇平；《厲害了，我的國》的旋律徹響神州、迴蕩宇宙。在此之際，已逾六旬的我，終於也被從網路榮休，不要再為什麼新疆、西藏、維吾爾、穆斯林等等亂七八糟的事情勞神。據說，杜磊先生也將研究興趣轉向了抗戰「駝峰航線」。

　　就在那時，2018年6月的一天，突然聽說杜磊來中央民大開講座了。什麼，杜磊？他還能再來中國？居然是在這個時候！這個時候他還能來講些什麼呢？

　　託學生從中央民大找來了講座的錄音，但當時我並沒有及時收
聽，只是保存了下來，現在才從電腦中翻出來補聽。講座評議人楊
聖敏教授說，杜磊教授好久沒來中國了，他的漢語有些生疏了。杜
磊也一再說自己的漢語不好，但他仍然堅持用漢語講，到底是人類
學者！那次是一系列講座，共五講，我只有後三場的錄音。講座的
總標題為，「人類學視野下的全球化與民族主義系列講座」。挺大
的題目，杜磊先生講得也比較起勁，每次都超過了兩個小時，除最
後一次外，基本都是他一人在講。不知這是因為他重回母校太激動，
所以欲罷不能，還是想將所有的時間填滿，以免意外的插入造成偏
題離軌。講座的主題宏大，杜磊先生的視野也很開闊，乃至跳躍，
並不容易把握，尤其是第三場「路徑依賴和發展：人類學模式」。
不過他講的兩件事、兩個詞，卻抓住了我。

　　兩件事一件與亨廷頓有關，另一件是杜磊父親和駝峰航線的往
事。聽杜磊說，1987年至1990年間，他幾乎每週都與亨廷頓見面。
當時他在哈佛大學讀博後，他們那個三人博士小組，每週都會有一
次學術活動，而且每個月的某個晚上，哈佛大學的校長都會請他們
三個喝酒聊天，還會有幾位頂尖教授參加。當然，並非單純地喝酒
吃飯，每個受邀的學生必須準備一個主講報告，聽上去有點學術鴻
門宴的味道。這也太奢侈了，七八位不同學科的頂尖學者在座，校
長主持請吃請喝聊學術，哈佛的博士居然享受如此之待遇！別說這
不是鴻門宴，就算是又如何呢？亨廷頓就是在座的教授之一。杜磊
說，亨廷頓很聰明，了解所有最新、最前沿的研究。他完全不同意
杜磊與另一位人類學者的觀點；他所重視的是政治、冷戰、衝突，
而不是什麼文化、人類學、田野。然而，沒想到若干年後，亨廷頓
卻以「文明衝突論」而名噪全美、聲震環宇。原來文明衝突論是後
冷戰帝國思維「逆寫」人類學的結果。杜磊說，他完全不能同意亨

廷頓的觀點。亨廷頓延續了冷戰思維，對「文明」的歸類也很隨意，《文明衝突論》不同版本所列出的文明種類數量都不一樣，而最大的問題是，亨廷頓把文明、文化看成是不變、同質的存在。不過想想也很正常，若非如此，又怎樣給予它們以正邪定位，安排它們捉對廝殺呢？難怪最喜歡「文明衝突論」的是基地組織。

　　有關亨廷頓的故事，寓批判於軼事，嚴肅但卻風趣、幽默，而杜磊先生對其父、駝峰航線歷史的回顧，則飽含深情與友誼，非常感人。談到那些父親犧牲的戰友時，前一刻還在朗笑的杜磊，不禁哽咽，幾度停頓，有那麼一陣，沒有話語，錄音中只有微弱的背景雜音靜靜地流過。那一刻顯得那麼長，那麼長，我似乎都看到了杜磊先生微紅的雙眼和展示在講臺上的那些被死亡永遠定格了的青春面孔。這是私人的情感，更是超越個人的對歷史、對他者命運的感身同受。我想現場的聽眾一定與電腦旁的我一樣，被杜磊先生所打動，感動於由他所傳遞的父輩對中國、中國人民、少數民族深深的情感。這樣的歷史敘述，在中美關係高度緊張的今天，聽來尤其令人唏噓。或許杜磊先生轉向去研究駝峰航線，並不只是出於成年之子對父親的追尋，更非只是因為無法再來中國田野調查。他之選擇，他之轉向，應該包含著對中國的不解之情。所以，他欲以駝峰航線歷史的打撈，來重建中美兩國人民的path dependence。然而，我想杜磊先生的情感指向，並不僅止於此。或許那些他所研究過的少數民族，所走過的田野，真正被他打動過的讀者，也一定都深深地感受過這種由己及他的共情吧？

　　講座抓住我的兩個詞是path dependence（路徑依賴）和nomadism（遊牧）。前一個不僅是第三講的關鍵字，而且貫穿整個系列講座。或許杜磊對「路徑依賴」這一譯法並不滿意，他基本一直使用的是英文path dependence，而且數次詢問它的譯法。事實上，僅憑講座，

杜磊究竟在何種意義上使用該詞並不清晰。第三講中,他談到了多種形式的path dependence:有1890年代問世的英文打字機鍵盤的排列模式,它雖明顯不科學,卻一直被沿用到了今天各種品牌的電腦鍵盤上;有各種各樣語法複雜、難學的語言,雖簡單易學的世界語已發明快150年了,但世界各地的人,仍然固執地使用著自己的語言;有世界各地的民族主題公園、民族餐廳,那裡被表演、被觀看的少數民族或異民族成員,大多表示喜歡這樣的工作,認為這為他們帶來了收入,見識到了外面的生活;有據說從古羅馬大道的寬度沿襲下來的車幅寬度;有「一帶一路」、哈薩克牧民轉場的道路;還有各種宗教、巫術、信仰等等等等。可謂形式多樣、種類繁多。杜磊先生講得很多,也很跳躍,連楊聖敏教授也說不知道是否聽懂了。然而聽罷錄音,再去翻閱《脫位中國》,一切都豁然開朗了。

除了駝峰航線,講座中所提及的所有類型的path dependence,都以可在《脫位中國》裡找到。不過在那裡,它們並非平行、並列而在的不同類型的path dependence,而是圍繞著path dependence這一核心概念,形成了一套邏輯嚴謹的論證。在那裡,path dependence既指中國國家實施56個民族建構工程所依賴的路徑(傳統儒家和共產主義相關理念),也是通過人口普查、博物館、民俗展示、主題公園等定位、描繪、書寫、再現漢族和少數民族及其關係所習慣的方式,還是少數民族抵抗的對象、借用的路徑。總之,在中國內部,存在著多種路徑依賴的相互博弈和互滲。與此一致,《脫位中國》對亨廷頓文明衝突論的批判、全球化視野的參照等,也主要指涉的是中國問題。因此,在《脫位中國》中,對話(dialogue)一詞就顯得相當重要。正如杜磊援引巴赫金所言,「對話」不是行動的門檻或起點,而是行動本身。不僅由現代國家所主導的族群身分的形構,始終伴隨著接受、抵抗、對話、協商,由此而形成為動態的過程;

就是被視為同一民族的族群群體，如回族，其認同的達成，也充滿著內部多種路徑依賴的選擇、衝突和對話。因此可以說，「對話」是杜磊先生為衝突的中國所給出的一條解決問題的建設性路徑——超越狹隘、宰制、衝突，走向多元共存的理想路徑。

我想，2018年講座時，杜磊先生所預想的聽眾，應該讀過《脫位中國》或了解它；或許更可能的是，他想通過不斷地使用、列舉 path dependence，來提醒聽眾去讀他的著作，表達不便直接表達的想法。

當然，不該將他當年的講座，僅限於中國的層面，那樣可能窄化杜磊先生的研究視野，矮化他的學術情懷。「人類學視野下的全球化與民族主義系列講座」這一總標題，並非是大而無當的帽子，也非借題發揮的幌子。對於杜磊先生來說，中國是其人類學研究的廣闊田野，中國穆斯林、少數民族、中國民族關係是其田野考察的主要對象或問題，而全球化則是其人類學視野的基本時空框架。說到底，《脫位中國》中所討論的諸path dependence，也是全球化語境下的多種生存方式、文化樣態。所以，人類學視野下的全球化與民族主義的觀察，就不再是「脫位中國」，而是「脫位民族」或「脫位民族主義」。因之，依賴的路徑、理想的寄託，也就主要不再是「對話」，而是「遊牧」。

相信，聽到「遊牧」二字，人們會立即想起遊牧民族，逐水草而居，隨牛羊而行。不錯，杜磊所謂的遊牧，首先意味著這種傳統的「逍遙遊」，講座中他也是從哈薩克遊牧民族生活方式談起的。然而，高度全球化的今天，杜磊先生不可能閉上眼睛只做如此遐想。因此，他所列出的遊牧方式多種多樣。除了傳統牧民的冬夏轉場，還有不工作而討活的流浪，不定期地自我選擇的獄中獄外的出進，沒錢或有錢也不願購房的移動租住，不同地方多處置房的頻繁換

居，整天泡在飛機上而無暇落地的繁忙飛行，等等等等不一而足。這聽上去不無曖昧，甚至有些信口開河。然而，不要說一個傑出的人類學者，就是一般普通人，也不可能把這一切都一視同仁為「遊牧」；杜磊也不可能真如其回答提問時所說的那樣，認為不同的生活方式無所謂好壞。他說，作為一個人類學者，只是希望人們認識到人類生活方式的多樣性，知道存在多種path dependence，要學會尊重他者，尊重這樣的多樣性。斯言誠是哉！然而，路在何方？

1962年「伊塔事件」發生後，政府強化培養當地人的國家意識，而有哈薩克牧民說：我們哈薩克隨草原而行，羊群走到哪，哪裡就是我們的家。不知道說這話的哈薩克牧民或他們的後代，現在是生活於中國還是哈薩克斯坦國。不管他們生活在哪裡，都只能在自己國家的領土上放牧、生活，伊犁、塔城、喀什噶爾與七河地區之間的自由流動，早已是往昔的傳說。杜磊先生多次提到夏威夷的主題公園，夏威夷我沒有去過，但赴美國旅遊時，去過拉斯維加斯，逛過賭場，乘直升機俯瞰過拉斯維加斯大峽谷，今天書架上還擺放著幾塊從大峽谷底帶回來的火山石。然而據說「拉斯維加斯」原意為「豐美的草場」。豐美草原的藍天白雲，已被賭城不夜的燈火所取代；牧人吆喝牛羊馬匹的聲音，也早已被旅遊直升機的轟鳴所淹沒。

不錯，沒有不變的民族，沒有永遠固定的漂流路徑，然而，巨大的權力、現代化、全球化、人工智慧的突飛猛進，將越來越多的傳統路徑摧毀或擠壓到邊緣：傳說被杜磊先生解構過的袁運生先生，最近再次遭遇「被潑水」的命運；《靜靜的頓河》那豐美的草場，正被更可怕的戰火所啃齧；新冠疫情不僅隔離著邊界、熔斷著世界航路，甚至連家門口前的路都可能被封鎖……不知馬斯克移民火星的宏偉工程進展到什麼程度了？這個現實版的L‧鮑博萊夫和他的方舟大業！

　　蘇美爾人早已飛灰湮滅於歷史的塵埃，L・鮑博萊夫及其方舟，自是小說家言，但是想發明、創造「喃剎怖」的偉人程序師，則從未或缺，於今尤烈。國家、民族、人類、地球雪崩為眾「謨（mo）」歸一還需多久？

　　杜磊先生已駕鶴西歸，不知他是安居於天國，還是依然焦慮不安，悲憫地看著我們這些還活著的人們，這些自以為是、爭鬥不已的人類⋯⋯

2022年7月定稿
12月微調

　　姚新勇，學者，主要從事中國當代少數民族文學、中國當代民族問題暨當代文化研究。

誰的天下？：
「天下體系」批判

榮劍

—— 上 ——

馬戛爾尼使華：中英兩大帝國的碰撞

　　1792年10月，正值法國大革命如火如荼之際，英國國王喬治三世派遣以馬戛爾尼勳爵為首的一個龐大使團——使團包括軍事、測量、繪圖、航海、醫生、教士、畫家、譯員、機械師、哲學家、植物學家等一百多人和船員六百餘人，分別乘三艘航船，經過十個月的航行，於1793年7月到達中國，並於9月14日在承德避暑山莊覲見了乾隆皇帝，向乾隆皇帝祝賀八十壽辰。這個事件在中西交往史上具有重大意義，但在兩個帝國的統治者看來意義卻有著顯著差別。在喬治三世致乾隆皇帝的信中，馬戛爾尼勳爵使華被闡述為「正是謀求我們兩大文明帝國友好往來的好時機」，「希望特派一位有權柄之人常駐貴國」，以便利和保護兩國之通商。而在乾隆皇帝的回函中，英使來華只是表明「爾國王遠在重洋，傾心向化」、「恭順之誠」、朕「深為嘉許」而已。對於英使提出的「買賣一節」，乾隆皇帝則斷然加以拒絕，強調「此則與天朝體制不合，斷不可行」，

「天朝自有天朝禮法，與爾國各不相同」。[1]至此，馬戛爾尼認識到「中國向來閉關自守，不知世界大勢」，亦不知「締結條約、互相通商，為現今文明各國共有之辦法」，「中國人固執不化，將來永無與他國人締結交通之一日」。[2]

馬戛爾尼勳爵使華，是當時世界上兩個最強大的新舊帝國的首次官方接觸。乾隆統治時期，中華帝國的版圖達到了1380餘萬平方公里，人口近3億，耕地面積近6億畝，國內生產總值占世界約1/3，當時的中國無疑是世界上最大的經濟體。大英帝國本土面積只有22萬平方公里，人口約900萬，但統治著約3350萬平方公里的殖民地，號稱「日不落帝國」。借助於工業革命的巨大動力，英國的工業產量占據了當時世界總產量的30%。正是基於這些量化的資料，法國歷史學家佩雷菲特在他的經典著作《停滯的帝國：兩個世界的撞擊》中，將馬戛爾尼勳爵使華視為是「世上最強大的國家」和「天下惟一的文明國家」的首次碰撞。碰撞並未產生正面的效應，相反，「兩國關係破裂引起了悲劇性的連鎖反應：兩個民族的對抗；中國的崩潰；19世紀英國在東南亞的統治；20世紀西方與第三世界間因仇恨引起的誤解」。[3]在這位作者看來，這種悲劇性的連鎖反應本來或許可以避免，如果乾隆皇帝不是拒絕而是接受馬戛爾尼勳爵提出的關於中英通商的六條建議，[4]「中國可能不必以世界為之震撼的方式蘇

1　參閱[英]馬戛爾尼原著，《1793乾隆英使觀見記》，劉半農原譯，
　　重慶出版社，2008，附錄三：英皇與乾隆書信，頁224-226。

2　同上書，頁162。

3　[法]佩雷菲特，《停滯的帝國：兩個世界的撞擊》，王國卿等譯，
　　生活‧讀書‧新知三聯書店，2007，頁3。

4　馬戛爾尼勳爵關於中英通商的六條建議：1.請中國政府允許英國商
　　船在珠海、寧波、天津等處登岸，經營商業；2.請中國政府按照從
　　前俄國商人在中國通商之例，允許英國商人在北京設一洋行，買賣

醒過來：世界可以使這個國家更有創造力，使它進步得更快。」[5]遺憾的是，這個可能性始終沒有成為現實，原因為大多數歷史學家所公認：乾隆王朝統治著一個封閉的僵化的農業帝國，它繼承了長達兩千年的帝制歷史以及華夷之辨的觀念所主導的天下朝貢體系，自我構築了一種自大的文明優越感，以為「令大臣帶領瞻觀，賜予筵宴，疊加賞賚，用示懷柔」，[6]即可打發那些遠隔重洋而來的外國使者，彰顯中華帝國統治者「懷柔遠人」的博大情懷。

如何解釋馬戛爾尼勳爵使華事件的性質及其對中國帝國轉型的意義，成為史學研究中的一個重大問題。費正清從「挑戰─回應」的分析框架出發，分析了「馬戛爾尼來華使命的失敗」對中國造成的深遠影響。在他看來，到1825年為止，當歐洲準備大規模進行擴張之際，西方與中國的交往還停留在17世紀的水準，清代統治者在前代的基礎上，根本沒有做好迎接新的世紀挑戰的準備，傳統的巨大慣性依然推動著帝國在舊的軌道中向前運行。他在著作中寫道：

　　傳統格局的惰性與頑固，以及物質和精神上的封閉自足，這一

（續）────────────

　　貨物；3. 請於珠山附近劃一未經設防之小島歸英國商人使用，以便英國商船到岸即行收藏、存放一切貨物且可居住商人；4. 請於廣州附近得一同樣之權利，且聽英國商人自由往來，不加禁止；5. 凡英國商貨自澳門運往廣州者，請特別優待賜予免稅。如不能盡免，請依1782年之稅律從寬減免；6. 請允許英國商船按照中國所定之稅率切實上稅，不在稅率之外另行徵收。且請將中國所定稅率錄賜一份以便遵行。參閱[英]馬戛爾尼原著，《1793乾隆英使覲見記》，第160-161頁。另參閱同上書，頁252。

5　[法]佩雷菲特，《停滯的帝國：兩個世界的撞擊》，頁481-482。

6　[英]馬戛爾尼原著，《1793乾隆英使覲見記》，附錄三，英皇與乾隆書信，頁225。

切都使得中國面對西方的挑戰時反應遲鈍、舉步維艱。當時日本國內正醞釀著經濟和社會方面的變革，作為對西方的部分回應，這種變革後來促成了日本全方位的政治、社會轉型。但在龐大的中華帝國中並未產生類似的轉型，其原因至今也仍然是學者們爭論不休的一個話題。[7]

費正清揭示了中國「傳統與變遷」的一個核心問題：作為同是東亞國家的中國和日本，在精神領域共用著佛教和儒學的悠久思想資源，為何在近代面臨西方的挑戰時卻產生了迴然不同的反應並導致了大相徑庭的結果？原因恐怕就在於中國是一個中央集權式的超大帝國，而明治維新前的德川政治共同體不過就是一個類似於歐洲中世紀的封建制國家。日本因為在明治維新時期完成了從封建制國家向民族國家的轉型，從而為建設一個現代國家奠定了制度基礎。當佩雷菲特把中國和英國的衝突視為是兩個帝國的碰撞時，實際上如吉登斯所說，英國是歐洲歷史上形成的兩個最早的民族國家之一（另一個是法國），大英帝國是披著帝國外衣的民族國家。中英兩大帝國的衝突，就是傳統帝國與現代民族國家的衝突，亦是一個日趨崩解的天下朝貢體系和一個正在蓬勃興起的國際現代條約體系的衝突。[8]中華帝國在東亞世界主導的天下秩序是在英國的「衝擊」下

---

7 [美]費正清，《中國：傳統與變遷》，張沛等譯，吉林出版集團有限責任公司，2008，頁196。

8 費正清在《中國的世界秩序中的早期條約體系》一文中認為，1840年的鴉片戰爭是朝貢時代與條約時代、中國主導時代與西方主導時代的分界，此後的20年是中國以條約為基礎向西方開放的時期，而後中華帝國又花了20年才在外交上進入以歐洲為中心的國際社會，並開始顯現出現代民族主義的徵兆。條約體系最初是西方想把中國帶入西方世界的一個手段，同樣也可以被視為清朝適應西方和

出現了「三千年未有之大變局」，自馬戛爾尼使華失敗之後，英國最終是用火炮轟開了中國的大門，並由此創造了中國巨變的歷史條件。

帝國之爭還是文明之爭？

　　龐大的中華帝國在西方的衝擊之下並未產生像日本明治維新那樣的全方位轉型，以及帝制終結之後的中國在經歷了包括辛亥革命、國民革命、國共內戰和文化大革命的「長期革命」之後，依然保持著帝國的歷史傳統和制度特徵，這些歷史事實是否意味著帝國制度及其天下體系的歷史合法性和正當性需要重新加以估量？何偉亞撰寫的《懷柔遠人：馬戛爾尼使華的中英禮儀衝突》，顯然就是一本「重估帝國」之書。作者比較嫻熟地運用了後現代的史學書寫方式，不是將中英圍繞著馬戛爾尼使華所展開的禮儀衝突視為傳統與現代的衝突，或帝國與民族國家的衝突，而是「視為兩個擴張性的帝國——大英多民族帝國和滿族多民族帝國的相遇」，也就是中英兩大「帝國構建」的衝突[9]。這個觀點看起來像是重複了佩雷菲特的相關說法，但何偉亞並不認可將滿清帝國打入在傳統的閉關自守的行列，他借助於薩義德的後殖民理論，特別強調「『西方』與『東方』的關係過去是，某種程度上現在仍然是一種包括政治優勢、經

（續）————————————

　　　在中國的世界秩序中給予西方一個位置的手段，隨著條約體系逐漸占據優勢，朝貢體系慢慢消失了。參閱[美]費正清編，《中國的世界秩序：傳統中國的對外關係》，杜繼東譯，中國社會科學出版社，2010，頁278。

9　參閱[美]何偉亞，《懷柔遠人：馬戛爾尼使華的中英禮儀衝突》，鄧常春譯，劉明校，社會科學文獻出版社，2019，序言，頁Ⅱ。

濟優勢和文化優勢等各種形式的『綜合霸權』」。[10]基於後現代史
學的理念與方法，何偉亞對馬戛爾尼使華事件的重新解釋，就是要
挑戰西方史學敘事的「綜合霸權」。在他看來，中英兩大帝國在制
度性質上並無實質性差異，也沒有文明或文化上的優劣差別，「清
與英的帝國話語在各自的方式上都是專制主義的」，「兩者都無民
主或平等可言，而是旨在鞏固帝國構建」。[11]這是何偉亞在挑戰費
正清史學的「傳統─現代」的解釋模式，否認把乾隆皇帝與馬戛爾
尼勳爵的會面看成是現代化初期「傳統」與「現代」文明的相遇。
他要提供一個與眾不同的解釋框架，試圖從中英之間的禮儀衝突的
維度來重新定義這兩大帝國首次碰撞的歷史意義。

從現象上看，馬戛爾尼使華失敗的根源的確來源於中英的禮儀
衝突。按照《大清通禮》，外國使者觀見中國皇帝時必須行使跪拜
禮，馬戛爾尼使華之前，俄國、葡萄牙、荷蘭諸國使者均遵守了這
一禮儀規則，更不用說那些來自帝國藩屬國的使者們，英使卻因為
拒絕向乾隆皇帝行跪拜禮而挑戰了清朝的禮儀制度。《大清通禮》
涉及到帝國權力之根本，是清廷藉以建立統治並聲稱統治合法的根
源，而英國人則以歐洲已經形成的國際法觀念要求在國際交往及其
禮儀中體現主權平等的原則，使國際關係理性化。這個情況在何偉
亞看來，表明中英之間的禮儀衝突不是文明或文化的衝突，而是兩
大帝國各自構建其合法性及其組織原則的互不相容。清帝國的賓禮
和英國的外交禮儀，兩者都體現了在組織各領土之間和強大的帝國
構建內部的政治關係的活動，其預設和實踐有著同樣普遍的訴求。
據此判斷，何偉亞試圖在「同等」的意義上，也就是在超越「傳統─

---

10 同上書，頁8。
11 同上書，頁30-31。

現代」的意義上，將中英禮儀衝突視為兩個對等的各自具有其合法性依據的帝國之間的衝突，衝突的性質也就不能被看作是清廷在第一次鴉片戰爭前後沒有創造性地應對西方的挑戰。用何偉亞自己的話來說：「事實上，我試圖把乾隆朝廷與英國人的會面重建為兩個擴張性帝國的會面，各方均有自己的關注所在，各方均有自己的安全要求。」[12]按照這個說法，中英圍繞著馬戛爾尼使華事件所發生的禮儀之爭，對於雙方來說，既無對錯，也無文明或文化的高下之分，當然也就沒有傳統與現代之別。

何偉亞對歷史的「重建」——「解構歷史話語的重構」，體現了後現代史學慣有的相對主義立場和虛無主義價值觀，尤其是表達了對「現代化」理論的強烈不滿。他認為「傳統—現代」的兩分法支配了英國人的對華觀念，譬如，中國的「優越感」與英國的主權平等觀念，中國的孤立及排外主義與英國的世界主義，中國的排他性與英國的自由貿易，中國官員的猜忌與英國外交家的豁達等種種對立；以及中國的專制君主與官僚系統的對立，國家與社會的對立，地方政府與鄉村的對立，受官方支配的對外關係與廣大民眾對自由交往的渴望的對立，等等；均被何偉亞視為是在費正清史學主導的現代化解釋框架中找到了一席之地，他要證明：

> 這樣的論調不但歪曲了清英兩個帝國相遇的性質，而且，即便是眼下世界上的文化書籍，如果有任何指導意義的話，也只能有助於使「死氣沉沉的東方與生機勃勃的西方」這樣一種闡釋模式永久地存在。結果，一方面中國內部在不斷地發生變化，另一方面清的「對外關係」卻不顧事實地被凍結在「中國反應」

---

12 同上書，頁254。

模式的範圍之內。[13]

在何偉亞的心目中,在中英之間假設的過去與現在、我們與他者之間的斷裂只是現代主義的一種特別的虛構。

「夷」字存廢意味著什麼?

何偉亞對馬戛爾尼使華事件的特殊解釋,因其後現代主義的理念與敘事風格而在美國學術界引發了廣泛的關注,他從「禮儀」的維度為中華帝國重塑了合法性,進而證明中英之間的禮儀衝突並非標誌著一個傳統帝國與一個現代民族國家的衝突,而毋寧是兩個各具其合法性的帝國的衝突。羅志田在對何偉亞的後現代史學研究方法多有批評的同時也承認:「一本關於清代中國的著作短期內便有十餘篇不同領域的書評,實不多見。即使對何著持有不同看法的評論人,也基本承認何著頗有創新之處,是相關領域裡一本必讀的參考書。」[14]對於中國新左派來說,該書通篇貫穿的對民族國家敘事的質疑以及對「傳統—現代」理論模式的挑戰,無疑對他們重構一種新的帝國敘事具有極大的啟示意義。譬如,江暉在其著作中得出了與何偉亞差不多完全相同的結論:「王朝制帝國的民族主義是對歐洲的國家體系及其規範的反應,這個反應不能簡單地歸結為單一帝國體制與民族—國家的國際體系的反應。清朝與歐洲列強之間的衝突不是一般的國與國之間的衝突,而是兩種世界體系及其規範之

---

13 同上書,頁274。
14 同上書,譯序,頁IV。

間的衝突，即兩種國際體系及其規範的衝突。」[15]這不是汪暉一個
人的看法，劉禾撰寫的《帝國的話語政治》一書，很難說沒有受到
何偉亞論著的重大啟發，因為在她看來，「在何偉亞出版其批判性
著作《懷柔遠人》之前，這個有確鑿文獻依據的中英外交傳奇，基
本上為中外大多數歷史學家講述19世紀和20世紀中西關係的故事，
定下了調子。」[16]這個「調子」被她判定為是屬於「殖民主義史學」
的產物，其歷史觀的中心論點是：「中國在19世紀沒落的原因，是
因為它在對待外部世界這個問題上，頑固地堅持傳統的華夏中心主
義的思維方式，拒絕與世界上的其他地區進行自由貿易。」[17]劉禾
與何偉亞一樣，試圖徹底顛覆這個「殖民主義史學」的「調子」，
通過重塑帝國話語政治的合法性來展開一種新的「主權想像」。為
此，她要特別申明的是：「帝國之間的碰撞，不可輕易混淆為文明
的衝突。說到底，文明之間無所謂衝突可言，而歷史上的大規模衝
突都是在帝國之間發生的。」[18]這不正是何偉亞已經得出的結論嗎？
[19]

　　劉禾亦是通過後現代史學敘事方式展開其對「帝國的話語政治」
的分析，她大量地借鑒了諸如皮爾斯、福柯、薩義德、德里達、巴

---

15 汪暉，《現代中國思想的興起》，上卷第二部，生活・讀書・新知
　　三聯書店，2004，頁680。

16 劉禾，《帝國的話語政治：從近代中西衝突看現代世界秩序的形
　　成》，楊立華等譯，生活・讀書・新知三聯書店，2014，頁150。

17 同上書，頁150。

18 同上書，頁3。

19 劉禾在其著作中贊同並引用了何偉亞的一句話：「這兩個帝國的遭
　　遇，各自都私懷天下情結，也都知道該怎樣引經據典去伸張自己的
　　天下情結。」她認為正是這種帝國情結導向了戰爭。參閱同上書，
　　頁44。

塔耶、阿甘本、法農等後現代和後殖民理論家的相關論述，包括運
用最時髦的女性理論來分析慈禧太后與維多利亞女王之間的關係與
互動；而她以「夷」為關鍵字所講述的中英話語衝突的故事，與何
偉亞以「禮儀」為關鍵字對馬戛爾尼使華事件性質的另類解讀，大
有異曲同工之處。兩者有所區別的是，劉禾的後現代敘事表現得更
為「小題大做」，從「夷」這個漢字是否應該被翻譯成英語barbarian
（野蠻人）而大做文章。在她看來，中英雙方在1858年簽署的《天
津條約》第51款規定：「嗣後各式公文，無論京外，內敘大英國官
民，自不得提書夷字。」[20]這個條款被劉禾解讀為，不僅終止了漢
字「夷」的生命，而且對近代史敘事投下了濃重的陰影：

> 通過挖掘這個衍指符號誕生的軌跡，我們會看到詞語的衝突絕
> 非小事，它凝聚和反映的是兩個帝國之間的生死鬥爭，一邊是
> 日趨衰落的大清國，另一邊是蒸蒸日上的大英帝國。誰擁有對
> 「夷」這個漢字最後的詮釋權，誰就可以躊躇滿志地預言這個
> 國家的未來。[21]

　　「夷」字的存廢何以成為決定帝國命運的關鍵字？劉禾在她的
著作中提供了一個獨特的解釋邏輯。在她看來，在朝貢體系的歷史
敘述當中，在滿族統治者的帝國意識形態當中，「夷」的概念非同
小可，它被賦予了新的地理政治的意義，用以拓展他們自己的帝國
規劃。對於滿清統治者而言，「夷」這一概念所涵蓋的，不單是對
異族或外國人的命名，更重要的，它是對統治者的主權邊界的界定

20　轉引自同上書，頁40。
21　同上書，頁52。

與命名，「『夷』是儒家經典主權理論中的核心概念」。[22]正是基於這個判斷，劉禾將英國人把「夷」字翻譯成「barbarian」（野蠻人）視為是滿清帝國主權在近代遭遇的一個重大危機。為了證明這一看法，她首先運用符號學理論中的「衍指符號」這個概念，[23]強調其具有「引誘、迫使或指示現存的符號穿越不同語言的疆界和不同的符號媒介進行移植和傳播」的功能，由此認定英國人將「夷」字翻譯成「barbarian」（野蠻人）是「衍指符號」的一個表現，進而認定這是一個「知識的誤用（intellectual catachresis）」。而且，劉禾還別出心裁地引述魯濱遜用槍來馴服星期五的故事，來隱喻滿清帝國之所以被迫接受禁止使用「夷」字的條款，完全是因為大英帝國擁有了「魯濱遜手中那桿槍的威力」，從而使其不僅擁有一種奪人性命的物質力量，而且擁有「一種實現恐怖和人的意圖的符號所具有的那種指義功能」。[24]其實，劉禾完全不必這麼糾纏於符號學的複雜表述，她盡可以用一種通俗直白的語言指出英國人把「夷」字翻譯成「野蠻人」是一個重大誤譯，這個重大誤譯導致「夷」字在法律意義上的終結，是來源於英國人的軍事霸權和話語霸權，而不是因為這個字挑戰了英國人基於國際法平等的國家尊嚴。

　　把「夷」翻譯成「barbarian」（野蠻人）有錯嗎？自《春秋左傳》以來的儒家典籍，「華夷之辨」的觀念作為帝國的意識形態歷經兩千多年之久，至有清一代，何曾有過變化？孔子：「夷狄之有

22　同上書，頁4。

23　劉禾對「衍指符號」的定義是：「衍指符號指的不是個別詞語，而是異質文化之間產生的意義鏈，它同時跨越兩種或多種語言的語義場，對人們可辨認的那些詞語單位的意義構成直接的影響。」參閱同上書，頁13。

24　參閱同上書，頁17。

君，不如諸夏之亡也」；《春秋》：「王者不治夷狄」；《左傳》：
「非我族類，其心必異」；孟子：「吾聞用夏變夷者，未聞變於夷
者」；《漢書》：「夷狄之人貪而好利，被髮左衽，人面獸心」；
《後漢書》：「夫戎狄者，四方之異氣也。蹲夷踞肆，與鳥獸無別」；
唐韓愈：「舉夷狄之法，而加以先王之教之上，幾何其不胥而為夷
也」；宋蘇軾：「夷狄不可以中國之治治之也，譬如禽獸然」；明
劉基：「自古夷狄未有能制中國者，而元以胡人入主華夏，百年腥
羶之俗，天實厭之」；明王夫之：「人不自畛以絕物，則天維裂矣，
華夏不自畛以絕夷，則地維裂矣」。華夷之辨，文野不共戴天，史
籍所謂「四夷」，即南蠻、東夷、西戎、北狄，均被視為野蠻不開
化的族群，與禽獸世界無異，豈能與華夏子孫共存。滿清統治者及
其官員，以華夷之辨的觀念來看待英國使者、商人和各色人等進入
中國，將他們視為「夷」，是再自然不過的事情。但這樣的觀念怎
麼可能讓已經充滿著文明意識的英國人接受？正如馬戛爾尼不能接
受在乾隆皇帝面前行跪拜禮一樣，後來的英國人當然也不願意被中
國人稱為「夷」，對他們來說，以兩國條約的形式終止「夷」字的
使用，恰恰是彰顯國家主權平等的首要前提。

　　按照劉禾的觀點，英國人要求清政府在法律上禁止將外國人稱
為「夷」，不僅是殖民者的一個非法要求，而且在道德上也沒有正
當性，因為「英國文人從18世紀的後25年開始，就已經把中國人歸
為『barbarian』的範疇裡了」。[25]劉禾強調這一點，是為了說明英
國人要求清政府單方終止「夷」字的使用，「根本不是出於對平等
的要求，而是決心要洗刷英國皇室的名譽」。[26]更有甚者，她認為

25　同上書，頁86。
26　同上書，頁83。

英國人在一個漢字上看到了自虐的投影，是英國殖民地式的「創傷話語」的一部分，英國人絕不容許關於「野蠻人」的殖民話語發生逆轉的危險，他們被中國人稱為「夷」就是殖民話語「逆轉」的一個符號：

> 飽受爭議的「夷」字，恰當地點出了情境逆轉的危險和殖民話語邏輯的要害。對於「文明人」來說，誰是真正的「野蠻人」？如何恰當地回答這個問題，這裡面充滿了各種焦慮和不確定因素。從1834年至1860年這段時間，英國人的殖民話語在中國經歷的喜悲劇式的各種逆轉，也都是圍繞這一類問題的。[27]

劉禾堅持的後現代敘事猶如一種語言幻術，它把所謂的跨語際的語言轉換（翻譯）視為一種殖民主義話語現象，這看起來非常符合反抗殖民主義統治的政治正確，但它由於肆意顛倒了文明與野蠻的標準，尤其是背離了國際法的分析框架，完全漠視中英兩國在正式條約中所達成的共識——用「夷」來稱呼他國及其國民既是違背主權平等的原則，也是違背文明的原則，因此，必須在兩國的官方文件中禁止使用這個字。如同在國際交往中禁止行使跪拜禮，不是因為這是中華禮儀傳統定下來的規矩必須遵守，而是因為跪拜禮作為傳統禮儀完全有辱人的基本尊嚴，它體現的是帝國與其藩屬國的主奴關係而不是民族國家之間的平等關係。何偉亞和劉禾把中英兩國的衝突不是視為兩種根本不同的世界觀、世界體系和文明體系的衝突，而是視為兩個帝國的衝突，是試圖從價值觀上為中華帝國重構歷史的合法性與正當性，把「傳統與現代」、「落後與進步」、

---

27 同上書，頁89。

「特殊性與普遍性」這些概念模式統統打入到「殖民主義史學」的
範疇中,認為這些概念模式「賦予了歐美國際法和現代外交實踐以
普遍的有效性,同時把所有其他的價值,都貶為特殊性的,無關宏
旨的,只不過是代表特定文化的特定的事物。」進而得出結論:「西
方帝國主義歷史的限度,必然是由殖民主義史學的敘事來設定和永
久化的。」[28]

從「中西之爭」到「古今之爭」

事實上,被何偉亞挑戰的費正清的「衝擊─回應」模式與被劉
禾批判的所謂「殖民主義史學」,在史學領域是有廣泛的共鳴。何
偉亞在他的著作中論述「從帝國常規到民族─國家的敘述性歷史」
中,也提到了諸如蔣廷黻、胡繩、朱潔勤、戴逸等這些具有不同政
治和知識背景的學者們,對於中英兩國自馬戛爾尼使華以來發生的
衝突所形成的基本共識。他引述的蔣廷黻的看法是有代表性的:馬
戛爾尼使華的失敗和接下來的19世紀的鬥爭,是中西文化差異的產
物,這種差異最終表現為傳統與現代不可避免的衝突;第一,衝突
的實體是文明或文化,而不是有著各自政治目標的特定的帝國構
建;第二,中國與西方的區別是基於傳統世界的一系列缺失,中國
沒有國際社會或國際法的觀念;第三,傳統世界是一種封閉的體制,
拒斥所有層面的對外交往,而這些交往對於現代性是極為關鍵的。[29]

---

28 同上書,頁151。

29 參閱何偉亞,《懷柔遠人:馬戛爾尼使華的中英禮儀衝突》,頁275。
   蔣廷黻,「鴉片戰爭失敗的根本理由是我們的落伍。我們的軍器和
   軍隊是中古的軍隊,我們的政府是中古的政府,我們的人民,連士
   大夫階級在內,是中古的人民。我們雖拼命抵抗終歸失敗,那是自

胡繩雖然如何偉亞所說，把清政府制定限制外國商人的政策視為是
一個主權國家的合法行為，但他並不認為這些政策是有效的；相反，
在他看來，「清朝統治者狂妄自大地以為這些外國商人都是來自渺
不足道的蠻夷小國，而自命為高於萬邦的『天朝』；他們根本不想
去認真瞭解這些究竟是什麼樣的國家。這種情形當然是封建統治者
的落後性的表現。」[30]戴逸的觀點——何偉亞承認比較接近蔣廷黻
的觀點，認為清帝國閉關鎖國，對現代國際關係懵懂無知，注重朝
廷禮儀和磕頭問題引起的爭執，這表現了資本主義西方世界與中國
傳統政治秩序及意識形態之間的鴻溝，巨大的差異意味著中國必須
經歷較長時間、經過巨大變化才能融入世界，適應新形勢。[31]由此
可見，對於中國的自由主義學者和馬克思主義學者來說，儘管他們
各自關於中國近代以來的社會變遷及其性質有著不同甚至完全對立
的解釋，但是，他們都至少承認了一個歷史事實：滿清帝國與以英
國為首的西方列強的衝突所引發的歷史巨變，實質就是「古今之
變」，也就是傳統與現代之變。「中西之爭」最後歸結為「古今之
爭」（傳統—現代之爭）。

　　「中西之爭」引發的「古今之爭」，實質是兩種世界觀和世界
秩序之爭，是帝國主導的天下朝貢體系和民族國家主導的國際條約
體系之爭，用韓國學者金容九的說法，是「東洋之禮」與「西洋公

（續）

　　　然的，逃不脫的。從民族失敗的歷史看，鴉片戰爭的軍事失敗還不
　　　是民族致命傷。失敗以後還不明了失敗的理由力圖改革，那才是民
　　　族的致命傷。」參閱氏著，《中國近代史》，武漢出版社，2012，
　　　頁17。

30　胡繩，《從鴉片戰爭到五四運動》上卷，中國社會科學出版社，1981
　　　年，頁22。

31　參閱何偉亞，《懷柔遠人：馬戛爾尼使華的中英禮儀衝突》，頁277。

法」之爭。[32]在徐中約的中國近代史研究中，近代形成的中西衝突
實質是兩個「國際大家庭」的衝突。自1648年歐洲達成威斯特伐利
亞和約以來，一眾西歐基督教國家經過近兩個世紀的擴張，終於在
19世紀大致構成了一個「西方國際大家庭」，其構成的主要紐帶是
基於民族國家主權平等的國際法和國際條約。當「西方國際大家庭」
抵達遠東世界時，發現自身遭遇到另外一個由中國領導的國際大家
庭：

> 這一「國際關係」體系就是廣為人知的朝貢體系，它並非建立
> 在西方承認的主權國家間平等的基礎之上，它的基礎是父子或
> 長幼關係。不同於西方帝國主義國家與其殖民地間的關係，朝
> 貢關係首先是儀式性的和禮節性的，而不是剝削性的。[33]

在徐中約看來，西方體系和東方體系在不做出巨大犧牲的情況
下誰也無法迎合對方，西方國家基於國家主權和國際法的外交往來
的原則，根本不可能接受中國的朝貢體系，而滿清統治者不徹底改
變他們長期秉持的「華夷之辨」的觀念及其禮儀規則，也不可能接
受西方國與國平等的觀念。因此，兩個互不相容的體系早晚會發生
碰撞。何偉亞所講述的中英禮儀衝突的故事和劉禾對「夷」字的符
號學解讀，試圖徹底解構「傳統—現代」的解釋框架，將文明和文
化之爭置於兩個帝國構建之爭，因為根本背離了大多數歷史學家所
公認的「中西之爭」的性質是「古今之爭」這個基本判斷，由此導

---

32 參閱[韓]金容九，《世界觀衝突的國際政治學：東洋之禮與西洋公
   法》，權赫秀譯，中國社會科學出版社，2013。
33 [美]徐中約，《中國進入國際大家庭》，屈文生譯，商務印書館，
   2018，頁11。

向對歷史的一種純粹主觀的想像或戲說，缺少來自歷史事實最起碼的驗證。

芮瑪麗在其《同治中興》一書中認為：「關於西方列強的合作政策是一個帝國主義陰謀的見解，迄今沒有任何證據。」[34]她試圖證明，滿清政府在1861年成立「總理衙門」，是「中興」時期最引人注目的制度改革，這是中國歷史上首個專門處理外交事務的機構，表明滿清政府中的一批開明官員意識到了用「禮部」來處理與朝貢國關係的傳統做法已經不合時宜了，「條約意識」開始取代「禮儀意識」。從1860年《天津條約》批准之後的十年裡，「清政府接受並掌握了西方外交的原則與實踐，並將之當作維護中國主權的主要武器。」[35]但是，即便如此，圍繞著是否取消外國使者觀見中國皇帝時必須行跪拜禮這個規定，在中國與西方國家之間依然持續了長期的鬥爭。用徐中約的話來說，清政府似乎並未將關稅限制、領事裁判權及最惠國待遇視為對國家權益的嚴重侵犯，反而將諸如不經叩頭的外交認證和觀見等禮節性問題視作奇恥大辱。[36]

茅海建的研究表明，1861年3月之後，西方各國公使陸續進入北京，但觀見皇帝之禮一直未能進行。清廷的理由，最初是咸豐帝依舊制「北狩」熱河，不便舉行，後因咸豐帝去世，稱新皇帝年歲太小，太后因中國禮儀不見外人。真正的理由其實在於，清廷要求外國使者觀見中國皇帝時必須依大清禮制行跪拜禮，而西方各國對此則集體加以抵制。這個「禮儀危機」最後獲得解決的時間是1873年6月29日，同治帝親政之後四個月，在清開明官員和西方各國使者的

34　[美]芮瑪麗，《同治中興：中國保守主義的最後抵抗》，房德鄰等
　　譯，中國社會科學出版社，2002，再版序言，頁2。

35　同上書，頁286。

36　參閱徐中約，《中國進入國際大家庭》，頁214。

共同努力下，俄、美、英、法、荷五國公使和日本大使第一次以西
禮覲見中國皇帝，跪拜禮從此在中國的國際交往中被終止。[37]茅海
建認為，「『天朝』的觀念使之與近代國家利益相格相反，傳統的
禮教又阻其與國際社會的接軌」，用傳統的「九經」、「四維」、
「五常」、「五倫」上陣與西方列強對抗，非敗仗，即上當。[38]楊
國強對同樣的歷史事實也作出了同樣的價值判斷，他在《衰世與西
法》一書中認為，自咸豐末期以來中西兩面為外國使節覲見中國皇
帝是否行跪拜禮這個難題所困擾，「在進逼、抵斥、憤激、緊張中
一起走過的十多年歲月委實太過漫長」，「中國遣使也經歷了太過
漫長的時間」，「在中國人一步一步融入近代外交的漫漫長路裡，
這是一段艱難涉過的歷程」，最終導致的結果是：

> 在天朝體制分崩離析之後，主權觀念所提供的這種旨理使中國
> 人第一次有了一種可以替代天朝體制的東西……西方人在中國
> 用條約連接條約和條約派生條約構成了異樣的制度，又以這種
> 制度改變了中國和改造了中國。而當古老的中國為條約所牽，
> 一步一步走入西方人主宰的那個世界秩序之中的時候，與中國
> 人的窘迫困苦相表裡的，是中國人從西方世界獲得的種種旨理
> 又在促成古老中國的新舊嬗遞。[39]

當然，這仍然是一個比較樂觀的評價，當跪拜禮在中國的國際

---

37 參閱茅海建，《近代的尺度：兩次鴉片戰爭軍事與外交》，生活·
讀書·新知三聯書店，2018，頁236-249。
38 同上書，第251頁。
39 楊國強，《衰世與西法：晚清中國的舊邦新命和社會脫榫》，廣西
師範大學出版社，2020，頁158。

交往中被徹底廢除，包括清廷官員在公示文件和私人書信中普遍以「洋人」來代替「夷」這個羞辱性稱呼，這些文明的進步其實並沒有帶來制度上的根本性變革，新舊嬗遞（古今之變）依舊困難重重。

芮瑪麗曾把同治中興的失敗歸之於近代國家的要求與儒家秩序的要求直接對立，對於帝國的統治者來說，「對儒教社會本質作出的調整是必定會產生效果的，但調整卻不是避免滅亡的可行選擇，而是滅亡本身。」[40]晚清帝國最後崩潰的命運似乎證明了這一點，同治中興之後至光緒帝開啟維新改革以及其後實行的慈禧新政，均沒有將帝國從垂死掙扎中拯救出來，帝國時代被辛亥革命徹底終結了。問題在於，帝制終結之後的中國在經歷了一系列「長期革命」之後，是否意味著帝國的現代轉型就是走向民族國家以及由民族國家主導的國際秩序？何偉亞對中英禮儀衝突的重新闡釋，劉禾對「夷」字所做的翻案文章，以及汪暉為重構帝國敘事所展開的中國現代性理論工作，不就是要為已經覆亡的帝國傳統重新注入合法性資源嗎？後現代史學敘事的局限性在於，它只能借助於文學想像（包括時髦的符號學）的方法把一些歷史斷片重新拼接起來，而無法重構一個宏大的帝國敘事及其意義鏈。在後現代的歷史學家捉襟見肘之際，哲學家懷著同樣的使命出場了，在哲學上重構「天下體系」，成為重建帝國「當代性」的一個重大理論事件，也就毫不奇怪了。

---

40 [美]芮瑪麗，《同治中興：中國保守主義的最後抵抗》，頁395。

——下——

從帝國到天下／帝國

在中國新左派集體編寫的「帝國的話語政治」譜系中,「天下」概念顯然比「帝國」概念更具有普世性價值和意義。當帝國及其朝貢體系被辛亥革命的火炮徹底摧毀之後,帝國敘事的歷史合法性與正當性也隨之灰飛煙滅。但是,與「天下」概念相勾連的歷史想像如同一個幽靈,在帝國終結約百年之後,從帝國的墳墓中飄然而出,在中國大地上空重新遊蕩。以哲學家身分出場的趙汀陽,於2001年推出「天下體系」理論,既像是對帝國的一次終極拯救,也像是對帝國的一次超越,用他自己的話來說:

> 與西方語境中的「帝國」(empire)概念不同,「天下」這一
> 中國傳統概念表達的與其說是帝國的概念,還不如說是關於帝
> 國的理念。概念和理念雖然大體一致,但有一點區別:理念不
> 僅表達了某種東西所以是這種東西的性質(希臘人認為是一種
> 決定性「形式」),而且表達了這種東西所可能達到的最好狀
> 態。[41]

從上述「理念」出發,趙汀陽認為「天下」表達的正是「關於帝國的一種理想或者說完美概念」,其基本意義包括:(1)地理學

---

[41] 趙汀陽,《天下體系:世界制度哲學導論》,中國人民大學出版社,2011,頁27。

意義上的「天底下所有土地」，或者人類可以居住的整個世界；（2）
在所有土地上生活的所有人的心思，即「民心」；（3）最重要的是
它的倫理學／政治學意義，指向一種世界一家的理想或烏托邦，即
所謂四海一家。[42]如同汪暉用中國「時勢」的概念來重新定義西方
的「世紀」概念一樣，趙汀陽是用「天下」概念來同時改寫「世界」
和「帝國」的概念。在他看來，「天下」比西方思想中的「世界」
概念有著更多的含義，它至少是地理、心理和社會制度三者合一的
世界，天下意味著一種哲學、一種世界觀，天下是哲學視野中的世
界，是滿載所有關於世界的可能意義的「飽滿世界概念」。[43]簡言
之，「天下」概念不僅在地理上，而且在制度和倫理上都高於「世
界」概念。遵循同樣的邏輯，天下理想作為關於世界制度的哲學理
論，「它所想像的天下／帝國從本質上區別於西方的各種帝國模式，
包括傳統軍事帝國如羅馬帝國模式和現代帝國主義的民族／國家如
大英帝國模式以及當代新帝國主義即美國模式。」[44]值得注意的是，
趙汀陽在強調天下與西方帝國模式的本質區別時，並沒有將天下與
中華帝國模式區分開來，他用斜槓把「天下」和「帝國」（天下／
帝國）聯繫在一起，表明天下理論與帝國敘事的相關性。「天下」
以前作為中華帝國及其朝貢體系的一種意識形態表述，從來也沒有
超出過帝國的邊界，如今趙汀陽儘管試圖用「天下」概念來超越「世
界」和「帝國」的概念，但實際上他既不能超越「世界」——中國
置身於世界體系之中已有百多年的歷史，也不能超越「帝國」——
帝國成了他想像中抵抗世界體系的文化堡壘。

---

42 參閱同上書，頁27-28。
43 參閱同上書，頁28。
44 同上書，頁29。

重構「天下體系」理論，首先是來源於一種現實考量，即「重思中國」或「重構中國」的問題意識。在趙汀陽看來，中國在經濟上的成功已經使中國成為一個世界級別的課題，但中國還沒有真正成為經濟生產大國，尤其是還沒有成為一個知識生產大國。「如果中國的知識體系不能參與世界的知識體系的建構而因此產生新的世界普遍知識體系，不能成為知識生產大國，那麼，即使有了巨大的經濟規模，即使是個物質生產大國，還將仍然是個小國。」[45]基於這樣的現實考量，趙汀陽提出「天下體系」理論，顯然是懷有一個宏大使命，那就是要為世界提供「世界新理念和世界制度」，這是中國的「世界責任」。「重思中國」或「重構中國」的意義，其實就是用「天下體系」理論來「重思世界」或「重構世界」。

在中國經濟總量達到世界第二的位置時，中國完全具備了向世界主張一種普遍性知識生產的權利，即使作為一個普通國家，中國也理應承擔起治理世界秩序的責任，世界體系的構成與完善是來源於各個國家的共同參與，聯合國安理會五大常任國自然要承擔起領導世界的主要責任。從這個意義上說，趙汀陽試圖將其「天下理論」定義為「任何可能的世界制度的形而上學」，用哲學來分析世界政治問題，具有學術上的正當性。問題在於，他構想的「世界理念」和「世界制度」並不是對現有世界秩序的一種參與或作為一種可能性，而是一種倫理性的和制度性的顛覆或替代，也就是要用中國的「天下體系」來重構現有的世界體系。

第一，「天下體系」是要重構「民族國家」。帝國—民族國家的二元敘事一直被中國新左派視為是西方現代性理論的話語霸權，趙汀陽也同樣認為，西方現代「帝國主義」國家作為新型的帝國，

---

45 同上書，頁2。

與東方傳統帝國存在著重大差別：

> 帝國主義是基於民族／國家制度的超級軍事／經濟力量而建立
> 的一個政治控制和經濟剝削的世界體系。歐洲傳統帝國和帝國
> 主義的共同理念都是「以一國而統治世界」──背後的哲學精
> 神是「以部分支配整體」這樣的欲望──而民族／國家的概念
> 使得帝國主義以民族主義為原則來重塑帝國眼光從而精神變得
> 更加狹隘，不僅失去了傳統帝國兼收並蓄的胸懷，而又把帝國
> 強權好戰方面發展到了極致（歷史上最大規模的戰爭都是現代
> 帝國主義的作品）。[46]

　　因此，「天下體系」理論不是以民族國家為尺度來對國家自身
合法性進行辯護，而是以「世界尺度」即「天下尺度」來重新確認
國家的正當性基礎。由於「天下理論」來源於中國，中國自然就享
有「重思世界」和「重構世界」的權力。

　　第二，**「天下體系」是要重構「帝國」**。作為一種理想的或完
美概念的帝國，天下體系既是對民族國家體系的超越，也是對西方
的羅馬帝國、基於民族國家的大英帝國和美國的新帝國主義這三種
帝國模式的超越，卻是以中華帝國為重構的藍本。因為「天下」概
念構成了「中國哲學的真正基礎」，中國關於政治／社會各種單位
的層次結構，即「家─國─天下」結構，意味著一種比西方分析單
位結構更廣闊因此更有潛力的分析框架。[47]在西方概念裡，國家是
最大的政治單位，不管是城邦國家還是帝國或者民族國家，都只包

46　同上書，頁24。
47　參閱同上書，頁30。

含「國」的理念，沒有「世界」的理念；「天下」概念的重要性就在於創造了思考問題的「世界尺度」。但趙汀陽並沒有因此將「天下」視為「世界」的同義語，用連接子號把天下與世界連在一起（天下／世界），而是把「天下」與「帝國」聯繫在一起（天下／帝國）。「在天下／帝國的純粹理論上，天子享有天下，所謂『君天下』或天下『莫非王土』，儘管實際上從來沒有一個帝國擁有過整個世界，但『天下／帝國』是個理論，在理論上則完全可以設想天下一家的帝國。」[48]由此可見，趙汀陽對帝國的認識和評價採取了雙重標準，徹底否定西方三種帝國模式，卻用天下理論重塑了中華帝國的歷史合法性與正當性。

第三，「**天下體系**」是要重構「**世界**」。趙汀陽的天下理論自我設置了「天下」與「世界」的悖論關係，一方面，他需要借助於「世界」概念來說明天下體系不過就是一個新的世界體系，另一方面，他認為現有的「世界」概念並不像「天下」那樣是一個飽滿的或完備的世界概念，他的說法是，當下的世界是一個沒有世界觀的世界，所謂的「世界」仍然是一個「非世界」。「全球所以尚未成為一個世界，這既是因為它一直持續著的霍布斯狀態（按照希臘哲學的概念，類似於還沒被組織成kosmos的chaos），也是因為它現在還沒有一個被普遍接受的世界制度。」[49]趙汀陽對「世界」的重構，實質是對西方世界的批判，他認為西方對世界的理解，無論是帝國的還是帝國主義的，都是基於民族國家的絕對性，然後以自己國家的價值觀把「其他地方」看成是對立的、分裂的和未征服的──「這是沒有世界觀的世界理論」；而天下／帝國理論則是先肯定世界的

---

48 同上書，頁34。
49 同上書，頁74。

先驗完整性，然後在給定的完整世界觀念下再分析各個地方或國家的關係——「這是世界觀先行的世界理論」。[50]因此，天下／帝國理論蘊涵著關於「世界」的飽滿概念和世界制度的先驗理念，是重構世界的理論依據。

第四，「**天下體系**」是要重構「**國際秩序**」。基於對現有世界和世界制度的不滿，趙汀陽要求挑戰自《威斯特伐利亞條約》簽署以來所形成的國際秩序，認為國際理論以及民族國家意識形態都是建立在這個條約的精神之上，「這一精神決定了在它的視野中不存在任何高於或者大於民族／國家的政治單位和政治利益，國家的政治至上性使世界變成非政治性的存在，變成一個自由爭奪的生存空間。」[51]從這個判斷出發，他認為諸如聯合國這樣的國際組織也不具有「世界」性質，它沒有超越民族國家思維，充其量只是一個附屬於民族國家體系的服務性組織：「聯合國以及其他現有的國際組織根本就不是某種高於民族／國家體系的政治存在」。[52]他甚至認為，「國際的」並不能表達「世界的」，「國際性」（internationality）這個概念本身就是誤導，國際性只能被理解為比世界性低一級的政治問題，國際問題是國家之間的問題，國際政治附屬於國家政治，總是以國家政治為主導，而世界的問題則必須在「世界性」（worldness）的視野中被理解，

> 天下理論的目的就是建立一種世界主義（worldism）而不是國家主義（statism）的政治理解方式，以便重新定位那些一直被

---

50 參閱同上書，頁50-51。
51 同上書，頁93。
52 同上書，頁92。

誤以為是「國際的」而其實是世界性的問題——例如世界秩序、全球治理、全球發展、文化衝突與世界和平等等，並且由此建立以世界理論（不是國家理論，也不是國際理論）為核心的政治理論。[53]

重構「天下／帝國」的歷史合法性——當代中國的意識形態建構

從天下體系理論的批判指向性可以看出趙汀陽的宏大抱負，不僅要徹底解構基於民族國家為主體的世界體系及國際秩序，重構中華帝國傳統以對抗美國為首的新帝國主義的帝國模式，而且要為世界治理與世界的未來發展提供以天下／帝國理論為核心的新的世界理念和世界觀。這樣的宏大抱負當然符合中國崛起之後的民族主義情緒，尤其是符合在帝國終結之後歷經所謂「百年屈辱」的政治家們對於重建「天下體系」的政治想像。由一個中國哲學家設計的新的世界制度的方案，如果真的「重構」了世界，人類真的迎來一個「天下一家」的美好世界，那豈不就是中國人對世界和人類所做出的一個空前絕後的貢獻嗎？

理論很豐滿，現實很骨感，趙汀陽不是沒有意識到他的理論的最大短板，是缺少來自現實經驗的支持，雖然他反覆申明「天下理論」是基於一種「優先性」（priority）和「先驗性」（a priority）[54]

---

53 同上書，頁93。
54 趙汀陽把「priority」和「a priority」同時翻譯為「優先性」和「先驗性」，不知有何根據，他在其著作中把「先驗論證」翻譯為英語「transcendental argument」，兩種先驗性的區別何在？參閱氏著：《天下體系：世界制度哲學導論》，頁88、99。

的觀念，是一種哲學的或形而上學的先驗論證，甚至如他自己所言
就是一種「烏托邦」，但這並不意味著哲學想像可以享有一種遠比
歷史想像更無邊界的思想空間。因此，趙汀陽的「先驗論證」在現
實經驗匱乏的情況下不得不轉向尋求歷史經驗的支持，實際上，他
是通過「重構」中華帝國的歷史來為「天下理論」創造歷史理論依
據。

在趙汀陽的帝國概念中，他「先驗」地認定西方式的帝國概念
是「完全不可接受的、不合法的概念」，它指稱的是「政治上非法
的霸道大國而不是具有政治合法性的王道帝國」，[55]他同樣也「先
驗」地認定中華帝國是接近於王道帝國。他這樣寫道：「儘管事實
上的古代中國帝國的確與天下／帝國理想有相當的距離，以至於在
許多方面只不過是個尋常模式的帝國，但古代中國帝國畢竟在文化
追求上一直試圖按照天下／帝國的文化標準去行事。」[56]其證據是：
（1）在「天下一家」的理想影響下，中國意識裡不存在「異端意識」，
中國與「他者」的關係不是敵對的或征服的關係，所有的利益衝突
不具有不共戴天的性質。（2）「天下公有而為一家」的意識抑制了
天下／帝國作為軍事化帝國的發展趨勢，天下／帝國的理想追求不
是征服性的軍事帝國，而是文化帝國。（3）天下／帝國所設想的根
本不是一個國家，而是一個世界制度，天下制度為天下人所共用。
（4）在天下／帝國的理想指導下，古代中國王朝帝國關心的不是空
間問題而是時間問題，是制度的可持續性問題，也就是所謂的「千
秋萬代」的問題，中國帝國制度的設想者思考的重心不在經濟發展
速度和管理效率的最大化，而是在生活方式的穩定性和社會和諧的

55　同上書，頁79。
56　同上書，頁52。

最大化。（5）在天下／帝國的概念下，「國」不是民族國家，而是「地方性統治」，天朝與屬國不是「國際關係」而是朝貢關係，建立了「法定朝貢體系」或「自願朝貢體系」。[57]

　　正是根據上述五個特徵，趙汀陽賦予了中華帝國的歷史合法性，描繪了中華帝國治理的美好圖景：天下是天下人的天下，天下無外，王者無外，懷柔遠人，協和萬邦，四海一家，王道浩蕩，禮不往教，遠近小大若一，再加上三綱五常，三從四德，天下及其朝貢體系盡顯中華帝國的良序美德和長治久安。儘管趙汀陽也承認按照天下／帝國的理想尺度，中國古代王朝只是「不完美的帝國實踐」，但他確信與西方「不合法」的帝國模式比較起來，天下／帝國模式「已經在中國古代許多朝代的實踐中被證明比較成功地維護了和平、社會穩定秩序和傳統的延續」。[58]更重要的是，在中華帝國終結之後，天下／帝國的理想依然可以繼續作為建構一個新的世界理念和世界觀的核心，為創造一個新的世界秩序和世界制度提供終極理論準備。

　　趙汀陽的「天下體系」理論問世之後，在國內外學術界引發了一定的反響，按照印度學者桑迪普·瓦斯萊克的理解，超越民族國家的概念，籌謀與打造出與全球性的未來有關的概念，恰恰是那些具有前瞻性眼光的人的任務所在，但這樣任務顯然面臨著「經驗性經歷的缺失」的挑戰。[59]也就是說，其現實性或經驗性載體何在？一個常人都可以觀察到的事實是，趙汀陽「是在推銷一種由中國來

57　參閱同上書，頁52-54。
58　同上書，頁57。
59　[印]桑迪普·瓦斯萊克，《我們時代的大問題：從民族國家到全球共同體》，趙汀陽，《天下體系：世界制度哲學導論》附錄一，頁114。

進行主宰的世界體系」。[60]這個方案的政治動機是毫不掩飾的，而
且它已經在制度層面獲得了重大迴響。梁治平在評述「天下」理論
時，將想像「天下」定位於「當代中國的意識形態建構」，這個精
準的判斷可以從2018年央視春晚的活動中得到證實，該年度的春晚
在泰山東麓燭峰腳下搭起了「泰山封禪大典」舞臺，一時間，媒體
上充斥著歷史上有關封禪的釋義和記載，強調泰山封禪是一樁象徵
國家鼎盛、天下太平的盛事。在梁治平看來，圍繞這場大典的那些
概念、名號或意象，如家國、天下、封禪、教告、天命、太平等，
曾經是中國歷史上居於支配地位的大觀念，而近代以降，這些觀念
以及它們所代表的傳統，又成為各色革命質疑、批判甚至毀棄的對
象，如今卻重新粉墨登場，「尤其顯得意味深長」。[61]他為此寫的
長篇文章〈想像「天下」：當代中國的意識形態建構〉，對「天下」
這一古時最為顯赫、後歸於沉寂、而於今為盛的中國大觀念，進行
了詳細的梳理和評述，最後得出的結論是：「真正的意識形態建設
需要與政治權力保持距離，真正批判性的思想需要對各種各樣的意
識形態建構保持清醒和批判的意識。」[62]

梁治平的「提醒」對於趙汀陽來說肯定是多餘的，在共產主義
的意識形態日漸喪失其對政治合法性的論證作用之後，天下體系理
論所承諾的太平盛世猶如一個新的千年王國，用來替代共產主義的
理想世界，對於統治集團來說當然是一個不錯的理論選項。它不僅
為中國崛起的正當性提供論證，而且要為中國主導一個新的世界秩

60　參閱同上文，同上書，頁111。
61　參閱梁治平，〈想像「天下」：當代中國的意識形態建構〉，陳宜
　　中編，《大國的想望：天下主義、強國主義及其他》，聯經出版公
　　司，2021，頁78-79。
62　同上書，頁183。

序提供理論方案，這恰恰是當下占統治地位的意識形態建構最迫切
需要的內容。葛兆光發表於2015年的長文〈對「天下」的想像：一
個烏托邦想像背後的政治、思想與學術〉，對包括趙汀陽理論在內
的一眾「天下」理論進行了全面系統的評述，就理論的深度和廣度
而言是無與倫比的。他從政治上所看到的就是「天下」理論已然影
響到實際的政治領域和制度層面，正試圖成為國際關係原則和外交
事務政策，以此挑戰美國主導的現行國際秩序，並以中國主導的天
下秩序來取而代之。因此，葛兆光把「天下」理論界定為一個「烏
托邦想像」時，並沒有把這個想像等同於一場文人主演的文字遊戲，
而是如曼海姆所說，當烏托邦轉化為行動時，傾向於局部或全部地
打破當時占優勢的事物的秩序，「天下體系」的主張者亦是有這樣
的政治企圖心，「讓這個『烏托邦』成為一種『世界制度』，以及
由這一『世界制度』建立一個『世界政府』。」[63]烏托邦的意識形
態化——文人的想像轉化為政治實踐，讓葛兆光充分意識到圍繞著
「天下」想像所展開的理論鬥爭，是需要歷史學家站出來說話。

「天下」是一個烏托邦想像

　　葛兆光關於「天下」理論是一個烏托邦想像的論斷，一舉擊中
了「天下」理論的要害，他以充分的歷史事實證明，古代中國的「天
下」給現代世界提供了歷史經驗的種種說法，完全是「天下」論者
的「反歷史的歷史想像」，是「無歷史的歷史」。[64]針對趙汀陽特

63　葛兆光，〈對「天下」的想像：一個烏托邦想像背後的政治、思想
　　與學術〉，同上書，頁23。
64　1963至1965年，美國史學界曾舉行多次研討會，討論「中國的世界
　　秩序問題」，這些討論成果由費正清領銜主編於1968年結集出版，

別推崇的天下／帝國的「無外」原則──這一原則意味著在天下秩
序中沒有內外、敵我之分，排除了把世界作分裂性理解的異端模式
和民族主義模式，葛兆光認為恰好相反，「天下無外」原則在中國
歷史上根本不存在，他引用史學前輩陳夢家、胡厚宣、張光直等看
法，強調從商代就已形成了古人以「自我」為中心的「周邊」（五
方或四方）的觀念，這是「中國」與「四夷」關係的起源，後來形
成了「華夷之辨」的觀念，「天下」不僅有內外之分，還有華夷的
不同和尊卑的差異，所謂「天下遠近小大若一」，不過就是儒生尤
其是漢代公羊學家們提出的理想而已。在真實的歷史進程中，儒生

（續）────────────────

> 該項成果被譽為代表了那個時代的世界水準。費正清在導論性質的
> 文章中提出：「中國的世界秩序只是中國一方的天下觀念，只是一
> 種標準，一種理性模式。由於這個觀念在中國的記載中所在多有，
> 我們的研究只好大部分用來考證它在事實上到底有多大的影響。」
> 著名歷史學家楊聯陞在文章中認為，以中國為中心的世界秩序是一
> 個「神話」：「是在不同的時間，由許多真假程度不同，有時甚至
> 子虛烏有的『事實』構建的一個神話。」「討論中國的世界秩序，
> 盡可能分清神話與事實是很重要的，兩者都彼此影響。有人也許
> 更願意把神話視為一個文化或心理問題，但是無論如何要與政治問
> 題區分開來。」王庚武在他的文章中也提到了中國「天下」觀作為
> 一種「優越感神話」的起源，認為這是一個「持續性的和安慰性的
> 神話」，強調指出在《新唐書》於1060年完成之後的220年間，整
> 個中國第一次完全處於異族統治之下，史學家如何自圓其說，把蒙
> 古的征服與原有的優越性神話調和起來，實屬不易。特別值得一提
> 的是，王庚武在其文章的最後寫道：「中國人已經顯示了他們調和
> 神話與現實的能力，也許他們還能發現，新神話將更有利於他們實
> 現目標。」中國當代流行的「天下體系」理論足以證明王庚武所言
> 不虛，關於「天下」的新神話其實就是一種新的烏托邦，目的就在
> 於把神話與現實調和在一起。參閱[美]費正清編，《中國的世界秩
> 序：傳統中國的對外關係》，杜繼東譯，中國社會科學出版社，2010，
> 頁11、18、31、57。

們想像的「天下」遠不是一個禮儀和道德世界，而是一個「霸王道雜之」的世界，「中國」是靠武力征服「四夷」，當「武化」不能取勝時，「文化」才是不得已的選項，儒生提出的「天下一家」、「萬邦協和」、「懷柔遠人」的說法，大多數時候只是自欺欺人。所以，葛兆光有理由問道：「中國歷史上的『天下』何嘗是德化廣被、四裔大同？『華夏─中國』的誕生，何嘗是協和萬邦、合和萬國？」

> 某些學者說古代中國的「天下」是一個沒有邊界的世界，是一個沒有「內」和「外」，沒有「我們」和「你們」之分，所有的人都被平等對待的世界，雖然用心良苦，出自善意，不太好說是癡人說夢，但它也一定不是歷史。[65]

　　從政治視角觀察，儒學關於「天下」想像的歷史幾乎就是一部癡人說夢（說好聽點是儒生理想）的歷史，而這部「歷史」則成了「天下」論者構造現代天下體系的主要理論和歷史依據。按照葛兆光的考證，先秦時期儒道墨各家文獻都有關於「天下」的論述，最重要的如《論語》裡的「天下歸仁」，《孟子》裡的「天下無敵」，《禮記‧禮運》裡的「天下為公」等等。[66]西漢董仲舒試圖以《春秋》為漢代政權的改制更化立法，所謂「春秋之道，奉天而法古」（《春秋繁露》），強調「自近者始」，確立天子、諸侯、大夫以及更遠的夷狄的遠近、尊卑、內外的關係，把這個差序格局分明的政治結構設計為一個理想的天下秩序。到了東漢，公羊學家何休根

65　同上書，頁37。
66　參閱同上書，頁52。

據孔子界定的所見、所聞、所傳聞的三個不同歷史時期，提出了「內其國外諸夏」、「內諸夏外夷狄」和「天下遠近小大若一」的三個不同時代，這是以公羊學觀點對「春秋大義」的進一步演繹。在葛兆光看來，何休的這套「非常異議可怪之論」在後來的很長時期裡都沒有受到特別重視，但是，到了清代中期常州公羊學重興的時代，以莊存與和劉逢祿為代表的常州今文學派重啟公羊學研究，經龔自珍、魏源的發揚光大，最後由康有為在其托古改制的理論中，將今文經學的政治想像力發揮到了極致，為全人類描繪出「天下大同」的一幅理想願景。康有為由此被當代天下主義者看成是現代中國的偉大立法者，公羊學成了啟迪現代的偉大學說，莊存與和劉逢祿也自然成了現代中國思想的一個源頭。正如葛兆光所概括的，「從先秦諸子對於上古黃金時代的想像，到秦漢之後儒家面對現實提出的理想，從清代公羊學家抵抗乾嘉時代考據學和歷史學的經典詮釋，康有為面對變局時想像出來的大同世界構想，一直到20世紀末21世紀初的政治儒學以及『天下體系』和『』天下主義」」。[67]關於「天下」的古代版本和現代版本在烏托邦想像的邏輯上是一脈相承的，後者較之前者沒有任何創新之處。

在古代儒生的想像世界裡，「天下」不僅是具有普遍意義的道德文明秩序，是大一統的政治和文化共同體，是中華文明的向外播撒及其差序格局，而且也是一個廣大無邊的空間構想，是「萬邦協和」的地域擴張藍圖。日本歷史學家渡邊信一郎在《中國古代的王權與天下秩序》一書中，用「擴張的天下觀」來描述從戰國以來儒生想像的「天下」範圍不斷擴張的趨勢，至為精闢。概言之，《禮記·王制篇》所構想的天下領域，是一個方三千里九州的概念，天

---

67 同上書，頁72。

下（中國）等於九州；至《尚書·禹貢篇》，天下為方五千里九州五服的概念，所謂「五服」是指從中心天子王城向外每五百里依次擴展的甸服、侯服、綏服、要服、荒服，並規定了它們各自向中央應該承擔的服屬義務；至《周禮》問世，天下範圍進一步擴大，演變為方萬里九服九畿的概念，天下等於九州加蕃國（四海），所謂「九服」或「九畿」是指從「王畿」向外，按每五百里依次擴展，劃分為侯服、甸服、男服、采服、衛服、蠻服、夷服、鎮服、藩服，九州九服共同構成了天下，「九州之外，謂之蕃國」，由此形成天下朝貢體系。渡邊信一郎由此得出結論：

> 在戰國至東漢時期所編纂的經典及其解釋中所表現出的天下觀的特點，一言以蔽之，就是「擴張的天下」。在戰國中期，天下被認為是方三千里的九州＝中國的領域，但是到了東漢末年鄭玄的天下觀那裡，就在觀念上發展成了包含夷狄在內、方圓萬里的帝國領域了。如果從領域大小來分類的話，可以將這些天下觀念區分為方三千里、方五千里和方萬里三種類型。[68]

儒生想像中的「天下」廣大無邊，涵蓋四海八荒，但中國歷代歷朝實際控制的「天下」又是多大呢？渡邊信一郎在其著作中給出了一系列資料：秦統一中國，「分天下為三十六郡」，其領域「東至海暨朝鮮，西至臨洮、羌中，南至北向戶，北據河為塞」（《史記·秦始皇本紀》）。西漢平帝元始二年（西元2年），漢王朝迎來了它的極盛期，「凡郡國一百三，縣邑千三百一十四，道三十二，

68　[日]渡邊信一郎，《中國古代的王權與天下秩序》，徐沖譯，上海人民出版社，2021，頁52。

侯國二百四十一」（《漢書‧地理志》）。國家登錄的戶口數約九百萬戶，人口五千萬。唐開元二十一年（西元733年），分天下為十五道，「天下聲教所被之州三百三十一，羈縻之州八百」（《資治通鑒》）；天寶十三年（西元754年），戶部統計的「天下郡」三百二十，縣千五百三十八，人口五千二百余萬。唐代所謂「羈縻之州」，是指夷狄與中國之間的中間地帶。[69]渡邊信一郎認為，從秦、漢、唐三大帝國實際控制的疆域來看，天下「乃是基於現實中所共有的法令，依靠王朝的統治機構與戶籍、地圖的編成而實際支配的領域。」[70]因此，天下並非是無限擴展的世界，其範圍只限於特定王朝運用各種手段可以控制的範圍，所謂「九服九畿」和「四荒四極」的廣大領域是被儒生們構想出來的，用渡邊信一郎的話來說：「伴隨王朝權力的消長，其領域時有變化，有時也會容許夷狄的存在。但是如果據此就直接認為，天下觀念乃是包含了夷狄作為其本質構成要素的話，那是不正確的。」[71]

　　儒生們除了把「天下」想像為一個文明共同體和帝國的廣大疆

69　楊聯陞認為，「羈縻」一詞的大多數含意確立於漢代，班固所謂「羈縻不絕」是漢武帝時已經通行的一個原則，包括實行「羈縻不臣」的政策，即不將違命的單于視為不忠之臣僕，「欲朝者不距，不欲者不強」，實際賦予了單于自由來朝而不受漢廷管轄的權力。到了唐代，羈縻成為專指一個特殊制度的用語，邊界地區羈縻府州的建立，知州（通常是當地人）是可以世襲的，無須向中央報告人口和財賦。宋明兩代繼續實行羈縻州制度，清代試圖「改土歸流」（改土官為流官），但收效有限。羈縻制度有時被認為是「以夷治夷」，明王夫之曾嚴厲批評這是一項愚蠢的政策。參閱楊聯陞，《從歷史看中國的世界秩序》，[美]費正清編，《中國的世界秩序：傳統中國的對外政策》，頁26-27。

70　同上書，頁31。

71　同上書，頁32。

域之外，還把文明的「他者」想像為教化和統治的對象。《尚書‧禹貢篇》提出「五服」概念，《周禮》提出「九服」概念，都是基於先秦儒家已經形成的「華夷之辨」的觀念。「五服」中所謂的「荒服之地」和「九服」中所謂的「蠻服、夷服、鎮服、藩服」，指的都是夷狄的生存空間，即所謂東夷、北狄、西戎、南蠻。按照金容九的闡釋，「夷」字的本義就帶有歧視意味，其意為屍，是指生活在死者區域的人們，也有人認為「夷」在金文中類似於「低」因而係指矮子。[72]總之，這個字本身包含著輕蔑的意思，帶有明顯的種族歧視和文化歧視。儒生理論視野中的諸夏和夷狄的關係，是種族、血緣、地域的不同，也是內和外的差別，實質是文明與野蠻的關係，「狄戎豺狼，不可厭也；諸夏親暱，不可棄也」（《左傳‧閔西元年》）。從「華夷之辨」的觀念出發，春秋時代一直將「尊王攘夷」確立為政治法統：「尊周室，攘夷狄，皆所以正天下也」（朱熹）。因此，「華夷之辨」根本不是一個族群平等的概念，不要說華夷之間的正常交往，即使兩者發生戰爭，也不言「戰」而言「取」，「中國與夷狄不言戰，皆曰取之」（《春秋穀梁傳‧成公》）。在儒生們看來，《春秋》主張「敵者言戰」，夷狄還夠不上敵者的水準，對他們只能是「驅之爾」（《春秋公羊傳‧莊公》），或者是「討」、「伐」、「征」。所謂「天下無外」或「天下一家」，自春秋以來從未實現過。而趙汀陽卻將「無外」原則視為「世界尺度的原則」，認為這個原則「意味著在整個世界範圍內都不包含任何歧視性或拒絕性原則來否定某些人參與天下公共事務的權利」，「天下的執政

---

72 參閱[韓]金容九，《世界觀衝突的國家政治學：東方之禮與西洋公法》，頁34。

權利是對世界上任何民族開放著。」[73]這等言論如果置於先秦或漢代語境，豈不就是癡人囈語嗎？天下儒生們肯定會鳴鼓而攻之！

孔子曰：「裔不謀夏，夷不亂華（《春秋左傳·定公十年》）」；孟子曰：「吾聞用夏變夷者，未聞變於夷者也」（《孟子·滕文公上》）；這其實也是孔孟對華夷（夏夷）之辨的理想化描述，與歷史事實不符。《國語》記載周穆王征犬戎，祭公謀父諫曰不可，理由是「先王耀德不觀兵」，實行「五服」制度，「增修於德而無勤民於遠，是以近無不聽，遠無不服」（《國語·周語》）。但周穆王不聽勸阻，執意出征犬戎，征戰結果是「得四白狼，四白鹿以歸」，而「荒服者」從此不再來朝覲見周王，所謂「五服」制度徹底崩解。西元前771年，諸侯國申國、繒國聯合犬戎將周幽王殺死於驪山腳下，西周滅亡，周平王於次年東遷洛邑，由此開啟東周時代，這也可以看作是「夏變於夷」的一個重要歷史轉折。自東周封建制逐步解體到秦統一中國並建立帝國制度，此後兩千餘年歷史，作為草原遊牧民族的「夷」始終是中原農耕帝國的一個巨大外部存在，在華夷持續不斷衝突的歷史進程中，「誰的天下」才是華夷之辨的核心問題。

從「內亞史觀」看草原與中原的衝突

歐文·拉鐵摩爾的歷史性著作《中國的亞洲內陸邊疆》，對於開拓出中國的內亞（Inner Asia）史和邊疆史研究具有奠基性意義，在他的研究框架中，儒家長期堅守的「華夷之辨」的史學觀被徹底拋棄，以「內亞史觀」和「邊疆史觀」取而代之，所謂「四夷」的

---

73 趙汀陽，《天下體系：世界制度哲學導論》，頁39。

概念被轉化為中原帝國長期面臨的四個外部存在，即蒙古、滿洲（東北）、中亞（新疆）和西藏。在拉鐵摩爾看來，中國地理範圍內所發生的人類群體的「前進」與「落後」的分化，形成了兩個起初模糊但後來變得清晰的趨向：「落後地區的社會組織逐漸形成一個進化緩慢的原始集團，而活躍地區的社會組織則與之分離，自行成為一個迅速進化的集團。到了後來，一個就成了『蠻夷』，一個就是『中國』。」[74]由於進化程度存在著顯著不同，中原漢族農耕地區對其周邊非漢族地區的影響是顯而易見的，形成了在每一個歷史時期的「典型」中國的發展「重心」（拉氏不稱其為「中心」而是稱其為「重心」，意味深長），以及環繞其邊緣的一個個不全是漢族但受中國勢力支配的「民族團體」。在他們外面，就是拒絕向中國靠攏，而趨向於漢族生活方式不能立足的地帶的民族，這些民族儘管不能完全避免中國勢力的影響，但其生活方式、行為模式和思維模式迥然不同於中原地區，其抵抗「漢化」的力量亦是極其強大的。拉鐵摩爾認為：

> 拒絕漢人的主要環境是草原，草原社會是抵抗中國社會的最堅決的組織。與草原相似的還有亞洲內陸邊疆的其他地區，它們更易於接受來自草原而不是來自中國的影響。[75]

為證明這個看法，作者用了充分的篇幅來描述蒙古、滿洲、中亞（新疆）和西藏的自然地理因素，突出強調它們與中原農耕地區

---

74 [美]拉鐵摩爾，《中國的亞洲內陸邊疆》，唐曉峰譯，江蘇人民出版社，2010，頁189。

75 同上書，頁190。

完全不同的生存環境。草原社會的統治不是像中國那樣以土地所有權為基準，沒有一個單獨的牧場是有價值的，因為沒有一個牧場經得起長時期的放牧，草原民族逐草四方的流動性表明，「移動權比居住權更加重要，而『所有權』實際上就是迴圈移動的權利。」[76]

正是基於中原地區與草原遊牧社會根本不同的地理環境、生存方式以及財產觀念，兩者根本不可能通過文明比較的方式——中國儒生所主張的文明教化的方式，共同置身於同一個「天下」。尤其是當草原社會不再是落後的、邊緣的、分散的部落，而是發展成為一個龐大的草原帝國時，必然會產生一個新的問題：誰的天下？用拉鐵摩爾的話來說：「誰應在政治上占優勢？是草原及其機動的社會，還是中國及其定居的社會？」[77]這個問題在不同的歷史時期，因應於中原社會與草原社會不同的力量對比關係，肯定是有不同的答案。在大多數情況下，中原地區既不能用武力也無法用德威並舉的方式將草原社會置於中華帝國的統治之下，草原社會則因為不能長久地適應農耕生活方式而只能週期性地侵襲中原地區。由此出現了拉鐵摩爾所概括的歷史分界：秦統一中原地區之後無法向僅僅利於粗放經濟和地方分權統治的草原地區發展，「秦國沒有向草原發展，而是要盡可能地把草原絕對、永久地隔離開。」[78]長城，成了分隔兩種模式的象徵，長城線成了世界的絕對邊界之一，所謂「天下無外」，成了長城內外的兩個世界。

研究中國歷史的學者們普遍認識到，歷史上的中國不應被簡單地理解為一個均質化的、「鐵板一塊」的單一實體或空間，它是經

---

76 同上書，頁47。
77 同上書，頁281。
78 同上書，頁302。

由政治、經濟和文化方面並不均衡的一系列區域之間的互動與整合而形成的一個系統，這個系統從未像儒生們想像的那樣構成一個普世化的「天下」。蘇秉琦將遠古中國文明的分布狀態概述為「滿天星斗」，至為形象地揭示了一個重大歷史事實——古中原地區的文明只是獨立發生發展但又互相影響的六大區域文明之一，從而對歷史考古學界根深蒂固的中原中心論、漢族中心論和王朝中心論提出了挑戰。[79] 如果說新石器時期的文明差異和文明交融是基於不同區域文明的異質性，那麼，拉鐵摩爾開拓的「內亞史觀」和「邊疆史觀」則進一步證明，亞洲內陸邊疆自秦朝開創統一的帝國歷史以來，始終是中國歷史中的恆定因素，中原社會和草原社會各有其特殊的生存與發展模式。宋蘇軾所說「夷狄不可以中國之治治之也」，絕非因為夷狄是禽獸，而是因為歐亞草原上遊牧民族週期性建立起來的強大帝國，是中原帝國一直期待擺脫而始終無法擺脫的巨大外部存在。

　　湯瑪斯·巴菲爾德撰寫的《危險的邊疆：遊牧帝國與中國》一書，是「內亞史觀」的又一部代表作，也可以視為是對拉鐵摩爾內亞史研究的進一步豐富和展開。[80] 作者特別強調中國「邊疆問題」

---

79 蘇秉琦針對中國歷史研究長期走不出根深蒂固的大一統觀念這個怪圈，在1975年即形成了考古學文化區系類型學說，將中國古文化大系內部劃分為六個大的文化區，每個大區系中各有範圍不大的文化發展中心區域，中原文化不是中國文化唯一來源，他進而認為：「區系類型理論不只可用於分析遠古中國，也是認識秦漢以後的中國，甚至是整個古代世界的理論。」參閱氏著，《滿天星斗：蘇秉琦論遠古中國》，生活·讀書·新知三聯書店，2022，頁6-12。

80 巴菲爾德認為關於中原與北方部落民族關係的最著名的著作當屬拉鐵摩爾的《中國的亞洲內陸邊疆》，稱讚此書在出版了五十年之後依然具有里程碑式的貢獻，強調自己的研究深植於拉鐵摩爾的傳

的重要性在於，環繞中原帝國的是世界上最大和最複雜的遊牧政
權，先後有匈奴帝國、鮮卑帝國、突厥帝國、蒙古帝國和滿族帝國。
自秦朝以來，歷代中原帝國面對草原遊牧帝國的強大外部壓力，採
取的對策通常是防禦而不是進攻。巴菲爾德也提到了長城的作用，
認為長城的修建就是力圖將「中原」和「草原」分隔開來，「長城
標示著中原文化的邊緣，也標誌著野蠻地域的開端。」[81]但是，萬
里長城顯然無法抵擋草原帝國的週期性侵襲，這個巨大的防禦工事
只是成了邊界的象徵。在漢帝國的最盛時期，漢武帝的軍隊曾經越
過長城長驅直入草原腹地，掃蕩匈奴，最後卻還是選擇漢高祖確立
的和親政策來作為處理雙邊關係的基本框架，因為武力征服被證明
是勞民傷財而無法長期維持。從漢高祖到王莽新朝，和親政策的主
要條款包括：中原每年向匈奴提供確定的絲、酒、穀以及其他食物；
漢朝將一位公主嫁給單于；匈奴與漢朝是平等國家；長城是兩國間
的官方邊界。[82]此時建立的朝貢體系不像是匈奴向漢代中央王朝稱
臣納貢，而更像是中央王朝通過巨額贖買的方式來換取匈奴的臣
服，所謂「盛時擊之，弱時賄之」。因此，「從遊牧民族的角度來
看，朝貢體系是一種荒唐可笑、自欺欺人的偽裝。」[83]在「武化」
失去效果的前提下，「文化」（文明教化）的作用其實是微乎其微
的，漢代政府的策士們滿足於從物欲上來消磨匈奴的戰爭意志。巴

（續）

　　統之中，但他也對拉特摩爾關於遊牧統治週期以及征服王朝的建立
　　所作的眾多假說提出了異議，認為匈奴帝國的壽命並不是只有三四
　　代時間，而是持續了四百年之久。參閱氏著，《危險的邊疆：遊牧
　　帝國與中國》，袁劍譯，江蘇人民出版社，2011，頁15。

81　[美]巴菲爾德，《危險的邊疆：遊牧帝國與中國》，袁劍譯，江蘇
　　人民出版社，2011，頁41-42。

82　參閱同上書，頁57。

83　同上書，頁83。

菲爾德引用了余英時的研究成果,後者曾把漢王朝對匈奴的物質利
誘稱之為「五餌」戰略:賜之盛服車乘以壞其目;賜之盛食珍味以
壞其口;賜之音樂、婦人以壞其耳;賜之高堂、邃宇、府庫、奴婢
以壞其腹;於來降者,上以召幸之,相娛樂,親酌而手食之,以壞
其心。[84]這「五餌」戰略哪裡有絲毫文明教化的意味,倒是充滿著
物質主義的自大與無奈,這是漢代統治者在權衡了武力征服與和平
贖買政策的巨大成本差異之後作出的一項理性選擇。但是,「五餌」
政策與和親政策一樣,對於匈奴的馴服與歸化幾乎沒有什麼作用,
匈奴在與漢帝國的長期博弈中越來越學會了如何使自己的利益最大
化,按照巴菲爾德的說法:「匈奴的反應已成為一種更為複雜的外
部邊界戰略——他們劫掠中原邊境,同時又用卑謙的語氣以盡可能
多地從中原攫取饋禮。」[85]這種情況的長期存在,表明中原帝國在
與草原帝國的博弈中始終沒有取得主動權,更談不上聲教遠播於四
夷之地,實現天下歸仁和天下一統的理想境界。

誰的天下?誰的中國?誰的世界?

事實上,中原帝國與草原帝國的衝突在漢代並沒有達到高峰,
西晉政權統一中國之後很快發生的「五胡亂華」才是「夏變於夷」
的又一次重大歷史轉折,由匈奴、鮮卑、羯、羌、氐五大胡族在中
原地區建立的「十六國」,造成了中國長達三百年的分裂與混亂,
此時已不是「漢尊胡卑」而是「胡尊漢卑」,胡人自稱「國人」,

---

84 參閱同上書,頁65。「五餌」政策是漢賈誼提出來,見賈誼,《新
   書》。
85 同上書,頁85。

漢人被胡人蔑稱為「兒」或「奴」，天下成了胡人的天下，儒家道統被迫中斷。隋朝之後，大唐王朝實現了中原帝國的第二次復興，[86]唐太宗李世民自稱「天可汗」，表明他成了天下共主，被草原和中原都接納為統治者。這一前所未有的局面的形成，源於李世民從三個世紀外族統治中吸取教訓，認識到中原地區的穩定必須依賴於草原部落的支持，至少要在中原與蒙古、西域以及東北地區之間建立一片巨大的緩衝地帶，以維持中央帝國的邊境安全。然而，這樣的局面並沒有永久持續下去，李世民死後，外族王朝的經驗教訓很快就被遺忘，大唐王朝又重新陷入在中原地區與草原部落的衝突之中，其原因在巴菲爾德看來，不在於草原部落的變化，而是在於新的帝國統治者再次犯下了以前統治者的錯誤：「重新回復到漢朝所獨有的對草原的防禦戰略上來」，「虛弱的唐朝事實上由遊牧力量保衛，並依靠著遊牧力量所提供的好處而避免了內亂與外患」。[87]一旦遊牧力量從保衛帝國的力量轉化為抵抗帝國的力量時，大唐王朝就注定要分崩離析。

蒙元帝國和滿清帝國對中原地區的統治，突破了傳統的「五胡亂華」的分裂局面，「草原之狼」（蒙古）和「森林之虎」（滿洲）——巴菲爾德的形象概括，前後在中國建立了長達四個世紀的統一王朝，就它們實際控制的疆域而言，遠遠超過歷史上任何一個漢族王朝。這段歷史該如何書寫？從天下觀看，究竟是誰的天下？從中國

---

86 我曾把中國的帝國歷史分為三個大的時期，秦漢是第一帝國，隋唐是第二帝國，宋明為第三帝國，元帝國和清帝國與中原帝國的歷史應該分開來看。參閱榮劍，〈論中國「封建主義」問題：對中國前現代社會性質和發展的重新認識與評價〉，《文史哲》2008年第4期。

87 [美]巴菲爾德，《危險的邊疆：遊牧帝國與中國》，頁166。

觀看，元朝和清朝是不是屬於中國王朝？清雍正帝顯然意識到了中
國儒生們在明清更替之際必然會面臨「華夷之辨」的新困境，同時
他也知道用儒生的這套說法來證明滿清政權的合法性具有無可辯駁
的理論效力。他從曾靜和呂留良的反清言論中尋求突破口，抓住了
兩個關鍵點，一是強調「惟有德者可為天下君」，「皇天無親，惟
德是輔」，「蓋德足以君天下」，「未聞億兆之歸心，有不論德而
但擇地之理」。「明代自嘉靖以後，君臣失德，盜賊四起，生命塗
炭，疆圉靡寧」，大清定鼎天下，實乃「天心篤佑，德教弘敷」，
「政教興修，文明日盛，萬民樂業，中外恬熙」。用現在的話來說，
基於天命和德性，滿清統治中原的合法性無可置疑。二是重新審視
「華夷之辨」，認為自古中國一統之世，幅員不能廣遠，其中有不
向化者，斥之為夷狄，卻不知古聖如舜、周文王都是夷狄之人，孔
子周遊列國，亦不避楚昭王之聘，唐宋全盛之時，北狄西戎世為邊
患，從未臣服而有其地。所以，「自我朝入主中土，君臨天下，並
蒙古極邊，諸部落俱歸版圖，是中國之疆土開拓廣遠，乃中國臣民
之大幸，何得尚有華夷中外之分論哉？」[88]雍正帝這兩個關鍵性論
述的確擊中了儒生們的軟肋，徹底顛覆了「華夷之辨」的傳統認識
與價值觀，他用韓愈所言「中國而夷狄也，則夷狄之；夷狄而中國
也，則中國之」（《原道》），來證明「華夷之辨」根本不具有超
歷史的和超時空的性質，顯然比儒生們具有更清醒的歷史意識。[89]

---

88 《大義覺迷錄》第一章，上諭。參閱[美]史景遷，《雍正王朝之大
    義覺迷錄》，溫洽溢、吳家恒譯，廣西師範大學出版社，2011，頁
    138-139。

89 有不少中國歷史學者認為，蒙元帝國的疆域擴展能力遠勝於滿清帝
    國，但在治理技術方面遠遜於後者，原因在於後者的「漢化」程度
    更高，「漢化」表明滿清帝國從形式上看是異族對中原的征服，但

「誰的天下」不是一個依靠儒生想像可以解決的問題，所謂「天下
是天下人的天下」，在中國的歷史進程中從來都是以新舊王朝更替
方式呈現出來，勝者為王敗者為寇的叢林法則才是「天下」觀的真
實邏輯。歷史學家必須接受的歷史事實是，自西周封建制崩潰以來，
中原農耕地區形成的三大帝國模式：秦漢第一帝國，隋唐第二帝國，
宋明第三帝國，均是在草原遊牧帝國的衝擊下走向毀滅與重建。

　　中國歷代歷朝的治亂迴圈和王朝更替始終貫穿著草原與中原的
歷史性衝突，這個衝突決定了「帝國」的歷史構成和制度構成，當
然也決定了「天下」究竟為誰所有。如史華慈所說：「當中國人實
力強大時，中華帝國是能夠迫使周邊異民族接受朝貢制度和外交程
式的。當中華帝國勢力衰弱時，中國的世界秩序觀對事態的發展毫
無影響力。起決定性作用的還是實力。」[90]草原地區和中原地區為

（續）───────────────

　　實際上仍然可以將其視為中華歷史的一個組成部分。針對美國「新
　　清史」研究傾向於把滿清王朝視為一個有意識的多民族的帝國，從
　　而強調其作為征服王朝的超中國意義，何炳棣明確提出「捍衛漢化」
　　的理論主張，認為清廷實行制度化的漢化政策有利於滿族八旗部落
　　政權向統一的中央集權帝國的演變，而且也贏得了儒家精英們的忠
　　心支持。「漢化，從其更廣泛的、合理的意義上來講，遠遠超越了
　　民族間關係的狹窄界限，而包含了整個中國文明的演化。」參閱何
　　炳棣，〈捍衛漢化〉，劉鳳雲、劉文鵬編，《清朝的國家認同：「新
　　清史」研究與爭鳴》，中國人民大學出版社，2010，頁51。汪榮祖
　　主編的《清帝國性質的再商榷：回應「新清史」》一書，大多數作
　　者也是反對美國「新清史」把滿清史從中國史中獨立出去的說法，
　　支持何炳棣「捍衛漢化」的主張，按汪榮祖的說法，「清帝國無疑
　　是中華帝國之延續」。參閱汪榮祖主編，《清帝國性質的再商榷：
　　回應「新清史」》，中華書局，2020，頁44。無需贅言，上述著作
　　對美國「新清史」的批評，充滿著漢族中心主義或中原中心主義，
　　思想認識還是停留在「華夷之辨」的觀念上。
90　[美]史華慈，〈中國的世界秩序觀：過去與現在〉，[美]費正清編，

爭奪「天下」所發生的戰爭、衝突、分裂與融合,最終是由實力來決出天下以及天下的主人(天子)。「天下」的歷史無非就是王朝更替的歷史,這個歷史進程直到「現代」來臨之際才被終止。拉鐵摩爾和巴菲爾德在他們的各自著作中最後都認為,歐美工業社會秩序侵入整個亞洲後,使新的國家整合成為可能(或必然),中國亞洲內陸邊疆與中原地區消長起伏的歷史終於結束了。巴菲爾德得出結論:「清朝統治的崩潰以及之後沙皇統治在俄國的崩潰,標誌著舊體制的終結,但是這並沒有使遊牧力量在草原上重新出現。作為一種國際關係的最古老的迴圈,它之前早已處在衰落之中,現在則完全消亡了。貿易與交往、戰爭與政治的傳統結構以及馬上民族的宏圖偉業,終於一去不復返了。」[91]隨著帝國時代的徹底終結,還會有「天下/帝國」的時代嗎?

梁啟超在建構其「新史學」時洞察到「舊史學」的弊端之一,是「知有朝廷而不知有國家」,二十四史非史也,只是二十四姓之家譜也,「吾國史家,以為天下者君主一人之天下」,所謂歷史無非是講述某朝「何而得之,以何而治之,以何而失之」的故事,實質是一部「相斫書」——相互砍殺的書。[92]在這樣的歷史敘事中怎麼可能會有「天下人的天下」?梁啟超痛斥「陋儒」「誤解經義,煽揚奴性」,「以為帝王者聖神」,「成王敗寇」實際成了正統論之史家所奉行的「月旦法門」,所以,「吾中國國家思想,至今不能興起者,數千年之史家,豈能辭其咎耶!」[93]現在的這些天下主

─────────────

(續)────────────
   《中國的世界秩序:傳統中國的對外關係》,頁295。

91 [美]巴菲爾德,《危險的邊疆:遊牧帝國與中國》,頁391。

92 參閱梁啟超,〈中國之舊史學〉,洪治綱主編,《梁啟超經典文存》,上海大學出版社,2003,頁199。

93 同上書,頁222,200。

義者和歷史上的「陋儒」又有何區別？他們所想像的「天下」，既不是一種可以獲得現實經驗支持的普遍道德文明秩序，也不是由中華帝國主導的政治、文化和歷史共同體，更不是未來的一個理想化的大同世界，而不過就是在儒家「天下」觀的思想延長線上，為帝國歷史合法性和王朝中心主義提供辯護。他們從孔孟的微言大義中獲得啟示，在《尚書》和《禮記》的片言隻語中汲取靈感，經東漢公羊學的啟蒙和清代常州今文經學的再啟蒙，最後在康有為托古改制精神的激勵下，在21世紀的時代條件下，再次為中國想像出一個宏大的「天下體系」，並試圖以這個體系來取代現有的世界體系。

沉陷於烏托邦想像的天下主義者需要認真嚴肅地面對葛兆光的鞭辟入裡之問：「為什麼現代西方思想提供的是『霸道』，古代中國儒家提供的是『王道』？憑什麼你提供的方案是『王道』，而別人的卻是『霸道』？」「誰是世界制度的制定者？誰來判斷這個制度的合理性？」[94]

一言以蔽之，究竟是誰的天下？

榮劍，大陸獨立學者，生於1957年，現生活北京，近期發表的著述有：〈為革命招魂：評汪暉新著《世紀的誕生》〉、《山重水複的中國：榮劍演講及對話錄》。

---

94 葛兆光，《對「天下」的想像：一個烏托邦想像背後的政治、思想與學術》，陳宜中，《大國的想望：天下主義、強國主義及其他》，頁74-75。

後全球化視野下的
俄烏戰爭

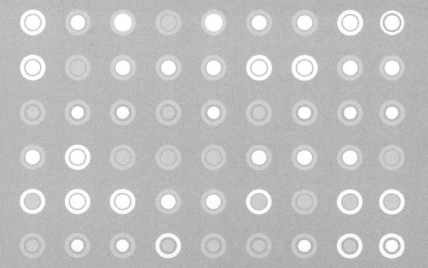

不願預言:
「後全球化視野下的俄烏戰爭」專輯序

廖咸浩

　　托瑪斯・曼以中篇小說《威尼斯之死》預言了第一次世界大戰的發生,而葉慈則以〈二度降臨〉一詩預言了第二次世界大戰的發生。為什麼文學家有如此精準的預知能力?不外是善於審時度勢,嗅人所不得嗅、感人所不能感而已。在這次俄烏戰爭硝煙的迷霧中,是否也有人不幸預見了未來?也就是說,這場戰爭是否會演變成更大規模的、乃至全球性的衝突?甚至改寫人類的歷史?

　　在過去,每一次大規模的戰爭都會改變人類的走向。如伯羅奔尼撒戰爭,促成了馬其頓的興起,戰國時代結束於秦帝國的肇建。怛羅斯河一役,大唐不但退出中亞,也讓西方獲得了造紙的科技。蒙古西征讓火藥西傳,並徹底改變了全球互動的方式,甚至間接催生了工業革命。第一二次世界大戰,更是從根本改寫了人類的文明史。但這些看似正面的走向,其實都輾過了百萬乃至千萬的死者身上。因此我們理應寧可不要這些轉變,也要避免世界在夢遊之際走入了戰爭。

　　然而每一次戰爭都有神聖的理由讓人受到誘惑。伯羅奔尼撒戰爭之初雅典的年輕人紛紛請纓,因為他們對戰爭有一種奇特的嚮往。一戰時也不乏年輕人因懷抱理想而奔赴戰場。眼前的俄烏戰爭一望即知與過去的戰爭似曾相似,充滿了讓人熱血沸騰、關於公理

與正義的口號：出征是為文明聲討野蠻，是為受害者排除加害者。

　　但與過去一樣的還有戰爭莊嚴的口號之下腐臭不堪的大國算計。首先當然是爭霸的企圖。基本上歷來戰爭都出於天無二日的認知。但天下之大卻不能同時容納兩個霸主，原因並不是因為野蠻與文明的不相容，而是資源獨占的企圖。唯有霸主才能制訂規則，決定資源分配的方式。從伯羅奔尼撒戰爭開始至今，顯然邏輯始終如一。以近代史而言，一次大戰與德法爭霸密切相關，二戰則是其延續。冷戰雖未熱化，但也終於一霸之隕落。就當前世局的緊張而言，艾里森也早就以伯羅奔尼撒戰爭所引申的「修西底德陷阱」喻之。對於中國的憂心早在中國崛起前已時有所聞。西方信誓旦旦若中國崛起世界的資源將不敷使用。一旦崛起成真，規則制訂者可能換手，吃香喝辣慣了的大咖們的恐慌可想而知。如此，則俄烏戰爭便極可能是項莊舞劍志在沛公；俄烏之戰恐怕只是更大之戰──真正的武林爭霸戰──的前哨戰而已。

　　而俄烏戰爭一旦擴大，便意味著全球化體系的全面崩潰。在疫情的衝擊下，自由主義全球化的網絡已經百孔千瘡。在全球經濟受創、社會不穩的情況下，各國政府無不設法尋找代罪羔羊，發動戰爭雖是老套的技倆，但也如預期應時而出，差別只在親自披掛上陣，還是嗾使代理人。但寧毀西方賴以生存的全球網絡也要一戰，其中原因盤根錯結，需有全盤的檢視與梳理。但反思戰爭並不僅在於理出因果、責究禍首，更在於徹底止戰，也在於建立更公平合理的新全球合作網絡。這時我們也必須將基本人性與文化傳統納入審視之列，否則恐會失之過度唯物。

　　從精神分析可知，人類育嬰方式在個體成長過程中發展出的掌控企圖以及此企圖之不可能，造成了在人格根本處的不安全感，而這個不安全感又進一步強化掌控的欲望，如此惡性循環導致了人類

對衝突樂此不疲。於是資源愈多者，反而愈怕資源被搶走。另一方面，人性固然提供了戰爭或集體衝突的根苗，但文化亦能推波助瀾。回顧近代主要的戰爭，不論是殖民擴張或內部衝突，主要都來自歐洲（及美洲）此猶太基督教（Judeo-Christian）傳統的領域。這是否與其傳統中聖戰或教化野蠻的文化衝動有關？而最近兩次大戰，更是始於日耳曼裔諸國（法德英及美），這是否又有另一重文化的脈絡？

一戰後所產生的現代主義，對西方布爾喬亞價值提出了懷疑，並意識到「中心無法穩住」（the center cannot hold）的現象似乎已無所不在。二戰後先有卡繆倡言歐洲「南方思想」之必要，原因在於「南方思想」之溫煦潤澤，大不同於日耳曼人古典傳統所體現的「北方思想」之陰鬱極端。其後產生的後現代主義，更是直指猶大基督教傳統，甚至整個西方傳統的「超越性中心論」（logocentrism）已為禍千年。這兩次在廢墟所進行的思想重審工作，對人類文明的進程給予了重大的推力。然而這是因為事過境遷一切都已輕如鴻毛，但身在其中則何只是重中之重？在死亡的面前，誰還在乎身後的發展？不幸的是，如今處在隱然的大戰前夕，促戰之論甚囂塵上，止戰之聲卻如空谷跫音。因此高研院這次的「俄烏戰爭論壇」便是要為此戰的走向把脈，期能以古勘今並鑑往知來，最終當然是希望能經此對止戰有些許貢獻。

然而，以這樣的目標要求人類，一如以減碳求諸彼等一樣，是否太奢求了？但即使如此，也正如我們不能等到地球已不宜人居才開始認真減碳一樣，我們豈能等到人類經過大規模核戰之後才找到彼此相處的方式？

若論壇諸學者所言需時消化，也許我們可以從托爾斯泰在《戰爭與和平》中的一句平實的話開始：「戰爭不是一種優雅的娛樂，

而是生命中最惡毒之事。我們必須了解這點，而不要耍弄戰爭」。

　　廖咸浩，臺灣大學外文系特聘教授、臺灣大學人文社會高等研究
院院長。研究當代理論、比較詩學、紅樓夢、科技人文學、華人離
散、生態評論、英美現當代文學、電影詩學、道家美學、台灣文學、
文化產業政策、創造力研究等。著有《愛與解構》、《美麗新世紀》、
《紅樓夢的補天之恨》等書。

如何站位？俄烏戰爭與戰略抉擇

吳玉山

　　在2022年2月24日，俄羅斯總統普京下令展開對烏克蘭的「特別軍事行動」，發動俄軍從北、東、南三路全線入侵烏克蘭。普京所宣稱的目的，是用對烏克蘭進行「去軍事化」與「去納粹化」來確保從2014年開始存在於烏克蘭東部的「頓內茨克人民共和國」與「盧甘斯克人民共和國」不受烏克蘭軍隊的威脅與侵襲。[1]究其實，普京所謂的「去軍事化」是要使烏克蘭無法加入西方國家以防範俄羅斯為目標的北約軍事同盟，而「去納粹化」則是針對烏克蘭昂揚的民族主義，想要保護烏國的俄裔人民與俄語群體。[2]但是普京發動戰爭

1　烏克蘭的東部有大批的俄羅斯裔與說俄語的烏克蘭人，在2014年烏克蘭發生「廣場革命」推翻親俄的雅努科維奇總統時，烏東的頓內茨克與盧甘斯克兩省出現了分離主義運動，並且在俄羅斯的協助下成立了頓內茨克與盧甘斯克人民共和國，控制兩省區的部分領土，並且受到俄羅斯的保護。從2014到2022年，此兩共和國與被俄羅斯在廣場革命後直接占領的克里米亞構成俄烏與俄羅斯和西方之間的主要爭議。在頓盧兩區沿著雙方的「接觸線」經常出現相互攻擊，造成平民死傷。爭取兩個共和國留在烏克蘭主權範圍之內，但給予高度自治權的兩次明斯克協議長期都無法獲得執行。西方乃對俄羅斯進行經濟制裁，並加緊軍援烏克蘭，俄羅斯也不斷進行備戰。緊張局勢持續增溫，直至2022年2月24日俄軍全面入侵烏克蘭。

2　俄羅斯人民對於二次大戰有深長的記憶，反納粹的情緒仍舊高昂。

並沒有辦法達到這兩個目的，一方面烏克蘭因為這場戰爭實質上已經成為北約的保護國，單是美國在開戰後七個月所提供的軍援就達到175億美金，超過30個北約成員國中24國全年的軍事預算，一方面俄羅斯所宣稱要保護的烏東俄裔與俄語人民正是被戰火所蹂躪最烈的。這場戰爭發動至今，已經重創作為戰場的烏克蘭，俄羅斯本身也因為攻勢不順並受到西方的制裁而大受損失，世界各國更因為拖延的戰事與激增的糧食與能源價格而飽受通貨膨脹之苦，人民生計受到嚴重的影響，並且引發許多國家的社會與政治動盪。

俄烏戰爭對於台灣而言更具有特殊的意義。在一年前台海普遍被視為最有可能爆發戰爭、並且引起世界大國劇烈衝突的所在。俄烏戰爭的先一步爆發使得各方目光都開始關注於台海與俄烏的比較、牽動與示範效應。對於台灣而言，必須要問我們可以從俄烏戰爭看到什麼、又學習到什麼。

本文專注於俄烏戰爭的一個重要的面向，即世界各國對這場戰事採取了什麼樣的戰略抉擇，其背後的原因又是什麼。瞭解各國的戰略抉擇，可以讓我們探究當今國際關係的本質，也讓我們得以推論在台海有事時各國所可能採取的態度，其重要性不言可喻。

(續)————————————

在二戰時期烏克蘭出現了與納粹德國合作共同對抗蘇聯的極右派組織，而在1991年烏克蘭獨立後也有一些政治團體與民兵組織延續著這個傳統。這使得普京可以用「去納粹化」來作為其發動戰爭的理由，不過當普京提及烏克蘭的納粹勢力時，其實是著眼於激進反俄的烏克蘭民族主義者，並認為他們對於烏克蘭的俄裔與俄語群體構成危害。

歐陸各國的反應：與距離相關

國際關係理論大師華爾滋（Kenneth Waltz）曾經把影響一個國家對外行為的原因分為三個層次：國際體系、國內因素，與決策者。他認為體系的因素影響最大，而這也是多數現實主義國關學者的普遍看法。國家存在於無政府的國際體系當中，追求生存與安全是首要考慮，只有在這個條件滿足的情況之下，才有餘裕去追求其他的目標，例如經濟成長或政治理念。這樣看起來，要瞭解各國對俄烏戰爭的反應與態度，首先應該考察戰爭對於各國的安全所造成的影響。

安全顯然與距離相關。亞洲各國並不感覺到俄烏戰爭對其安全有直接的影響，但是歐陸各國卻深深地覺得戰爭就在自家門前，區別二者的就是距離。在距離近、安全受到威脅的情況之下，各國對於戰爭的反應一定比較強，而且離戰場越近，反應越強。然而反應強只是代表需要採取行動來保障安全，並不代表對於發動戰爭的國家一定採取哪一種政策。具體地來說，受到安全威脅的國家最自然的反應是因為懼怕、憤怒與譴責而「抗衡」侵略者，但如果抗衡的選項不存在，則也有可能「扈從」侵略者。

從俄烏戰爭後歐陸各國的戰略抉擇來看，相當切合上述的觀點。離俄烏戰場越近的國家安全越受影響，反應也越強。例如波海三國的愛沙尼亞、拉脫維亞與立陶宛就和波蘭成為支持烏克蘭的急先鋒，而距離較遠的傳統歐陸大國，包括德國、法國、義大利等所採取的對俄態度就相對溫和，特別是在戰爭剛開始的時候。後者相當在意制裁俄羅斯對於本身經濟的影響，也強調解決戰爭的方案不可使俄羅斯感覺受到屈辱。至於原本在北約與俄羅斯之間採取中立

立場的芬蘭與瑞典，也由於受到戰爭的影響，感受到俄羅斯的威脅，因此申請並獲准加入北約。所以距離近、安全顧慮深、抗衡傾向強的脈絡是很清楚的；而距離相對遠、安全顧慮較淺，抗衡傾向較弱的聯結也是很清楚的。

對於俄羅斯侵略烏克蘭有沒有「扈從者」呢？白俄羅斯就是明顯的例子。由於白俄羅斯的威權體制受到歐洲的排斥，白俄總統盧卡申科並沒有加入北約、抗衡俄羅斯的選項，因此白俄在戰爭中完全站到俄羅斯的一邊，提供領土作為俄羅斯進攻烏克蘭的基地，並在俄軍撤出北烏後持續與俄羅斯合作，對北烏與基輔進行威懾。白俄所為並非單純的扈從，而是屬於「狼狽為奸」型的扈從（jackal bandwagoning），也就是不僅順從大國，更參與其掠奪行為。

美國：無遠弗屆

美國對於俄羅斯的入侵烏克蘭是採取了積極遏制的態度，也對烏軍提供了各種協助，從武器裝備、部隊訓練，到情報共享，可說是烏克蘭能夠持續抗俄、甚至發動反攻最大的原因。在戰爭初期，美國所提供的反坦克標槍飛彈、肩射型防空針刺飛彈，以及在烏東頓巴斯戰役開始後所提供的「海馬斯」高機動性多管火箭系統，都對俄羅斯部隊造成極大的損害，改變了戰場的態勢，挫折了其快速擊敗烏軍的企圖。至於提供烏軍情報，使其得以擊沉俄羅斯黑海艦隊的旗艦「莫斯科號」，又擊殺多名俄軍的高階指揮官，並導引海馬斯系統摧毀俄軍彈藥庫與指揮中心，也一步步地牽引著戰局的發展。美國又與盟國合作，不斷訓練烏克蘭的部隊，並投入戰鬥，從而從基本上改變戰場上俄烏兩軍的競爭態勢。美國有藉著烏克蘭戰爭來耗弱俄軍的企圖，國防部長奧斯丁就曾經把這個戰略意圖清楚

地表明，烏克蘭乃成為美國與北約的代理人，在戰場上持續減損俄羅斯的軍事能力，而整個俄烏戰事與西方迄十月初以來八波的制裁也不斷地侵蝕著俄羅斯的國力基礎。

美國與歐洲有大西洋相隔，照說在距離上並不感受到戰爭的威脅，何以反應如此強烈？這是由於美國是霸權國家，長期宰制世界秩序，其國家利益與國家能力無遠弗屆。因此俄羅斯對於烏克蘭的侵略，便被美國視為損害其安全利益。二戰後美國大規模參與韓戰與越戰、出兵阿富汗與伊拉克，都是向遠端投射其軍事力量，在全球的範圍維護其國家安全。因此對於霸權國家而言，天涯若比鄰，其安全利益是膨脹到全球的。因為有前進的安全利益，因此俄烏戰爭對於美國而言被視為戰略距離甚短、必須積極予以反應，更何況俄羅斯在核子武器方面是唯一可以與美國分庭抗禮的對手國。因為這個原因，從戰爭一開始，美國就與鄰近烏克蘭的東歐國家一樣，對俄國採取最強硬的立場，而與德法義等國不同。

延伸關係：戰略三角的適用

除了距離與安全之外，體系因素還包括了延伸關係與戰略三角。這是說一個國家對於另一個國家的態度可能受到第三個國家的影響。例如甲國與乙國可能原本沒有特別的關係，但是由於甲國與丙國相善，而丙國將乙國視為敵國，因此甲國便以同樣的態度來對待乙國，也就是「朋友的敵人是敵人」，或「正負得負」。這樣的情況在丙是大國，並強烈影響甲國的情況下最為明顯。另外一個例子是甲國與丙國交惡，乙國也與丙國交惡，在「敵人的敵人是朋友」（或「負負得正」）的邏輯之下，甲國自然會與乙國相善。在這兩個例子當中，甲國對乙國的態度是其對第三國（丙國）態度的延伸，

而這三國就構成了一個戰略三角。

在俄烏戰爭爆發後，美國站上了反俄的最前線，這使得與美國有同盟關係、或關係非常密切的國家都感受了美國的壓力，必須也同樣對俄羅斯採取敵視的立場，這就是「朋友的敵人是敵人」。在北約國家當中，傳統的歐陸大國原本對俄羅斯的態度較為溫和，但是在美國的動員之下，也逐漸強硬起來，並不惜冒著被俄羅斯斷油斷氣的風險，加入對於俄國一波波的制裁，同時也向烏克蘭提供各種軍事援助，各國領袖也絡繹於途走訪基輔，親自表達對於澤倫斯基總統的支持。在這裡最表現出與美國站在同一陣線的是長期與美國有特殊親密關係的英國。雖然英國距離戰場比歐陸各國為遠，但是脫歐後與美國的關係成為重中之重，因此英國的首相強森在戰爭初期就強烈表態，並一馬當先訪問基輔。

在鄰近戰場的土耳其與匈牙利，則是一定程度地適用「負負得正」的規則。這兩個國家因為內部政治體制與政策的關係，長期與歐盟失和，並且飽受批評。土耳其的艾爾多安總統與匈牙利的奧班總理，也常藉著批評歐盟與西方來號召民族主義，爭取選民的支持。因此當西方態度一致譴責俄羅斯的時候，土耳其與匈牙利表現出反對的態度，使得北約與歐盟的行動受到限制。土耳其藉著對於瑞典與芬蘭加入北約有否決權，向兩國要到了不得支持土國視為恐怖主義組織的庫德工人黨（PKK）的承諾，與美國的武器供應；而匈牙利則藉著對歐盟經濟制裁俄羅斯的反對，獲得了本身可以持續購買俄羅斯原油的特權。

在世界其他角落，由於距離甚遠，俄烏戰爭不構成安全威脅，因此各國基本上對俄羅斯的反應強度有限。但這個一般的狀況，也受戰略三角延伸關係的影響。因此與美國友善的東亞與澳紐，就在「朋友的敵人是敵人」的狀況之下，一一表態支持對俄羅斯的敵對

態度。日韓澳紐的領袖為此參與了在馬德里舉行的北約峰會，和歐洲的美國盟友站在一起，展示團結。即使與美國缺乏任何正式關係的台灣，也迅速明確地表態，並因此被俄國列為「不友善國家」，必須以盧布支付俄羅斯的液化天然氣，並停止向俄羅斯購買能源。

在一些其他國家，則出現了「負負得正」的情況，也就是長期與西方齟齬的開發中國家（特別是大國），在面對西方要求加入抗俄聯盟的時候，不僅不為所動，反而加緊購買俄羅斯的油氣，並獲得巨大的利益。這裡最明顯的例子便是印度。新德里長期對於西方的干涉與批評頗有反感，認為西方總是將其本身的問題視為全世界的問題，但對於開發中國家所面對的問題則冷漠以對。西方還是保有殖民心態，不以平等態度而對開發中國家。因此在俄烏戰爭上，印度一以本身的國家利益為準，不會隨西方起舞。巴西、墨西哥、南非、印尼等國家也具有類似的心態。

當然，美國最主要的戰略對手中國大陸，就更是處於「敵人的敵人為友」的情境。在俄烏戰爭爆發之前，美國以中國為主要的戰略競爭對手，是唯一力足以挑戰美國世界霸權的國家。美中貿易戰在新冠疫情中也未解套，台海風雲也持續緊張。長期以來，中俄關係密切最重要的原因就是美國與西方同時對中俄兩國施加巨大壓力。既然美中有戰略競爭的關係，而美俄又因為烏克蘭戰爭而極度交惡，中俄自然應該相互合作，彼此「友誼無上限」。從這個意義上來說，美國動員開發中國家反俄效果不彰，與美國和這些開發中國家之間原本的關係是緊密相連的。

國內因素與決策者

除了體系層次的安全因素與戰略三角的延伸關係之外，國內層

次與決策者也扮演一定的角色,但這是在體系的制約下產生作用。就國內層次而言,歷史仇恨與文化連繫可以產生很大的影響。波蘭在歷史上仇視俄羅斯與而與烏克蘭親近,這是因為烏克蘭自古以來就是俄羅斯與波蘭所相互競爭的場域。從1654年佩列亞斯拉夫條約(Pereiaslav Agreement)以中穿烏克蘭的聶伯河劃分俄羅斯與波蘭的領土開始,俄波兩國為了烏克蘭長年相戰,最後俄羅斯與蘇聯透過四次瓜分波蘭(1772, 1793, 1795, 1939)而獲得了烏西的領土。由於烏克蘭處在俄波的夾縫間,烏東與烏西分別與俄羅斯與波蘭有緊密的歷史與文化連繫,因此當俄烏戰爭爆發後,一向反對接納移民的波蘭法律與正義黨(PiS)政府乃對烏克蘭難民大開方便之門,接納了五分之三的烏克蘭難民,並使波蘭成為北約援助烏克蘭的最大前進基地。在波蘭的例子當中,國內因素與安全因素相重合(仇俄親烏與距離接近),使得波蘭對俄羅斯的態度更為絕決。

但國內因素也可能與國家安全與三角關係相悖,而使得國家處於困難的境地。例如傳統親俄的保加利亞便在俄烏戰爭中處於此一狀況,一方面保加利亞在歷史上獲得俄羅斯的支持對抗土耳其帝國使國家重獲獨立,因此民間普遍有親俄情緒,一方面在加入北約與歐盟後保加利亞必須與盟國協同動作,因此在俄烏戰爭後無法以盧布購買俄羅斯的能源,結果導致俄羅斯停止對保加利亞供氣,此舉大大影響了保加利亞的政局。另一方面,同在巴爾幹半島的塞爾維亞也是因為歷史因素而對俄親善,又因為北約曾經轟炸貝爾格勒而對北約懷有極大芥蒂。在俄烏戰爭後,塞爾維亞仍然維持對俄羅斯的親善,因為其尚未被納入歐盟或北約,因此受到三角關係的影響較小。

除了歷史的記憶之外,另外一個重要的國內因素就是政治體制。美國拜登政府將俄烏戰爭視為民主與威權的對抗,號召世界民

主國家團結抗俄。普京政權屬於競爭性的威權體制殆無疑義，但是烏克蘭的政府長期以來在民主評量上水準並不高，貪腐尤其嚴重，世所著名，因此由體制差異所引出的抗俄情緒不免分量有限。此外，各國與俄羅斯的經濟關係自然也會納入對俄政策的考慮中。

　　最後一個影響各國對俄態度的因素是決策者。一國處於特定的國際安全與國內政治環境當中，究竟應該如何決定其對外政策，不同政黨與政治領袖會有不同的觀點與主張，而不會完全一致。在東歐的戰略斷層線上，各國內部都有不同政治勢力主張不同程度的親美、親俄，或居中的戰略態度。即使在美國，如果是川普在位，對俄羅斯的政策也很可能與拜登大有不同。這是因為川普強調經濟，不認為烏克蘭是重要利益，也不重視與傳統歐洲盟邦之間的關係，認為此等國家占盡美國的便宜，而共和黨對於民主黨的對烏政策也有不同的看法。因此美國的期中選舉與總統大選都可能會帶來對俄政策的改變。同樣的情況也存在於不同國家當中，例如波蘭的法律與正義黨由雅羅斯瓦夫‧卡欽斯基掌控，為了在2010年時其孿生兄弟時任波蘭總統的列赫‧卡欽斯基於斯摩稜斯克墜機而歸罪俄羅斯，特別反俄。墨西哥的左派總統López Obrador又特別反美。因此即使國際與國內的環境沒有改變，只要不同的執政者上台，還是可能修正前任的對俄政策。

結語

　　總體而言，國家安全（與距離密切相關）、三角關係、國內因素與決策者共同決定了一國在面對俄烏戰爭時所採取的戰略態度。前二體系因素（國家安全與三角關係）居於最重要的地位，國內因素與決策者也發揮一定的影響力，但是在體系因素下產生作用。就

俄烏戰爭而言，一國的距離遠近決定了安全顧慮與對俄羅斯入侵烏克蘭的反應強度，與美國的既有關係決定了被動員反俄的可能性，而國內的歷史與制度等因素、及決策者的政策偏好也會產生影響。

　　如果以上的理解是正確的，那麼同樣的三層因素也可能會決定一旦台海發生衝突，美國、亞洲各國、歐洲各國，與世界其他國家可能會採取的立場。各國的安全考量、與美國的關係、歷史與制度等國內因素，與決策者偏好也會決定各國的態度。這個迫切的議題是值得進一步探究的。

　　吳玉山，中央研究院政治學研究所特聘研究員。研究領域包括社會主義國家政治與經濟轉型、民主化與憲政設計、兩岸關係與國際關係理論。最近的著作包括《優勢政黨與民主：亞洲經驗的省思》（2017）、《半總統制下的權力三角：總統、國會、內閣》（2017）、《中國再起：歷史與國關的對話》（2018）、與《左右逢源還是左右為難：中小國家在兩強間的抉擇》（2019）等。

印太視角看俄烏戰爭：

選邊？走自己的路？

辛翠玲

一、現實主義之外：身分、視角與戰爭

　　俄烏戰爭對印太地區帶來各種直接、間接的挑戰。在經濟面，戰爭不但直接影響糧食與能源的進口，加劇通貨膨脹；也干擾資本市場、生產需求與供應鏈的運作，讓近年受益於全球化分工而快速發展的印太國家經濟備受壓力。[1] 另一方面，俄烏戰爭也為本已緊張的印太區域安全，平添新的變數。在地緣政治連動下，美中衝突是否將被激化？台海是否將成為下一個衝突爆發點？美國會否如同其承諾，持續以印太為其戰略主軸？俄烏戰爭製造了諸多未定數。然而，儘管戰爭明顯影響整體經濟與戰略安全，同受衝擊的印太地區國家，對俄烏戰爭的回應方式卻十分分歧，在選邊與否之間，似同又異。何以致之？又如何辨識其立場？

---

[1] 詳細可見聯合國亞太經濟社會委員會（UN Economic and Social Commission for Asia and the Pacific, UN ESCAP）於2022年5月未公布的政策報告 "The War in Ukraine: impacts, exposure, and policy issues in Asia and the Pacific" https://reliefweb.int/attachments/fefad9e9-2a94-413c-b75d-c6a35413bc2e/ESCAP-2022-PB-War-in-Ukraine. pdf

各國態度與其利害趨弊計算有關。傳統國際關係現實主義方法能充分挖掘各種物質因素,並說明利之所趨的國家行為。但是現實主義無法完全解釋的是,國家如何界定物質因素的利∕害意義。就此,國家自我身分取向的探討角度可提供一定的參考。

由身分認知取向看國家行為並非否定物質因素的重要性,而是更深入打開深層的認知機制,從該國的價值認知與思維理解其作法。身分取向乃是國家對於環境觀察、自我認識與自我期待等多方面綜合而成的主觀認知。以遼闊的印太地區為例,區域內國家政經發展與歷史背景各異,即便國家之間互有經濟往來、各有安全結盟,也同受戰爭的衝擊,仍因各自的身分認同取向不同,對俄烏戰爭、以及戰爭如何影響經濟利益與區域安全的解讀與因應作法不一。而國家間的立場差異常常不易辨識。表面上對同一國際事件採取相似作法的國家,其背後的思維與目的未必相同;反之亦然。以國家的表象行為論異同,不無錯判的可能。如能從國家的身分認知取向著手,也有助於更精準判讀各國可能的真實意向。

從俄烏戰爭事件看印太國家的身分取向,可將之概為民主價值、主權小國與南方視角三大類。每種類別各有價值與思考主軸。其中第一與第二類身分取向者,所展現的行為看似相同,背後的主張卻有異。歸屬第三類的國家群看似反應不同,實則有其思維相通處。

二、民主價值視角

第一類為民主價值視角。此類身分取向者,在民主與極權意識型態對立的思維主軸下,視俄烏戰爭為極權與民主之爭。故反俄之惡,即反極權之惡,即民主價值與制度的保衛戰。也由於俄烏戰被

賦予直達意識型態層級的意涵，其應對方式強烈，作法大致如下：

　　1. 對俄烏戰爭立場鮮明，無保留譴責俄羅斯、積極援助烏克蘭。

　　2. 參與經濟制裁俄羅斯，且不惜犧牲部分經濟利益。

　　3. 對於地緣政治是否連動台海問題的假想狀況與中國相關問題，有較清楚的表態。

　　採民主價值視角的印太地區國家，多為美國印太戰略系統成員。美國為首之外，主要有澳洲、日本、南韓、台灣等。各國作法或有輕重程度之別，但態度立場相近。澳洲是其中最具帶代表性之例。

　　自戰爭爆發至今，澳洲各種動作、表態毫不遲疑。除於第一時間譴責俄羅斯之外；[2]並在3、4月之間，逐次提高對俄羅斯的經濟制裁。除了擴大對俄羅斯的個人制裁名單，亦停止採購俄羅斯原油、天然氣、鋁等產品，禁止出售任何對俄羅斯有利的奢侈品、禁止貸款給任何可能受俄羅斯官方影響的俄國企業等。[3]甫於5月就職、工黨出身的新任總理艾班尼斯（Anthony Albanes）延續前任政府的基調，於出席日本舉行的四方會談時，怒斥俄羅斯「不法」、「不道德」、「令人髮指」。[4]艾班尼斯對於台灣問題也沒有迴避，在6月底前往北約峰會途中受訪，直言「中國應以俄羅斯為鑑，莫輕忽一

2　澳洲外交部新聞稿 "Statement on Russia's invasion of Ukraine Joint media statement with: The Hon. Scott Morrison MP, Prime Minister 24 February 2022." https://reurl.cc/e3YYkj

3　澳洲對俄羅斯制裁作法說明與項目清單載於以下網頁 ："Russia sanctions regime," https://www.dfat.gov.au/international-relations/security/sanctions/sanctions-regimes/russia-sanctions-regime

4　澳洲總理辦公室發佈新聞稿 "Prime Minister, Minister for Foreign Affairs Quad Leaders' Summit; Australia's relationship with China; Solomon Islands; Russia; Taiwan; AUKUS; climate change" 24 May 2022, Tokyo, Japan "https://www.pm.gov.au/media/press-conference-0

個主權國家對外來武力攻擊的反抗,也不可低估其他有相同價值的
國家對於共同維護國際秩序的決心」。[5] 艾班尼斯的發言激怒中國
自不令人意外,也使中澳關係再降冰點。

三、主權小國視角

　　相較於第一類觀點,第二類身分取向則是小國視角的投射。此
類「小國當自強」的強勢小國視角對於自身之小有強烈自覺;對於
大國之大特別警戒,強調人道、主權與自主;而國家主權與多邊國
際體系是小國賴以自恃的根基。採主權小國視角者看俄烏戰爭,看
到的是大國挾其大而欺小。即便烏克蘭的幅員與人口皆難以小國稱
之,但俄烏相較,俄羅斯難脫具侵略性的大國與國際秩序現狀的破
壞者角色。主權小國思維者的自我投射,使其易與烏克蘭同感,支
持烏克蘭即支持自己。印太地區小型國家雖不少,但採強勢的主權
小國視角、態度鮮明應對俄烏戰爭者幾稀,新加坡是為典型代表。

　　如僅就新加坡對俄烏戰爭的回應與作法觀之,很容易誤認其無
異於前一類國家:皆有第一時間譴責俄羅斯、對俄羅斯施以前所未
有的嚴厲制裁之舉。然而再觀之即可發現,其與第一類國家有著根
本差異。新加坡在意的是俄羅斯之舉威脅他國的獨立與領土完整,
破壞聯合國憲章與主權國家體系,干擾本已不易的國際多邊合作,

5　艾班尼斯回答原文為"(Ukraine) had shown attempts to impose change
　　by force on a sovereign country meets resistance…Also that
　　determination of countries which share common values and a
　　commitment to that rules-based international order have been brought
　　together." https://www.afr.com/policy/foreign-affairs/china-must-take-
　　note-of-putin-s-strategic-failure-invasion-says-pm-20220627-p5awyj

加劇了中美關係的不穩定。[6] 如同新加坡總理李顯龍所強調,新加坡反俄反戰,卻也反對視俄烏戰爭為民主與極權之爭;雖然新加坡強烈譴責俄羅斯入侵烏克蘭,但是「新加坡選的是原則,而非選邊,更非選擇與俄羅斯為敵」[7],清楚切割其與第一類國家的異同。

四、南方視角

上述國家之外,印太地區其餘多數國家面對俄烏戰爭的態度雖看似仍分歧,實則有其共通之處,乃以南方國家為基調的身分認同取向者。

南方視角始終有著或深或淺的階級意識。由印太的南方視角向外望去,俄羅斯有其特殊地位,或可稱之為北方裡的南方,或南方裡的北方國家;雖非我者,也非全然的他者,相較於美歐國家的北方本質,俄羅斯可能還更可親。加以地理距離之故,使俄羅斯對其不具侵略性;普丁與歐美的不同調、與中國的若即若離讓各國對其賦予戰略平衡者的想像。換言之,印太的南方身分思維看曾經稱霸且依然強大的俄羅斯,非壓迫、無威脅,而是可期待、可合作的強國。

這樣的身分視角裡,相同的是,預設對俄羅斯較多的包容與理解,對於俄羅斯發動戰爭之舉或表示理解,或不予評論,或至多於

6　取自新加坡總理李顯龍於美國外交關係委員會公開談話。https://www.pmo.gov.sg/Newsroom/PM-Lee-Hsien-Loong-at-the-Dialogue-with-Council-on-Foreign-Relations-Mar-2022

7　CAN, "Singapore has chosen principles, not sides, in taking a strong stand against Russia's invasion of Ukraine: PM Lee "https://www.channelnewsasia.com/singapore/pm-lee-hsien-loong-ukraine-russia-singapore-chosen-principles-not-sides-strong-stand-2602976

人道層次同意聯合國譴責案。不同的是，各國在戰爭引發的國際政
經變局中，各自與俄羅斯的互動連結之道；消極者低調以對，積極
者甚至藉以再定位自身於國際舞台的角色。

　　印尼正是印太南方視角下的積極應對之例。身為區域大國之一
的印尼雖於戰爭爆發時道德表態，在聯合國譴責俄羅斯決議案中投
下同意票；但是反戰非反俄。從印尼的角度觀之，維持與俄羅斯的
關係，不僅可累積其周旋中美兩強之間的籌碼，亦有助印尼持續取
得俄羅斯軍售與投資。面對戰爭變局，印尼選擇以和平使者自居。[8]
此與今年11月由印尼擔任主席國的G20會議有直接關連。印尼投入
於本次G20籌備已久，對於以區域領袖自詡的印尼而言，如能促成
二十國代表同台，將是一大外交成就。為此印尼一方面選擇在俄烏
之間中立，婉拒烏克蘭曾提出的軍援要求[9]，另一方面印尼總統佐科
威也積極居中協調，力邀普丁與澤林斯基同赴G20；並先後取得澤
林斯基[10]與普丁同意出席。[11] 雖然普丁是否將親自出席或視訊參與

8　　Tempo. Co . 2022. "Jokowi Declines Zelensky's Weapons Request,
　　　Offers Role as Mediator for Peace" Apr. 29. https://en.tempo.co/read/15
　　　87322/jokowi-declines-zelenskys-weapons-request-offers-role-as-medi
　　　ator-for-peace

9　　Reuters. 2022. "Indonesia president to visit Ukraine, Russia on
　　　peace-building mission." Jun. 26. https://www.reuters.com/world/asia-
　　　pacific/indonesia-president-visit-ukraine-russia-peace-building-mission
　　　-2022-06-26/

10　Jakarta Post. 2022. "Ukraine's Zelensky accepts Indonesia's G20
　　　invitation." May 28.https://www.thejakartapost.com/world/2022/05/27/
　　　ukraines-zelensky-accepts-indonesias-g20-invitation.html

11　Anadola Agency. 2022. "Putin accepts invitation to G20 summit in
　　　Indonesia." Jun. 28. https://www.aa.com.tr/en/world/putin-accepts-invi
　　　tation-to-g20-summit-in-indonesia/2624145

仍未有定案,但佐科威的努力看來是有初步的成果的。

印度是另一備受討論的印太國家。印度雖為四方安全對話機制一員,但深層意識裡的是南方國家身分取向。故而不難理解,何以其為四方對話裡唯一未譴責、未制裁俄羅斯的國家;戰爭爆發以來,更持續大量買進低價的俄羅斯原油。事實上,印度自冷戰期間,即與前蘇聯／俄羅斯建立長期合作,面對戰爭變局,印度藉以積極凸顯其與各國在合作與不結盟的彈性。國際間對此雖不無批評,但幾個月下來,印度的確成為俄羅斯、美國、中國各方爭取合作的對象。中國外長王毅近期親訪印度,強調要擱置邊界爭議,「中印用同一個聲音說話,全世界都會傾聽」,「為促進地區乃至世界的和平穩定做出各自的貢獻」[12],即為一例。

五、所以,他們選邊了嗎?

一場戰爭,多種身分視角,多重解讀、多樣的應對。俄烏戰爭映照出印太國家深層的身分取向與認知主軸:對民主價值認知者而言,與俄羅斯乃至於與中國之間所代表意識形態與體制之爭仍持續開展中。主權小國的思維主軸捍衛的是主權體系與國際秩序。南方身分的視角裡則預設一個非全然異己、可往來、得與之周旋的俄羅斯,故其是否曾譴責俄羅斯並非重點,其如何與俄羅斯互動才是關鍵。

就此,亦有以下兩點需補充:

首先,國家身分取向並非必然是單選題,身分取向也可能隨議題而流動的可能。以紐西蘭為例,向來以第二類自主小國的身分取

---

12 王毅訪印度:中印應堅持自己選擇道路並攜手合作。
https://www.cna.com.tw/news/aopl/202203250327.aspx

向為主軸的紐西蘭，近年屢對與五眼聯盟的合作有所保留、力持平衡於中美之間；美國與西方國家對此始終頗有微詞。然而俄烏戰爭之後，紐西蘭不僅反應強烈，更加強其與北約、美國、印太戰略的合作[13]——所以，紐西蘭變了嗎？雖然總理阿爾登（Jacinda Ardern）在以伙伴國身分參加北約峰會時，特別重申紐西蘭奮力堅持獨立自主的外交政策不變（a fiercely held independent foreign policy）[14]，表明無意尋求擴大軍事聯盟的立場，但關於紐西蘭有無歸隊西方價值的戰略體系，仍待時間證明。

其次，國家之間的態度立場異同判別需要更細膩。例如對於自認選的是原則立場，而非靠邊的新加坡，即便其與第一類國家同在俄烏戰爭中同仇敵愾；對戰爭的回應至今亦無不同，但由於二者的思考主軸與訴求內容並不相同，雙方的歧異點出現之時，也就是彼此分道揚鑣之處。

所以，面對戰爭變局，印太國家選邊了嗎？答案端視於觀察者看到的是國家的行為表層，還是意識深層。

辛翠玲，中山大學政治經濟學系教授，研究區域整合、全球化與區域化。近期發表相關論文以及評論多篇。

---

13 Nikkei Asia. 2022. "Biden, New Zealand PM focus on Pacific islands, China in meeting". Jun.1. https://asia.nikkei.com/Politics/International-relations/Biden-s-Asia-policy/Biden-New-Zealand-PM-focus-on-Pacific-islands-China-in-meeting

14 RNZ. 2022. "Jacinda Ardern tells NATO leaders Ukraine war must not fuel arms race". Jun.20. https://www.rnz.co.nz/news/political/470046/jacinda-ardern-tells-nato-leaders-ukraine-war-must-not-fuel-arms-race

地緣政治與新持久戰：

俄烏戰爭與美中關係、兩岸關係[1]

張登及

　　俄烏戰爭是1991年蘇聯解體、冷戰結束後，具有轉捩點意義的重大國際事件。同樣重要的事件還包括2001年的911事件與後來美國領導西方開啟的阿富汗—大中東戰爭、[2]2008年擴散成世界金融風暴的美國次貸危機、2014年烏克蘭「廣場政變」後俄國兼併克里米亞、2018年6月美國宣布對華課徵高額關稅開啟至今的貿易戰，以及2020年末爆發的Covid-19全球疫情。

　　上面這些重大事件，看似經貿問題的都帶有嚴重的政治後果；看似軍事衝突的也都帶來嚴重的經濟和社會動盪。每一次震動，都使人們對美國贏得冷戰後的全球化樂觀期待受到新的打擊。雖然柯林頓、布萊爾、歐巴馬等進步主義領袖先後上台，加上歐盟東擴、全球氣候治理持續推進，使各界對自由國際秩序（Liberal

---

1　本文係作者發表於臺灣大學人文社會高等研究院於2022年7月8日舉辦之「高峰論壇」第七場之演講改寫而成，感謝臺灣大學政治學研究所碩士劉燕婷小姐對演講進行記錄整理。

2　關於美國的大中東戰爭（America's Great War for the Middle East），有的學者甚至認為起點是1990年反擊伊拉克入侵科威特的「第一次海灣戰爭」，至今形成「三十年無盡中東之戰」（Endless War in the Middle East）。美國前總統川普（Donald Trump）曾在2019年10月推文抱怨，華府為此浪擲了8兆美元。

International Order, LIO）多次重燃希望，但這些領袖內外受困、後繼乏力，逐漸被本國民粹主義浪潮反制，是上述危機在自由民主國家內部的縮影。2022年的俄烏戰爭絕非僅是普京等大俄羅斯民族主義懷舊勢力從西方之外帶來的反撲，而是自由主義全球化加速轉向「後全球化」（post-globalization）的表現，也是這個趨勢的加速器。

筆者定義的「全球化」，關鍵在於生產要素流動的時空收斂（spacetime convergence）。推動時空收斂的主要動力，是科學與經濟的發展，致使生產技術進步且成本大幅降低，表現為「槍砲、鋼鐵、細菌與資本的外溢」。全球共經歷過三個階段：第一階段是西方海權興起、殖民擴張與世界體系的成形；第二階段是兩次大戰與聯合國、布雷頓森林體系的成立；第三階段是蘇聯瓦解、網際網路出現、世界貿易組織建立。第二階段後的世界體制可以簡稱為自由國際秩序，即以市場經濟與資本主義為下層結構，多元主義民主與進步主義價值為上層建築，間以西伐利亞體系的主權國家為跨國治理與競爭的主要行為者。

冷戰結束後全球化的推進過程顯然不是一帆風順，反而是在危機四伏下，內在的矛盾頻發。從70年代的石油危機到2020年新冠肺炎疫情爆發，許多事件是全球化起伏中的逗點。現在人們關心美中對抗與俄烏戰爭後的全球化，會否仍能依賴技術進步帶來成本降低、時空收斂，最後達至普惠與和平？還是科技繼續進步，卻導致內外不均衡與野蠻增長，致使國家內部的共識與國際權力平衡都受到破壞，最後引發自由國際秩序的瓦解？主要國家國內共識的破壞加上媒體技術進步，很明顯產生了分歧極化的社會與民粹主義，眼下東歐、西歐、美洲到亞洲皆然。烏克蘭從蘇聯獨立出來的第一天，極化的問題也揮之不去，爆發內戰與俄烏戰爭不過是大環境的一個破口。而國際體系的權力平衡破壞，則誘發了安全困境（security dilemma），烏克蘭又剛好是處在強權勢力競爭的斷層線上。

當前自由國際秩序的霸主（美國）、崛起者（中國）、懷舊者（俄羅斯）與許多國家的不同世代都不滿舊秩序，使「後全球化」極有可能走向高成本的空間分割與冷戰2.0，出現全球在「地」化的現象。卡普蘭（Robert Kaplan）所稱「地理的復仇」（Revenge of Geopolitics），便暗示著「全球化是地緣政治的反命題，地緣政治則是全球化的制衡者。」1980年代的阿富汗戰爭、兩伊戰爭、1990年代的南斯拉夫內戰、911恐襲與後續的伊拉克大中東戰爭、朝核危機、利比亞與敍利亞內戰，皆可視作地緣政治對全球化的反撲。特別到了2022年8月中共剛慶祝「建軍節」後，美國眾議長裴洛西不顧白宮與五角大廈的憂慮，執意要訪台，導致北京推出首度跨入台灣領海的「圍台軍演」，並提前發行其第三版對台「白皮書」。而美國在亞太不僅新揪合美英澳新三國同盟（AUKUS），加固「四方架構」（美日印澳），還力促北約與歐盟放眼東亞，並推動針對性極強的「晶片四方」（Chip 4，美日韓台），最後由拜登新版「國家安全戰略」證實，樣樣都是針對北京，以十年內「完勝」（out-compete）中國為總目標。人們好奇烏克蘭與台灣，會否是21世紀大國地緣撲克的最後兩張牌？

從地緣政治的回歸觀察當下的自由國際秩序的解組，又可看到海陸權國家的新博弈。在海權之爭上，美英等傳統大國自會竭力維持海洋霸權、防止俄、中陸權國突穿遠海（波羅的海、東海與南海），故其主張「自由航行」，實則即為蘇聯瓦解後美國與盟國享有之絕對優勢。中、俄傳統陸權復甦，自然會拒止海權逼近本土、並尋適當機會突穿封鎖，法理上自然會主張「歷史水域」。而在陸權之爭上，美、英會避免陸權中、俄的任何一方再控制由東歐到中亞的心臟地帶（heartland）。中、俄為了防範美、英海權國在海灣戰爭與

阿富汗戰爭、中亞顏色革命、烏克蘭廣場革命後深度插旗心臟地帶，自會提出「一帶一路」、「歐亞經濟聯盟」等計畫甚至嘗試對接。而在盟友關係上，美、英若要避免陸權國家結盟，便要組織盟友制止中國成為東亞區域霸權，同時理應尋求改善與俄羅斯的關係。中、俄則會有不同的戰略考量，俄羅斯本可嘗試改善美歐俄關係，中國則可在穩住俄羅斯的同時，爭取與發展中鄰國的關係。但今年俄烏戰爭爆發幾乎斷絕了美歐俄修好的可能，打亂了美國理想的圍困中國的地緣政治佈局。

從歐亞大陸「心臟地帶」西側的東歐回看「遠東」的東亞，地緣政治未爆彈相當多。筆者認為「未爆彈」引線之所以沒有拆掉，最重要的是1952年的《舊金山和約》只是凍結了東亞戰爭，主持大局的美國卻刻意未解決深層問題。

彼時美國是東亞秩序的主導者，面對中蘇同盟與朝鮮戰爭的戰略環境，特別巧妙地改變了日本的地位；與分裂的德國不同，日本在歐亞大陸東側邊緣成為美國秩序完整的遠東樞紐。在此一背景下，《舊金山和約》成了片面的秩序建構，蘇聯與盟友皆未簽署此約，連帶日俄之間亦無和約，北方四島問題遺留至今。中華民國則在1952年另與日本媾和，但台灣地位至今沒有得到列強共識的徹底釐清。北京、河內（北越）都未受邀參與此會，故有後續《中日友好條約》中的台灣問題。印度則是受邀但不出席、印尼等國亦未批准。簡言之，誰是二戰戰勝者、是否存在侵略者等問題，戰後東亞各國在理念上與法理上都沒有如同歐洲的共識。無獨有偶，韓戰亦是「未結束」，北韓更在2013年廢除了半島的停戰協定，最近更成功驗證了自製的洲際飛彈，經由國會自行立法宣布成為核武國，美國本土已在其射程範圍，成為除了北韓滅國，再也不可能扭轉的戰略事實。

東亞秩序在法理與理念上都未凝固，21世紀起又遇上新的權力移轉（power transition），潛存的火藥又得到機會重新激化。如今的大國博弈又存在結構性困局，包括美中進入80：100的權力對比處（power parity）高危區間；俄國至今仍是核強權；貿易、科技、疫情互疑疊加導致溝通低效；美國內政糾結又使其難以對俄緩和，要對中國打俄國牌極度困難，必須同時「完勝」歐亞大陸最大陸權兩強。

在此僵局下，新冷戰將演變成為一場「持久戰」。不均等的增長不再帶來互惠與和平紅利，以壁壘確保「相對收益」與「產業鏈安全」的保護主義、重商主義將成為國際貿易的主流。在此背景下，新冷戰的發展會有以下兩個特徵：第一，會出現東、西兩線持久戰，戰場「後方」綁定盟友、搭築壁壘，「前方」則以代理人戰爭消耗對手。第二，護欄（guardrail）薄弱，各式議題交雜、共識低、危機擴散快。但新冷戰未必是美國學者白邦瑞（Michael Pillsbury）所稱的「百年馬拉松」。因為「前方」的斷層線小國也有可能是「自走砲」提前出戰，企圖使危機更快燒向後方。

沿著上述思路，筆者要對兩岸未來局勢提出一種極限思考。如今後全球化時代來臨、東亞舊金山和會秩序快速瓦解，地緣政治競鬥正全面主導國際秩序，「前方」代理人戰爭誘因上升，國際格局可能出現「雙殺打」（double kill）、「漂流世界」兩種結果。

所謂「雙殺打」，指目前仍有優勢的美方引導升高「前方」的代理人衝突，使莫斯科準備不足卻「因故」（誤判）進攻烏克蘭導致敗戰衰微，烏克蘭則在誤擊下被犧牲打。又使北京也在條件不備卻「因故」（誤判）進攻台灣，其「復興之路」進程由此逆轉，台灣也在誤擊下被犧牲打。「雙殺打」的結局，便是烏、台在持久戰、本土戰中淪為焦土，但國際體系的權力移轉由此停止，美國順利維

護21世紀單極霸業，自由國際秩序的動能或許也得以逐漸回復。

所謂「漂流世界」（drifting world）的發展則恰好相反。「漂流世界」是美國國家情報委員會展望2040年局勢提出的一種想定。應用此一想定，俄羅斯若能借由俄烏戰爭衝突鞏固烏東，東歐將陷入動盪。美國想重新操作「季辛吉反轉」（Kissinger Reverse，意指反轉1970美中抗蘇，變成美俄聯手制衡中國）失靈。而戰爭膠着與通膨等因素影響美國選情與社會，致使川普類的人物勝出，美國或將進一步戰略收縮，同時更加卸責盟友。

至於持久戰「前方」的斷層線行為者（台灣與烏克蘭），是否有「不戰」的選擇權？若由地緣與「權力決定論」來看，「前方」沒有是否參戰的選擇，就連何時與如何戰的選擇都十分有限。但若由「意圖與謀略可恃論」來看，妥善管理意圖、維持戰略耐心，或許可以改變衝突的規模與時點。

張登及，現任臺灣大學政治學系教授兼系主任，並擔任人文社會高等研究院副院長。研究領域為國際關係理論、中國國際關係史與外交政策、古典社會學理論、中共黨政等。

俄烏戰爭下的歐洲：
整合與分歧

葉國俊

　　俄烏戰爭迄今，俄方的侵略行為與經濟效應，令脫歐後的英國與歐盟及其候選成員國，採取許多步調一致的政策，也希望能儘量消弭分歧。不過整合一致與分歧，常是相生而未必相剋，卻又可能成為未來發展的隱憂。烏克蘭成為候選成員國後，能否儘快取得正式資格一事，或許就是一個很好的範例。自從俄羅斯發動入侵以來，即使是波蘭這個曾一度被歐盟認為是較英國脫歐更大的麻煩，且因國內法與歐盟法位階產生爭執被處以連續罰款，此時也與各成員國一致對俄，並協助解決烏克蘭難民與該國軍事經濟物資供應問題。歐盟展現團結等於是莫斯科的一個失敗，保持這種團結至關重要，但團結之後的下一步援烏行動，部分成員國領導人表示歐盟應專注於向烏克蘭提供即時軍事與經濟物資援助，而不是就該國的成員國資格展開法律辯論。這種曠日廢時耗費精力的舉動不會解決當前緊迫問題，並有可能營造出「錯誤的期待」，反令俄國有機可乘。法國折衷提出成立「歐洲政治共同體」（European Political Community），建立一個較歐盟更為鬆散的聯盟，允許不願或不符正式入盟標準的國家加入，後續發展值得關注。[1]

1　https://www.ft.com/content/1b8abda1-4670-4c01-8ae9-bd90c9647d5d,

充分討論是解決歐盟「民主赤字」痼疾良方，但也別忘了「道德風險」爭議在歐洲歷史層出不窮：未經深思即讓希臘加入歐元區引發歐債問題殷鑑不遠，二戰爆發時英、法對東歐不切實際的承諾記憶猶新。但本文的重點是，分歧與後續所耗費的時間精力，似乎仍難避免，且戰爭或許還會進一步加深其裂痕與影響力。本文以下將再以另外三個重要議題來論述：首先是英國脫歐後與歐盟的關係，其次是歐盟對俄羅斯的經濟脫鉤，最後是供應鏈與物價壓力對經濟貨幣同盟及部分成員國的影響。

一、英國脫歐後與歐盟關係

英國脫歐未必是壞事，對歐盟來說也是如此，問題在於分手後的安排。[2]原以為2020年底英歐貿易協定，可將這齣拖棚歹戲畫下句點。1998年耶穌受難日協議曾對脫歐型式產生顯著影響，維持英國脫離歐盟單一市場後，雙邊有限度的商品（但不包括服務）自由貿易關係，並避免北愛爾蘭與愛爾蘭間出現硬邊界。英國前首相強生企圖單方面撕毀英歐協議，繼任者特拉斯則再度因咎由自取的減稅導致國債大跌問題而忙碌。英歐之間緊張氣氛因而稍緩，但仍看不出改變其前任決策的理由，即認定脫歐後英國到北愛爾蘭貨物貿易檢查，所形成的國內貿易邊界侵害英國主權。這不但遭致新選出的北愛爾蘭自治政府議會多數議員強烈抗議，歐盟亦重申不會再啟雙邊談判，並聲言若違反條約，將以歐洲法院訴訟方式解決。如果英國拒絕支付罰款並遵守歐洲法院判決，歐盟可能會終止部分雙邊貿

（續）
2022.6.14.
2　https://www.storm.mg/article/110930, 2016.5.3.

易協議內容，並開始對英國商品徵收關稅。

　　由於美國就是當初耶穌受難日協議的促成者，因此對於英國的歐盟與北愛爾蘭政策持續表達關切。拜登與布林肯不斷敦促英國繼續與歐盟進行「真誠的談判」，主因是不必要的爭議將導致對抗俄國力量分散。然令人疑惑的是，英國自2016年以來的行動，除了取回自主權（Let's take back control）這句口號外，國家實質目標與規劃究竟為何？尤其是OECD近期預測，在綜合考量經濟增長、物價膨脹、升息與加稅等因素後，英國將會是G20除俄羅斯外，經濟表現受俄烏戰爭衝擊最大的國家，2023年全年極可能是零成長。[3]

　　筆者5月初參與研討會，一位學者曾發言認為英國當權派並沒預料到脫歐後續的種種扞格與負面效應。筆者並非不同意這位同儕的意見，但部分經濟學者早在2016年公投前後，就已出版目前看來不夠細緻，卻非常準確實用的預測：[4]例如Ebell（2016）以簡單引力模型估計結果，「硬脫歐」（即由歐洲經濟區EEA脫離且無任何後續協議，EEA→ no agreement）長期將使英國對歐商品貿易下降58%-65%，即僅剩原先的42%-35%左右；「軟脫歐」（即由歐洲經濟區EEA脫離且簽署雙邊商品貿易協議替代，EEA→FTA），英國對歐商品貿易將下降35%-44%。我們原先以為，2020年英歐協議至少將使之轉為「軟脫歐」，英國對德國等歐盟國家貿易也確如預期大幅下滑，[5]朝衰退35%-44%目標值穩定前進，但起碼不會是「硬脫

3　https://www.oecd.org/economy/united-kingdom-economic-snapshot/, 2022.6.

4　Ebell, Monique（2016）Assessing the impact of trade agreements on trade, *National Institute Economic Review* 238, 31-42.

5　https://www.ft.com/content/913c7e84-fd2d-4cb5-be0c-8cd865f37462, 2022.5.5.

歐」的局面。

	商品貿易縮減	服務貿易縮減
硬脫歐 （EEA→no agreement）	58%-65%	61%-65%
軟脫歐 （EEA→FTA）	35%-44%	61%-65%

資料來源：Ebell（2016）.

　　如今英國正片面撕毀雙邊協議，可能使之滑向「硬脫歐」的58%-65%衰退路徑，而這還不包括被俄烏戰爭進一步強化的供應鏈效應，物價漲幅將遠高於歐洲各國。[6]繼之而來的利率調升，又將進一步壓抑經濟增長動能。這真是「當權者沒能預料到」的問題嗎？畢竟6年前已有準確的預測。或許正如IMF前首席經濟學家與印度央行前行長，芝加哥大學Booth商學院教授R. Rajan所言，任何危機前必有徵兆與警示，但民主社會仍有個問題，就是「提出者沒權力，而有權者不願聽」。[7]

　　脫歐後的英國並非沒有優勢，例如可以避開歐陸的可能亂局，且自由與各國洽談各項經貿協議。然而為彌補脫歐及俄烏戰爭的經濟損失，卻選擇與人權價值有爭議國家，如中國大陸或海灣國家合作理事會等洽談合作機會，似也是另一種與歐盟之間的分歧深化？

6　https://www.piie.com/research/piie-charts/brexit-driving-inflation-high er-uk-its-european-peers-after-identical- supply?utmsource= update-ne wsletter&utm medium=email&utmcampaign=piie-insider&utmterm= yyyy-mm-dd, 2022.5.24.

7　Rajan, R.（2011）*Fault Lines: How Hidden Fractures Still Threaten the World Economy*, Princeton University Press.

二、歐盟對俄羅斯的經濟脫鉤

脫鉤（decoupling）在過去全球化專業分工的年代簡直不可思議，如今卻正於全球各地展開，近期IMF甚至出版了政策指引。[8]包括前述英國對歐盟、歐美各國對中國大陸及俄國、以及臺海兩岸，主要理由不外乎戰爭制裁、價值觀歧異、以及後進國（藉合法投資併購或非法剽竊行為）進行技術追趕，並威脅先進國的相對競爭力與就業穩定。

歐盟早已嘗過脫鉤的痛苦，希臘危機就是最好的例子。該國GDP不到歐元區的2%，但足以造成各國近十年的經濟衰退。俄、烏占全球GDP也是2%左右，全球貿易占比也差不多，俄方外來直接投資和對外直接投資存量也僅占全球1%至1.5%，全球金融的作用也微不足道。然而目前顯示二國對世界經濟的重要性：燃料、穀物、化肥、金屬等，引發物價上漲及其後續自我實現預期，與成本突然上升的經濟衰退。圖形顯示OECD初步估計，若戰爭持續一年，歐元區的經濟增長與物價膨脹，都會是全球重災區。

以歐美各國為一方、以及俄、中為另一方，在地緣政治分歧下，正努力減少與對手的經貿依賴，供應鏈正在縮短並區域化，讓人不禁聯想起習近平曾提出的「內循環」主張，似在俄國加速落實。然非所有商品均具高度可取代性，例如九月初G7通過對俄羅斯原油出口採取價格上限，並於10月5日獲歐盟全體成員國認可。但俄方則

8　https://www.imf.org/en/Publications/ Departmental- Papers- Policy-Papers/Issues/2022/09/28/Industrial- Policy-for-Growth-and-Diversi fication-A-Conceptual-Framework-519714, 2022.9.30.

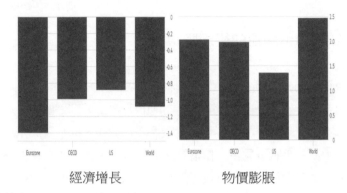

經濟增長　　　　　物價膨脹

資料來源：OECD（2022）.

是在G7協議的第二天就切斷北溪一號天然氣管線供應，歐洲人即將面臨強制脫鉤的寒冬。

依據經貿引力理論，除非自行製造經濟衰退，欲有效降低雙邊經貿往來，必自制度因素著手。暫緩甚至廢止既有與進行中的各項雙邊合作以外，且須更快尋覓可行途徑降低依賴，化石燃料來源多樣化與可再生能源發展，將同時兼具環境變遷與國家安全意涵。只是這需要更多耗費與時間緩衝，否則國內經濟與人民福利就會立即重損。「脫鉤比冷戰更痛苦」，[9]不要對未能立即轉變的國家在道德上做過份苛求，而是觀察能否提出並立即進行，未來得以降低雙邊依賴的具體制度變革。

全球幾個正在進行中的脫鉤案例，有些的確是真槍實彈，例如前述的英國脫歐，但不論理由為何，脫鉤手段必須決絕才能見效，其難度與代價也將非常巨大，絕非當雙邊貿易依存度不降反升，說

9　https://www.appledaily.com.tw/property/20220615/OS7JCREV5JA　　TLP7C4BB3WCCJLI/,2022.6.15

出「這是對方依賴我們」的話術就可以，因為重點不在於誰依賴誰，而是基於政經軍與價值觀等潛在威脅歧異，本須立即著手降低雙邊經貿往來。

三、供應鏈與物價壓力對單一貨幣政策及成員國影響

「在分歧中統合」，是近期歐洲中央銀行（ECB）所面臨的難題。俄烏戰爭進一步強化了原本供應鏈問題所帶來的物價壓力，而美國又因過去疫情紓困多以直接發放個人資金為主，國內儲蓄過剩導致需求面與供給面同時吃緊。歐洲需求面問題不若美國，紓困以疫情期間債券緊急購買為主（pandemic emergency purchase programme, PEPP），控制各成員國（尤其是債務較高者）債券殖利率水平，物價漲幅相對緩和。這要歸功於前任ECB總裁與甫卸任義大利總理的M. Draghi，對於馬斯垂克條約不得相互救援條款（no bailed-out clause），採取彈性解釋並通過歐洲法院訴訟考驗，即ECB不得在初級市場購買各國國債，次級市場則不受限制。

但因德國對惡性通膨歷史的敏感性，以及歐盟條約就物價穩定的要求，使目前ECB升息壓力，同時受國外政經因素與內部政治運作影響：服從歐盟條約並因應來自德國壓力而釘住2%通膨目標，表面看來是遵循法則，但這個數字並無堅實經濟理論支持。如果升息導致各國債券殖利率大幅上揚，尤其是經濟結構較弱者國債可能遭拋售，殖利率將更高，與德國之間利差進一步擴大。在貨幣同盟架構下，各國歐元資金流動無法管制，邊陲成員國流動性將逐漸乾涸。若部分國家因債務上升且沒有足以還債的資金，歐洲央行又因通膨顧慮而緊縮貨幣供應與購債規模，2010-15年歐債危機局面又將再次重現。

　　下圖是為人熟知的歐元區與德國國債殖利率差距演變歷史，一方面解釋金融市場如何陷入歐洲經濟整合幻覺，一度誤以為「各國債券品質都一樣」，直至金融海嘯與歐債危機才恍然大悟，其中希臘對德國利差曾高達40%。不過這也解釋了歐盟政治人物的學習能力，最終仍承受政治壓力並及時紓困撫平動盪，但世界已不再認為經濟貨幣整合後「各成員國都一樣」。

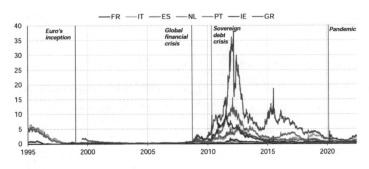

資料來源：https://reurl.cc/EryGgA.

　　但若將時間軸拉短，則可看出新的危險似正醞釀：在PEPP有效穩定疫情期間各國財政後，供應鏈失序與俄烏戰爭壓力，已令市場預期「各國不一樣」的問題將再度重演，ECB尚未升息，殖利率差距便已逐漸拉升，意味該國公債被拋售，在價跌且利息提升雙重負擔下，即使該國進行結構性改革，努力成果也會被輕易抵銷。

　　目前正面訊息是ECB已感受到，俄烏戰爭與美國升息壓力，可能令歐元區重蹈歐債覆轍的危險，聲明將加快制定新的「反分裂工具」，以因應成員國之間借貸成本差距持續擴大，並將靈活運用PEPP所得債券收益再投資方式，使較為脆弱的政府債券得到支撐。「ECB

對捍衛歐元的承諾沒有限制」，[10]決不允許借貸成本差距擴大風險（fragmentation risk）擴散。[11]只是具體作為仍不清楚，這對穩定市場情緒並無好處。

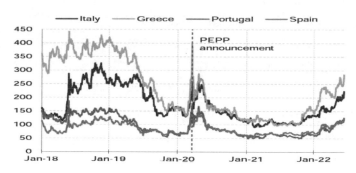

資料來源：https://reurl.cc/EryGgA.

四、結語

　　諾貝爾經濟學獎得主M. Friedman早在歐債危機爆發的20年前，就預言歐盟想藉經濟整合趨向政治整合，必將適得其反且激化政治對立，因為原本可用經濟工具（如匯率）解決問題的途徑已不存在，最終仍須各國政治協調。[12]自2010年起歷經歐債危機與新冠疫情衝擊的歐盟顯然得到教訓，試圖改善且有成效，但部分成員國

10　https://www.bis.org/review/r220615e.htm, 2022.6.14.

11　https://www.europarl.europa.eu/news/en/ press-room/20220620I PR33 406/meps-focus-on-inflation-and- economic- divergence- with-ecb-pre sident-lagarde, 2022.6.20

12　https://www.project-syndicate.org/ commentary/ the-euro-- monetary-unity-to-political-disunity, 1997.8.28

的歷史經驗與拘泥不化，仍將使歐盟身處險境。

　　「我們是創造歷史者抑或仍為歷史之囚」？歐盟政經整合與擴展，及其對世界其他國家區域的激勵，一度令人相信已走出歷史的禁錮。然而俄烏戰爭本身，以及為其激發惡化的英國脫歐、脫鉤思潮、歐元區主權債務等問題，讓我們發現歷史與身分認同仍無所不在，並可能逐漸侵蝕過去半世紀以來的努力成果。對於歐盟來說，十年前的歐債危機與紓困爭議，與目前的問題相較，直似小巫見大巫。若被僵化的堅持再次執行於經濟結構不同的成員國，則在前所未有的國際政經局勢下，即使從過去錯誤中習得經驗教訓，卻未必能夠保證不再重蹈覆轍。

　　葉國俊，現職臺灣大學國家發展研究所教授暨歐盟莫內講座，研究興趣為中國大陸經濟與兩岸經貿交流，以及歐盟政經整合對於前者的啟發。相關經歷著述請參考https://homepage.ntu.edu.tw/~ kuochunyeh/。

這不是俄烏戰爭：
關於「特別軍事行動」

趙竹成

前言

　　「特別軍事行動」的實現為「果」，今日行動的「果」或將成為下次變化的「因」。

　　自1990年代開始，原本不應再存在的軍事武裝集團——北大西洋公約組織，在美國主導下不斷的向東擴張，以俄羅斯為目標，進行不間斷的安全壓迫。與此同時，透過顏色革命，顛覆俄羅斯鄰近區域的政治生態與意識形態，在俄羅斯周邊製造仇俄環境(Russophobia)，無視極右種族主義的蔓延，其中尤以烏克蘭的新納粹思想組織為代表，造成烏克蘭國家內部分裂、族群仇視，最終引發長達八年的內戰。

　　因此，「特別軍事行動」直接肇因於烏東頓巴斯地區軍事衝突的大規模化，而頓巴斯地區的衝突來自於兩個層次因素的交互作用：一是頓巴斯地區頓內次克人民共和國以及盧甘斯克人民共和國追求獨立，而與基輔政府發生武裝衝突。二是隨著北約東擴，在2008年的布加勒斯特會議，北約組織承諾接納烏克蘭及喬治亞，終於觸及到俄羅斯國家安全的底線。這兩個作用被波洛申科與澤連斯基兩

任總統任內壯大的新納粹武裝組織催化成無法迴避的衝突。

特別軍事行動的直接目標：

1. 去納粹化：解放頓巴斯，清除新納粹暴行，挽救百姓的生命及文化權。

2. 去軍事化：解除烏克蘭境內足以威脅俄羅斯安全的北約軍事潛力。

間接目標：

3. 制止美國及北約武裝集團對自1990年代開始對俄羅斯的地緣性軍事壓縮。

4. 回復歷史價值——重塑歐洲秩序。

因此，特別軍事行動不是表面上的俄羅斯與烏克蘭之間的武裝衝突，而是俄羅斯與美國，北約以及歐盟之間包括軍事，政治，資訊，金融，經濟，能源的總體戰。

本文將透過故事敘說的方式，由幾個面向說明「特別軍事行動」：

1. 暴力內戰

2. 新納粹與Russophobia

3. 北約東擴與美軍生化實驗室

4. 烏克蘭的未來

5. 結語

一、暴力內戰

在討論烏克蘭議題時，常有一個以訛傳訛的資料誤區：一般論者都以「俄羅斯人」或是「俄裔」來形容烏東地區人民的族群屬性。事實上，根據烏克蘭2001年的全國人口普查（這是烏克蘭獨立迄今

30年來，唯一一次人口普查），烏克蘭全體人口構成中，俄羅斯人人口只占17.2%，在頓內次克州為38.2%，而在盧甘斯克州為39%。但是，在這兩個地區，以俄語為母語的人口分別為75%及69%。換句話說，除了俄羅斯人以外，有更多的烏克蘭人以及其他少數民族是以俄語為母語，而這些人口，無論其族群身分為何，在法律上都是烏克蘭公民。

此外，由於對國家走向立場的歧異，烏東地區反對2013年年底在基輔爆發的廣場革命。

對當代國家而言，一國之中不同群體之間對政治與文化議題的不同立場，需要透過坦率的對話以達到妥協，而非視對方為寇讎，這是基本的人權底線。因為，民族語言不等同母語，母語不是決定族群身分的絕對條件，也不是政治認同的唯一標準。在尊重人權價值與多元文化的前提下，任何國家在進行其國家統合過程中，都必須尊重任何一個不同母語的族群，不同政治主張的群體。因為，這是任何一個國家，任何一個政權，得以被人民承認的正當性條件之一。

然而，烏克蘭在其國家統合過程中，激烈地推進「烏克蘭化」，意即以清除俄語，清除俄語文化，作為必要工具。烏克蘭於2014年在推翻亞努科維奇政府後，分別通過《語言法》（2014年），新版《教育法》（2019年），《關於確保烏克蘭語發揮國語作用法》（2019年），《烏克蘭原生住民權利法》（2021年）。這一系列的法律，「合法地剝奪」以俄語為母語的烏克蘭人使用母語的權力，剝奪俄羅斯裔烏克蘭人的原生住民資格。例如，根據2019年的法律，在公開場合，政府機關，餐飲餐廳，正式文件，醫療服務，電影劇院，學校教育，網路，傳播媒體，文藝活動，全面禁止使用俄語。違反者會被罰款184美金到245美金。簡言之，一國政府利用議會多數，

通過一系列法律，以合法化其暴力行為。這群被針對的族群，可以逆來順受，乖乖的等母語被消失，也可以揭竿而起抗暴！

在台灣，當我們推動鄉土語言，熱烈慶祝世界母語日，批判過往白色恐怖的掛狗牌時代時，面對在遙遠的另一邊，有一群人面臨到這種處境時，我們卻無動於衷。

最糟糕的是，2014年推翻亞努科維奇政府之後成立的基輔臨時政府，面對烏東地區人民的訴求，不是透過協商溝通，而是訴諸武力。2014年4月7日，時任代總統的圖奇諾夫，公開宣布在烏東頓巴斯地區進行「反恐行動」（ATO），將烏東地區自己的國家公民定義為「恐怖分子」。同年5月2日發生慘絕人寰的奧德薩工會大樓火燒事件，48名反對廣場革命的年輕人被支持廣場革命的人群，燒死在大樓內，基輔政府的反應只有冷漠以對。而繼任的總統波洛申科，則是繼續用飛機、大砲、坦克、火箭炮轟炸所謂的「恐怖分子」。最終，2014年5月11日，頓內次克及盧甘斯克舉行獨立公投，進行武裝抗爭，決心脫離烏克蘭。

因為，當一個政府，把自己百姓視為恐怖分子，用火箭炮轟炸時，這個政府沒有任何的正當性與合法性！

法國記者Anne L.Bonnel 2016年出品的紀錄片 *Donbass* 清清楚楚地記錄了，在基輔政權砲火下，烏東頓巴斯地區老百姓的情狀。

自2014年4月內戰爆發，雖然在國際見證下，各方簽署過明斯克協議（一）（2014年9月），明斯克協議（二）（2015年2月），甚至是Steinmeier框架（2019年10月），但一次次的毀約，造成14000人到15000人在這長達8年的內戰中喪生，平均每4小時就有一人喪命，而這些人都是烏克蘭公民。國際社會卻無視於這個歐洲地區持續最久的內戰。

根據歐安組織（OSCE）觀察團報告，自2022年2月15日至2月

20日，烏東當地砲擊次數為17/24/189/222/591/2158，基輔開戰在即。因此，2月17日，頓內次克與盧甘斯克要求俄羅斯收容兩地的老弱婦孺。2月21日，俄羅斯宣布承認兩共和國為主權國家，並在克里姆林宮凱薩琳廳簽字。歷經8年，兩共和國終於迎來俄羅斯的正式承認。

　　頓內次克有句俗話：頓內次克人只在礦坑內和上帝面前屈膝！兩個共和國的例子證明：若要他人幫助，必須證明自己會自救。

二、新納粹與Russophobia

　　2007年，時任總統尤申科授予參與沃林屠殺（1943-1944）的「烏克蘭反抗軍」（OUN（b））領導人舒赫維奇（R.Shukhevich）「烏克蘭英雄」稱號。2010年，尤申科在卸任前，又授予班德拉（S.Bandera）「烏克蘭英雄」稱號。就烏克蘭建構自己國家意識的立場出發，這些在二戰時期與納粹合作，甚至參與種族滅絕犯行的爭議人物，在其本國如何被定義，外人本無法置喙。但是，回顧二戰以及戰後普遍的共識在於，這種以仇恨為基礎的納粹極右翼思想與暴行，無法見容於人類文明，亦不應存在於人類社會。因為，罪行不是正義，正義不是罪行的藉口！

　　但是自尤申科的政治操作之後，潘朵拉的盒子被打開。尤其伴隨著2013年廣場革命的發展，追隨崇拜班德拉成為意識形態主流，並衍生出各種不同的政治團體以及武裝集團，如「自由黨」，「右區」（Right sector），C14，最著名的莫如「亞速營」（Azov）。在政府放任，金融寡頭支持下，透過網路媒體的宣傳，吸收青少年成員以及學校教科書的改編，自2014年後烏克蘭境內的「仇俄現象」不斷增長。2015年8月21日，在Youtube出現一個小女生手持尖刀狂喊：我要宰了俄羅斯人！俄羅斯人去死！（a budu rezat' rusniu! Smert' rusniu!）的影片最令人驚悚。

關於烏克蘭的納粹意識形態問題並非無人知曉，主流媒體包括
美國NBC有專門報導，而美國政界更是知之甚詳。2018年，美國國
會已要求不得對亞速營提供軍火，訓練或是其他協助（none of the
funds made available by this act may be used to provide arms, training or
other assistance to the Azov Battalion.）。2019年10月，共和黨眾議員
Max Rose聯名40位國會議員，要求國務院將亞速營列入恐怖組織清
單。在要求中指出：亞速營是一個歡迎新納粹分子的極端民族主義
民兵組織（the Azov Battalion is a well-known ultranationalist militia
organization in Ukraine that openly welcoms neo-Nazis into its ranks）。

在台灣，我們指責任何與納粹有關連的動作、服飾、符號，無
論這種事情的出現是由於當事人的有心或是無意。但是，對於確實
存在並被公認是納粹組織的意識形態與組織視而不見。不能因為這
些組織反對俄羅斯，就可以容忍，這會造成價值與道德的混亂。

三、北約與美軍生化實驗室

北約建立在冷戰時期，是為對抗蘇聯與華沙公約組織而存在的
軍事武裝集團，當蘇聯及華沙公約組織都已消失，試問北約繼續存
在的目的？自1999年的南斯拉夫貝爾格勒大轟炸開始，北約已經不
是一個集體防衛集團，而是一個攻擊型的武裝組織。假想敵呢？

根據喬治華盛頓大學解密的檔案，1990年在蘇聯瓦解前一年，
時任美國國務卿貝克（J. Baker）在與戈巴契夫的談話中承諾：北約
不會向東擴大1英寸（not an inch of NATO's present military
jurisdiction will spread in an eastern direction.）。然而，北約終究擴
張到波海三國、波蘭、羅馬尼亞，直抵俄羅斯門前。並後續在波蘭

及羅馬尼亞部署薩德與陸基神盾系統。2007年2月，普丁在慕尼黑安全會議上提到：請至少對我們有一絲尊重，安全觀不應是單方向的理解。然而2008年4月的布加勒斯特會議，北約以承諾吸納烏克蘭和喬治亞作為回應。2021年初始，烏東地區緊張情勢加劇，到12月，俄羅斯向北約及美國分別提出一份安全清單，得到的是冷漠以對。至此，俄羅斯與北約及其代理人之間的衝突再不可免。

　　俄羅斯國防部迄今已公布三批關於美軍生化實驗室在烏克蘭運作的資訊，美國否認，並且定義為假消息，在各種西方媒體也不見討論。然而，美國副國務卿努蘭德（V. Nurland）於2022年3月8日在回答參議員盧比歐（M. Rubio）「烏克蘭是否有化學或生物武器」的問題時，在未否認的情形下，回答：

> 烏克蘭的確有生物研究設施。事實上，我們現在很擔心俄羅斯部隊會設法取得控制這些設施。所以我們正跟烏克蘭合作，避免在俄軍逼近時，這些研究資料被俄羅斯部隊拿到手。……（interruption by Rubio）。

　　所有疑問與真相終究會水落石出，俄羅斯不會重蹈1941年6月22日的覆轍。

四、烏克蘭的未來

　　目前是第二階段的「解放頓巴斯」。在被解放的盧甘斯克人民共和國，頓內次克人民共和國，赫爾松州（全境），札波羅日州（70%），與哈爾科夫州（45%），採取軍事－民政管理（VGA）取代原來的行政功能，發送救援物資，發放退休金，採用盧布－格

里文雙貨幣並行制。透過簡化程序,各地在5月底已經啟動取得俄羅斯護照的簡化程序。在特別軍事行動以前,在頓內次克及盧甘斯克兩共和國已有87萬人取得俄羅斯護照。而烏克蘭公民,由2019年到2021年取得俄羅斯護照人數分別是29.9萬,41萬,37.6萬。2022年1月到3月,則是5.5萬,意即,近3年已有114萬烏克蘭公民取得俄羅斯護照。6月中,4名現任俄羅斯官員分別就任頓內次克及盧甘斯克兩共和國總理,副總理等職。7月中,札波羅日首長亦已由俄羅斯伏爾加格勒州副州長擔任。赫爾松州預計於2022年年底前舉行加入俄羅斯聯邦的公投,札波羅日州最早將於今年秋天舉行。無論赫爾松州與札波羅日州屆時公投是否成真,但隨著頓內次克及盧甘斯克兩地的獨立,烏克蘭已經國不成國。外喀爾巴仟州的匈牙利裔,利沃夫州,沃林州的波蘭裔又將如何選擇?

五、結語

恩格斯在1847年,出席波蘭起義17周年紀念大會時,曾有這樣的講話:一個民族當它還在壓迫其他民族的時候,是不可能獲得自由的。這句話正適合戮力於建構國家主體性的烏克蘭民族主義者,因為「一個民族的未來,如果是建立在仇恨另一個民族時,這個民族沒有未來。」

任何以「占領」、「侵略」等名詞形容2014年以後俄羅斯行為的評論,可以親自訪問一趟克里米亞,應會了解,那是「回歸」,不是「占領」。是「解放」,不是「侵略」。因為,最終是人民有權選擇自己的國家,而非被強迫屈服於國家或是特定政權。

國際制裁?如果美國及其附庸是全世界的話,環視中東,非洲,中南美洲和亞洲,世界秩序已經開始量變。

　　還有人記得1962年古巴飛彈危機的來龍去脈嗎？國家的行動立基於國家意志的實踐以及國家力量的強弱，其結果決定自實力原則而非理論架構與模式框架。

　　俄羅斯是歐洲一分子，必須尊重俄羅斯作為歐洲文化重要的構成之一以及歐洲不可或缺的夥伴，歐洲事務終究應該由歐洲國家自己決定。

　　「特別軍事行動」終究有結束的時候，必將為國際社會帶來無人能預測的改變。

後記

　　2022年9月23日至27日，頓內次克、盧甘斯克、札波羅日、赫爾松四地舉行加入俄羅斯聯邦公投。四地分別以99.23%，98.42%，93.11%，87.05%通過。9月30日，四地加入聯邦條約正式簽署。

　　1791年，土耳其承認俄羅斯在黑海北岸的國家主權，凱薩琳二世將該地區命名為「新俄羅斯」。1922年，蘇聯成立之際，列寧將「頓巴斯」及「新俄羅斯」之地劃歸烏克蘭。2022年，百年之際，故土重歸！

趙竹成，政治大學民族系教授，研究俄國及獨立國協地區，著有〈教會自主與國族建構：烏克蘭東正教會的「獨立」進程〉等論文。

烏俄戰爭與美國的全球領導地位

盧業中

前言

　　美國拜登政府上任以來，積極試圖恢復美國的領導地位，透過出訪歐洲與印太地區，讓國際間對美逐漸擺脫川普時期高舉「美國第一」、實則美國唯一的印象。烏俄衝突的發生，加速了拜登政府恢復全球領導地位的進程。拜登上任後即將恢復與北約盟國關係視為第一要務，而原先北約各國亦在俄國採取特別軍事行動後採取更為一致之立場應對變局。其後，拜登政府強化與印太地區盟友關係，同時希望將北約與印太重新整隊、進行連動、相互支援，以因應俄羅斯以及主要對手中國的挑戰。

　　然而，烏俄衝突自2022年2月爆發以來，我們看到烏克蘭民眾堅毅的意志與決心，而俄羅斯亦沒有願意讓戰事在短期內告終的表示。戰事的持續，卻也為美國維繫領導地位增添變數。本文將由內部變因與多邊互動，進一步探究美國全球領導地位之維繫與挑戰。

一、美國領導地位與自由國際秩序

國際關係自由主義認為,民主、國際組織和自由貿易可為和平與全球繁榮創造條件,美國也在二戰結束後,協助創建各種國際組織、優化民主、推廣自由貿易,成為西方陣營和平互動與秩序穩定的來源。冷戰結束後,美國更以自身的政治、經濟、軍事實力,成為護持自由國際秩序的「善霸」。此等發展反映出自由國際秩序要能成形並鞏固,仍取決於全球權力的分配狀況,同時取決於領導強權的意識形態。

從現實視角觀之,美國所領導的自由國際秩序,仍有「普及性」問題,也就是其似乎僅存在於民主國家之間。以自由之家(Freedom House)定期發布之評比為例,民主國家在地理上主要集中在北美、歐洲、東北亞、紐澳及大洋洲等。換言之,民主和平論的主張有其限度,而經濟互賴及國際組織對於非民主國家而言,似乎仍是選取式地參與,來維持著自由國際秩序的表面和諧。

此外,民主衰退是另外一個重要議題。自由之家所發布之「2022年全球自由報告」指出,全球民主連續16年呈現衰退,甚至部分民主國家亦有重回威權的傾向。該報告所評鑑的210個國家或地區中,有66個國家或地區屬於不自由(Not Free)的分類,但其人口數量較多,使得全球有38%人口住在此等國家,為1997年以來之最高比例。另以冷戰時期東西方對峙最為劇烈的1980年代為例,「1983-1984年全球自由報告」所評鑑的216個國家及地區中,有64個國家或地區屬於不自由,而有152個國家或地區歸類為自由或部分自由國度。若將民主推廣視為推進自由國際秩序的重要步驟,則歷經將近40年的成效恐難謂令人滿意。

　　然而，支持自由國際秩序的人士主張，自二戰結束後，自由國際秩序便不斷深化、擴張，而自由國際秩序每次遭逢挑戰後，總能持續吸引志同道合、且受益於該秩序的民主國家同心協力力挽狂瀾，進而獲取新的定義，形成正向循環。簡言之，以規則為基礎、以開放為特色的主張保持了擴充性，自由主義國際秩序由此歷久彌新。

二、烏俄開戰後美國主要外交作為

　　拜登自2021年1月就任後，積極透過多邊外交以恢復美國的領導地位。依據蓋洛普2022年4月所發佈之調查顯示，拜登執政一年以來，美國在受訪國家民眾眼中的領導地位獲得45%的肯定，較川普時期最低點30%有大幅度進展。而在俄羅斯針對烏克蘭發動特別軍事行動之前，在美、德、中、俄四國國際領導地位評比中，美國與德國分別獲得45%及50%的肯定，而中、俄則分別為30%及33%。

　　拜登恢復美國領導地位的努力一度因為阿富汗撤軍問題而受挫，但烏克蘭欲加入北約一事，正好符合了自由主義國際秩序在地理與心理上的擴充性，而雖說此一要求遭到了俄羅斯武力逆襲，卻也促成民主國家大團結，芬蘭、瑞典加入北約。由上述發展觀之，俄烏戰爭有助於美國領導地位以及自由主義國際秩序的強化與維繫。

　　烏俄戰爭爆發後，美國的外交行動大致分為兩類，第一是針對烏克蘭戰事本身，第二是避免世界其他地方、尤其是印太地區生變。在針對烏克蘭戰事方面，美國一方面強化與北約盟友的聯繫，另方面則是直接援助烏克蘭。拜登3月下旬訪問波蘭，聲明這場戰爭是民主與寡頭政治的對抗；6月下旬則出席G7領導人會議及北約峰會。

拜登政府自戰事發生後已提供61億美元軍事援助給予烏克蘭，6月下旬再額外提供4.5億美元援助。

美國第二項主要回應，則是避免在印太地區生亂而積極動作，包括拜登親自訪問韓國、赴日參與「四方安全對話」（QUAD）峰會，公布「印太經濟架構」（IPEF），接着又與東協國家領導人會面，美國似乎正試圖對中、俄進行雙殺。事實上，拜登上任後不僅延續了川普時期大部分的印太政策，更強化地緣佈局，包括2021年3月的「四方精神」聯合聲明、2021年9月15日聯合英澳宣佈成立的軍事外交安全合作夥伴關係（AUKUS），只是如今AUKUS三國中已有兩國更換領導人，會否影響既有的軍事合作規劃，有待觀察。

三、自由國際秩序可以繼續維持嗎？

拜登政府自俄烏衝突以來所進行的外交與軍事佈局，是否可以維繫美國霸權領導地位以及自由國際秩序，是各界當前討論的焦點。對拜登政府而言，美國霸權與自由國際秩序彼此互持加成，是一體的兩面。《外交政策》季刊以「回到未來」為主題，針對俄烏戰爭對國際秩序的影響進行討論，各家學者多認為包括對核武的使用似乎不再是禁忌、侵略仍有收益而可能成為強權國家的政策選項。因此，即便俄烏戰爭未來告終，整個國際秩序已受到破壞與震盪，無法回到俄烏戰前的景況了。

《外交事務》季刊近期刊登〈虛空的秩序〉一文亦呼應此等較為悲觀的聲音。該文作者Philip Zelikow指出，無論是冷戰時期的兩極或冷戰結束後的單極體系，均屬於權力分布相對集中的景況，這樣的景象已不復見。當前的國際現實是，美國看似集合所有權力於一身，但其實難敵國際結構已日漸分權的現實，如包括印度、阿根

廷等國家雖屬民主陣營，但皆未積極參與對俄制裁，而美國所召開的美洲峰會，由於邀請對象以政權民主與否劃分，甚至遭到了拉美國家的抵制。

面臨美國領導地位及自由秩序皆逢挑戰之際，亦有學者提出解方。如同一期的《外交事務》另有〈最後的最佳希望〉一文，試圖在悲觀中帶來希望。Ivo Daadler與James Lindsay指出，國際結構雖有分權的現象，卻可以透過以七國集團（Group of 7, G7）為基礎、另納入歐盟、澳洲、紐西蘭、南韓、以及北約等擴張成十二國集團（Group of 12, G12）來緩解，在不同的議題領域，由主要成員扮演相對重要的角色，透過全球治理、強化合作來維繫自由國際秩序；這個國際秩序不論國家大小的主權都能獲得尊重、各國願意遵守國際法、支持民主與人權、並承諾以和平方式解決爭端。但兩位作者亦指出，G7過去雖有協調合作之經驗，但尚未觸及國際秩序的推動與形塑。此外，美國過去擅採單邊主義的做法及心態均須調整，未來的國際秩序不會是美國治下的和平（*Pax Americana*）。更重要的是，不結盟運動再興，部分國家或基於自身利益、過去的歷史情仇、甚至是國內更為迫切的困境，選擇不積極譴責或制裁俄羅斯。有鑑於此，美國應當尋求與南方國家中的民主國家合作，說服他們若不加入G12的努力而讓中、俄可以改寫國際秩序，他們將成為最大輸家。

除了上述俄烏衝突的挑戰外，美國領導地位及自由國際秩序同時面臨的另一挑戰就是中國的崛起。拜登上任後發布的「國家安全戰略暫定綱領」以及「印太戰略」等兩份報告持續視中國為主要競爭對手，國務卿布林肯在2022年5月表示，「我們不能仰賴北京改變作為，所以我們將形塑北京周邊的戰略環境，以推動我方追求一個開放且包容的國際體系願景。」準此，美國將持續投資自己、結合盟友，與中國競爭。

　　美國認為中國的崛起不僅試圖取代美國的領導地位，其外交行為更將改變自由國際秩序。俄烏衝突以來，中國在南太平洋動作頻仍，包括與索羅門簽署安全協議，又主辦金磚國家峰會，雖是視訊進行，但普京、莫迪及伊朗領導人均出席。而7月間在印尼舉行的二十國集團（Group of 20, G20）外長會議無法達成共識來發布聯合公報，也可看出渠等立場與西方國家為首的G7並不一致。此等發展或許尚未成為顛覆自由國際秩序的關鍵，但已可看出要維繫自由國際秩序的成本將越來越高。

　　最重要的是，當前美國國內情勢是維繫美國領導地位的最主要變數。拜登雖然調整川普的「美國優先」，但仍將維持美國領導地位視為首要外交目標。然而，拜登若持續高舉自由民主的大旗而劃界，自由國際秩序仍會面臨局限性。若將當前美中競爭比為冷戰，則值得思考的是，當初雷根為了有效壓制蘇聯，在發展中國家採取大規模競爭方式，支持所有反對蘇聯的勢力而無視其是否為民主政體。這樣的政策與手段固然引起爭議，不過卻也為美國最終贏得冷戰奠立部分基礎。

　　另外，美國民意是政治菁英進行外交決策的重要依據，也是自由國際秩序的重要基礎，而烏俄衝突墊高了生活成本，也影響了美國民眾對戰事的看法。依據布魯金斯學會的分析，對於烏俄戰衝突爭，願意負擔高油價的美國民眾比例由三月的73%，下降至五月的59%；願接受通膨的比例同時期亦由65%下降至52%。同一期間，民眾願意美軍為此犧牲的比例亦同步下降。自8月下旬以來，在美國及北約國家支持下，烏克蘭積極反攻，俄羅斯則於9月下旬透過公投將烏東占領區納入版圖，可以看出雙方戰事短期內將持續拉鋸。美國社會對於政治議題的極化現象目前仍在延燒，烏俄衝突與經濟及其他社會議題的共伴效應，對美國11月的中期選舉之影響亦待觀察。

四、結語

　　由拜登政府的角度視之，國際領導地位與自由國際秩序是一體的兩面，彼此相輔相成，而自由國際秩序除了符合道德訴求外，亦能降低維持美國的領導地位的成本。在國際關係理論既有文獻討論二者時，自由主義學者認為兩者並重，但現實主義學者則傾向強調美國領導地位的重要性更甚於維繫自由國際秩序。烏俄戰爭的發生與持續，對美國領導地位有短期鞏固的效益，也有助於自由國際秩序的強化與擴充，這也是拜登政府的期待。

　　然而，對美國民眾而言，油價上漲所帶來的生活壓力，恐怕比美國失去領導地位或國際失去自由秩序的擔憂，還更為有感。若戰火持續延燒，烏克蘭無法避免失去領土，或俄羅斯最後決定動用核武而升高衝突，而核戰爆發將威脅世界和平，無可避免地亦將影響美國的領導威信及自由國際秩序。

　　盧業中，國立政治大學外交學系教授兼系主任、中華民國國際關係學會會長。主要研究國際關係理論、美國外交政策、國際安全。最近著作包括 "Taiwan in APEC: A Partner Indeed," *East Asian Policy*, Vol.14, No.2（June 2022）, pp. 56-74；"The Impact of US Domestic Politics on the Trade War," in Shiping Hua, ed., *The Political Logic of US-China Trade War*（NY: Lexington Books, 2022）, pp. 193-212（Co-authored with Chung-chian Teng）；〈美國支持臺灣參與國際民航組織之研究〉，《中美關係專題研究：2012-2016》（台北：中央研究院歐美研究所，2022），頁39-75。

致讀者

　　前後不過是一年多一點，在這麼短促的時段裡，余英時、張灝、林毓生三位先生先後辭世。在不少人心裡，這幾位先生的離去，隱約象徵著一個思想與人文學術受到重視並且產生影響的時代，也跟著結束了。確實，從1970年代後期開始，這三位旅居美國的思想史學者，透過他們的專業著作、報章時論，以及公開的演講，對台灣以及其他華人社會的無數讀者，提供了此前所不熟悉的思想資源和學術視野。他們引介或者發展出來的一些觀念，一些關於人文傳統和社會價值的論述，從此成為中文知識界的基本語彙的一部份。

　　這三位先生能產生這麼突出的衝擊，除了他們本人精湛的學術成就之外，更因為他們三位都懷抱強烈的文化和社會關懷，能夠圍繞著現代中國的困局提出犀利的問題。他們的提問，正好呼應了當時兩岸三地社會對於新思想、新的學術典範、新的政治秩序的摸索和嚮往。那是一個有所追求、有所盼望的年代。今天追念這三位先生，珍惜他們的遺產，不能不懷念那樣一個幾代人所共有過的理想主義年代。

　　在《思想》45期，發表過郭克先生悼念張灝先生的文章。在本期，我們刊出丘慧芬教授悼念林毓生先生的文字，林載爵先生則整理他跟林先生關於出版的多封通信，凸顯林先生的「比慢」中流露的認真不苟且。悼念之外，我們也深入探討他們的思想。在本期，台灣的丘為君與大陸的蕭延中兩位先生，即分別就張灝先生所提出來的「幽暗意識」跟「超越意識」這一對概念，撰寫了專文。讀者

對這兩個概念不會陌生，不過其豐富的內涵，仍然有待進一步的挖掘。這一對概念堪稱是張灝先生的核心關懷所在，這兩篇文章，也是對他最合適的紀念。

俄羅斯在2022年2月入侵烏克蘭之後，所謂的「俄烏之戰」已經延續了一年。這場漫長的戰役，直接的受害者當然是烏克蘭的人民。但是它所牽動的國際政治角力，幾乎是全球性的，許多非交戰國也捲入其間，無論是提供武器與金錢支援，或者承受這場戰爭所帶來的經濟代價。台灣由於處境的特殊，也經常被比擬（或者自行比擬）為可能的烏克蘭。

關於這場戰爭，多數的評論都偏向道德性的是非判斷。戰爭——特別是侵略態勢下大國對小國啟動的戰爭——當然需要在是非上有所分辨。但是從現實主義的角度理解戰爭，也有其必要，以免把問題簡單化。臺大高等研究院針對這場戰爭，舉辦了一次座談，邀請幾位研究國際關係的學者從事分析。畢竟，國關學者的視角，更能照顧到戰爭的現實一面。高研院廖咸浩院長將這場座談的論文交由本刊發表。我們感謝廖院長以及與會的諸位學者的熱心。

近些年來中國大陸的學者在思想領域活力盎然，陸續提出一些宏偉的論述跟觀點，不僅在國內有一定的追隨者，即使在國際上也受到中國研究專家的矚目。《思想》樂於見到思潮的澎湃鼓動，願意為這些思想成果提供討論的平台。在過去，我們陸續發表過多篇文章，對幾種比較受注意的理論提出了認真的批評。本期陳純先生檢討張旭東教授的文化政治，榮劍先生則批評天下理論，共同延續了《思想》對大陸思想界的關注，相信讀者會感興趣。

編 者
2023年新春

《思想》徵稿啓事

1. 《思想》旨在透過論述與對話，呈現、梳理與檢討這個時代的思想狀況，針對廣義的文化創造、學術生產、社會動向以及其他各類精神活動，建立自我認識，開拓前瞻的視野。

2. 《思想》的園地開放，面對各地以中文閱讀與寫作的知識分子，並盼望在各個華人社群之間建立交往，因此議題和稿源並無地區的限制。

3. 《思想》歡迎各類主題與文體，專論、評論、報導、書評、回應或者隨筆均可，但請言之有物，並於行文時盡量便利讀者的閱讀與理解。

4. 《思想》的文章以明曉精簡為佳，以不超過1萬字為宜，以1萬5千字為極限。文章中請盡量減少外文、引註或其他非必要的妝點，但說明或討論性質的註釋不在此限。

5. 惠賜文稿，由《思想》編委會決定是否刊登。一旦發表，敬致薄酬。

6. 來稿請寄：reflexion.linking@gmail.com，或郵遞221新北市汐止區大同路一段369號1樓聯經出版公司《思想》編輯部收。

思想46
後全球化與俄烏戰爭

2023年2月初版　　　　　　　　　　　　　定價：新臺幣360元
有著作權・翻印必究
Printed in Taiwan.

編　　著	思想編委會
叢書主編	沙淑芬
校　　對	劉佳奇
封面設計	廖婉茹

出　版　者	聯經出版事業股份有限公司	副總編輯	陳逸華
地　　　址	新北市汐止區大同路一段369號1樓	總編輯	涂豐恩
叢書主編電話	(02)86925588轉5310	總經理	陳芝宇
台北聯經書房	台北市新生南路三段94號	社長	羅國俊
電　　　話	(02)23620308	發行人	林載爵
郵政劃撥帳戶第0100559-3號			
郵撥電話	(02)23620308		
印　刷　者	世和印製企業有限公司		
總　經　銷	聯合發行股份有限公司		
發　行　所	新北市新店區寶橋路235巷6弄6號2樓		
電　　　話	(02)29178022		

行政院新聞局出版事業登記證局版臺業字第0130號

本書如有缺頁，破損，倒裝請寄回台北聯經書房更換。　　ISBN　978-957-08-6723-7 (平裝)
聯經網址：www.linkingbooks.com.tw
電子信箱：linking@udngroup.com

國家圖書館出版品預行編目資料

後全球化與俄烏戰爭/思想編委會編著．初版．
新北市．聯經．2023年2月．384面．14.8×21公分（思想：46）
ISBN　978-957-08-6723-7（平裝）

1.CST：戰爭　2.CST：國際關係　3.CST：國際政治
4.CST：俄國　5.CST：烏克蘭

542. 2　　　　　　　　　　　　　　　　　111021812